JN255117

やさしく学ぶ特別活動

赤坂雅裕・佐藤光友
［編著］

ミネルヴァ書房

まえがき

　日本の子どもたちの現実はどうか。

　「豊かさゆえの貧困」が年々深刻化し，規範意識の低下や思いやりの欠如が甚だしい。現代の日本の子どもたちは，自分の気持ちと他人の気持ちを分かち合うことのできる社会性や，自己主張・自己抑制することのできる能力を，生きて生活するという自然の過程の中で十分に身に付けていない。子どもたちの行動の中に非社会化現象が顕著に見られる。

　そして，学校現場では，いじめ，学級崩壊などの問題が噴出している。かつては，「希望の場」であった学校が，現代では，子どもも教師も「心を痛める場」となっている所もある。

　このような状況で，子どもたちの人間力（「知力・実践力・コミュニケーション力，社会スキルといった様々な構成要素から成り立つトータルな人格的資質・能力」）が育っていくわけがない。

　それゆえ，「道徳の教科化」が声高に叫ばれるようになる。道徳教育の充実を図り，まずは，なんとかして「心」を立て直さなければ，というのである。

　賛成である。道徳教育の充実は人間力育成の土台であり，たしかに現代日本にとって喫緊の課題といえる。

　ただし，道徳教育の要である道徳科の時間さえ充実させればよいというものではない。週に一時間，道徳科の時間をしっかりきっちり行い，価値の内面的自覚を図ることは大事なことであるが，それだけでは，子どもの心は「ほんもの」とはならない。「ほんもの」にするためには，どうしても「体験」が必要である。道徳的価値の実践の場であり，機会となる特別活動が重要となる。

　たとえば，道徳科の時間に，「思いやりの心は大事だな。ぼくもこの主人公のように思いやりのある人間になりたいなー」と感動し，心に深く刻むことは

極めて重要であるが，それだけでは不十分で，実際に人を思いやったり・思いやられたりといった体験をくぐり抜け，他者に共感することや集団の一員であることを実感することにより，その思いやりの心は「ほんもの」となっていく。「思いやりが大事だ」と感じ，言えるだけでなく，それを態度や行動で示すことができるところまで指導・支援する必要がある。

そのためには，道徳と特別活動を響きあわせることがどうしても必要になる。道徳でグッと引き出し，特別活動で決める。突破口（自己決定）が道徳，決め手（実践化）は特別活動である。

では，その「体験」を学ぶ場である特別活動は学校で十分に行われているのか。残念ながら，「否」である。教師の特別活動への関心やその取り組み意欲は，教科や他の領域と比べると一般的に低い。

日本特別活動学会の調査（2014）では，「各学校の特別活動は十分行われている」の回答に，「かなり賛成」はわずか6.1％。「やや賛成」を加えても35.0％。6割以上の教員が，「十分に行われているとは言えない」と回答している。

道徳科の時間と相互補完的に機能しあい，子どもの人格形成に寄与する必要不可欠な領域が特別活動であるが，その「重さ」を教師でもわかっている人は決して多くない。

「道徳の教科化」を進め，道徳科の時間の充実を図らなければならない。そして，それだけでなく，同時に，特別活動に力を入れていかねばならない。特別活動での道徳的実践指導の働きかけを強化してこそ，子どもの望ましい人格形成が図られるのである。

いま，特別活動を見直し，その重要性を再認識することが「子どもたちの現実」から強く求められている。

次に，日本の子どもたちの未来に目を転じてみよう。

これからの日本の子どもたちは，先行き不透明なグローバル社会を生きねば

ならない。どのような力が必要か。

　それは，21世紀型能力といわれる，他者とかかわり，ともに新しい価値を生み出していく，社会的な参画力であろう。キー・コンピテンシー（中核的な能力）は，「自律的に活動する力」や「異質な集団と交流する力」といえる。

　こうした21世紀型能力を育成するには，机上の学習だけでは不十分で，子ども自らが活動し，かかわり合いながら，事を成し遂げていくことが極めて有効となる。集団活動を通して個を生かしながら，よりよい人間関係を形成し，主体的な判断力や行動力を育てる特別活動こそが「21世紀型コンピテンシー」の基盤を養成する。

　「子どもたちの未来」も，特別活動を重視することを求めている。

　しかし，現在の日本では，受験学力重視の風潮の中で特別活動は周辺化されがちである。なんとしてでも，特別活動の再興を図らねばならない。

　いま，特別活動再興のときである。

　さて，本書は，以下の点に留意して執筆された。

　　○教科書がない特別活動を担うには教師としてどのような力が必要なのか，その力を身に付けるためにはどうしたらよいのか，何を指針にしたらよいのかについて十分に言及しているものにする。

　　○実際の学級・学校での子どもや教師の様子と切り離されたものとならないようにして，特別活動を可視化する。

　特別活動がいかに子どもを生き生きとさせ，学級・学校生活を感動や喜びに溢れたものにしうるのかを，具体的な事例をもとに描き出すことに努めた。

　本書が，「人間力を育み，時代を切り拓く特別活動」に積極的に取り組む人々を一人でも増やす契機になれば幸いである。

　本書の出版にあたって，各章の執筆者の方々と編集部の浅井久仁人氏にたいへんお世話になった。ここに感謝の意を申し上げる。

　　　　　　2017年9月　　　　　　　　　　　　　　編著者　赤坂雅裕

　　　　　　　　　　　　　　　　　　　　　　　　　　　　　佐藤光友

目　次

まえがき──いま，特別活動再興のとき

第1章　特別活動の意義 ……………………………………………………… 1
　　1　子どもたちと特別活動 ………………………………………………… 1
　　2　特別活動の特質と教育的意義 ……………………………………… 8

第2章　特別活動の理論と方法 …………………………………………… 15
　　1　特別活動を成立させる4つの構成論理 ………………………… 15
　　2　特別活動の4つの方法原理 ………………………………………… 22
　　3　「納豆づくり」の特別活動を ……………………………………… 28

第3章　特別活動の歴史 …………………………………………………… 30
　　1　特別活動変遷のアウトライン ……………………………………… 30
　　2　基盤期──昭和22年～昭和33年の改訂 ………………………… 33
　　3　確立・充実期──昭和43年～昭和52年の改訂 ………………… 38
　　4　転換・発展期──平成元年～平成29年の改訂 ………………… 41

第4章　特別活動と生徒指導 ……………………………………………… 50
　　1　生徒指導の意味と特別活動との関係 …………………………… 50
　　2　特別活動の社会化機能 ……………………………………………… 53
　　3　特別活動が育む自己指導の力 …………………………………… 55
　　4　特別活動の自己概念形成機能 …………………………………… 57
　　5　特別活動の人間関係形成機能 …………………………………… 61
　　6　開発的生徒指導を体験的に推進する特別活動 ……………… 64

第5章　特別活動と教育課程 ……………………………………………… 66
　　　　——「社会参画」「合意形成」「自己実現」の資質・能力の育成
　　1　学習指導要領と教育課程……………………………………………… 66
　　2　改訂学習指導要領における特別活動の目標（資質・能力）と内容…… 68
　　3　学習指導要領改訂の背景 ……………………………………………… 73
　　4　「深い学び」を生み出すためのカリキュラム・マネジメント ………… 76

第6章　特別活動と各教科，特別の教科道徳，
　　　　総合的な学習の時間等との関連 ……………………………………… 80
　　1　開かれた特別活動を実現することの意味とは何か …………………… 81
　　2　各教科・総合との連携で特別活動の充実を考える …………………… 85
　　3　道徳科との連携で特別活動の充実を考える …………………………… 87

第7章　児童・生徒の自主的態度を育む
　　　　学級活動・ホームルーム活動 ………………………………………… 95
　　1　学級活動・ホームルーム活動の目標と内容 ………………………… 95
　　2　自主的態度を育む学級活動の実践 …………………………………… 101

第8章　児童・生徒の自主的態度を育む
　　　　児童会活動・生徒会活動 ……………………………………………… 108
　　1　児童会・生徒会活動の意義 …………………………………………… 108
　　2　【小学校】児童会活動の内容 ………………………………………… 109
　　3　【中学校】生徒会活動の内容 ………………………………………… 113

第9章　児童・生徒の自主的態度を育むクラブ活動・部活動 …… 119
　　1　ほんもののクラブ活動 ………………………………………………… 119
　　2　クラブ活動の指導 ……………………………………………………… 121
　　3　クラブ活動の現状と課題……………………………………………… 125

 4 部活動の指導……………………………………………………………128

第10章 児童・生徒の自主的態度を育む学校行事………………………135
 1 自主的態度を育む儀式的行事………………………………………135
 2 自主的態度を育む文化的行事………………………………………138
 3 自主的態度を育む健康安全・体育的行事…………………………141
 4 自主的態度を育む旅行・集団宿泊的行事…………………………143
 5 自主的態度を育む勤労生産・奉仕的行事…………………………146
 6 学校行事の課題と展望………………………………………………148

第11章 児童・生徒の自主的態度を育むボランティア活動………151
 1 学校教育におけるボランティア活動の意義………………………151
 2 カリキュラム・マネジメントを視野に入れたボランティア活動………153
 3 ボランティア活動体験から考える特別活動………………………154
 4 ボランティア活動の課題——ボランティア活動の基本的性格に照らして…156
 5 自主的・主体的なボランティア活動のために……………………159

第12章 特別活動の実践①：小学校……………………………………161
 1 学級活動の実践………………………………………………………161
 2 児童会活動の実践……………………………………………………167
 3 クラブ活動の実践……………………………………………………171
 4 学校行事の実践………………………………………………………173

第13章 特別活動の実践②：中学校・高等学校…………………………176
 1 美しい特別活動——スリム化させ，よりアクティブに……………176
 2 生きる力を育むための各月のテーマ設定…………………………177
 3 生きる力を育む特別活動の実践……………………………………178

第14章　特別活動の評価 ……………………………………………………190

　　1　特別活動における評価の特色 …………………………………………190

　　2　特別活動の評価の観点と規準 …………………………………………193

　　3　特別活動におけるさまざまな評価方法 ………………………………197

　　4　指導要録への記載の変遷 ………………………………………………199

　　5　新学習指導要領と特別活動の評価 ……………………………………205

第15章　これからの特別活動の課題 ………………………………………208

　　1　教育改革と特別活動 ……………………………………………………208

　　2　生徒指導と特別活動 ……………………………………………………212

　　3　各教科と特別活動 ………………………………………………………215

　　4　カリキュラム・マネジメントと特別活動 ……………………………218

小学校学習指導要領（抄）　中学校学習指導要領（抄）

索　　引

第1章

特別活動の意義

　　特別活動は「流行」ではなく，「不易」に属する。

　　学校は社会の縮図であり，人と人との間で生きていく訓練の場でもあるが，特別活動は，その社会の縮図の中で生きる力を育む根幹となるからである。

　　では，時代を超えて変えてはならない特別活動の「過去」はどうであったのか。まずは，日本の子どもたちと特別活動の「過去」を振り返り，次に「現在」を分析し，そして，その「未来」を語ろう。

1　子どもたちと特別活動

（1）子どもたちと特別活動の過去

　2003（平成15）年以降の日本の子どもたちに関する実態を，様々な調査結果や識者の見解から紹介する。

- いまの日本の子どもたちは，集団で遊ぶ機会など，集団の中での生き方を学ぶ場が極端に少なくなってしまった。核家族化の進行で，集団生活の仕方を体得するのも難しくなった。
- 国際比較の中で，日本の子ども（15歳）の学力の相対的低下，家庭学習時間の少なさ，学習意欲の低さ，また自分への自信の欠如，将来への不安などの課題が明らかになった。（PISA「2006年」の結果）
- 社会の規範やルールの軽視，人間関係力やコミュニケーション力の不足，他者の存在を無視した自己中心主義の横行などの「子どもの現実」がある。
- 中1ギャップ…不登校の場合，小学校6年生から中学校1年生への間に2.5倍（全国平均）ほど急増する。地域によっては10倍というところもある。また，学校が「とても楽しい」と答えた小学校6年生が37％であるのに対し，中学校1年生は28％と10％ほど低下する。

表 1-1 自己評価に関する調査結果

	日本	米国	中国	韓国
私は価値のある人間だと思う	7.5%	57.2%	42.2%	20.2%
自分を肯定的に評価するほう	6.2%	41.2%	38.0%	18.9%
私は自分に満足している	3.9%	41.6%	21.9%	14.9%
自分が優秀だと思う	4.3%	58.3%	25.7%	10.3%

（出所）　日本青年研究所「高校生の生活意識と留学に関する調査－日本・アメリカ・中国・韓国の比較－」（2012年）をもとに町田宗鳳氏作成。

　この15年間の日本の子どもたちの実態は，心が冷え冷えとするものである。

　日本は今後，少子高齢化社会が急激に進行することが予想され，このままでいくと，わが国の生産人口，働き手は，全人口の半分ほどになってしまう。世界の人類史上，誰も経験したことのない未知の世界に入っていく。

　それゆえ，どの子にも心豊かでたくましい「人間力」をつけなければいけないのだが，子どもの現実は「『超』利己主義」で生きる力が逞しく育っているとはとても言い難い。「日本の子どもたちの育ちが現状のままでは，日本の前途は暗い」と大きな危機感がもたれた。

　2012（平成24）年には，日本の子どもの実態に関するさらにショッキングな調査結果が出る。

　いずれの項目においても，日本の若者たちが示す数値は恐ろしく低い。この4カ国の高校生の学力テストをすれば，日本の高校生が高順位のはずである。しかし，このような結果が出たということはどういうことであろうか。深刻な問題である。

　日本の子どもの実態を知れば知るほど不安を覚えるが，その責任は大人にある。日本の子どもたちの自己肯定感・自尊感情がこのように圧倒的に低いのは，幼少期からの家庭環境が決定的な影響を及ぼしているに違いないが，とにかく，学校で，彼らが少しでも自信を取り戻し，自己表現できるようになるのを応援していく必要がある。

　自己肯定感・自尊感情を高めるためには，「小さな成功体験を味わい，誉められること」が鍵となるが，その最高の「場」となる特別活動を活性化させな

ければならない。

　「できる自分」を実感させ，「自信に満ちた生き方」を獲得できるように子どもたちを導く特別活動の実践が求められる。

　本来，子どもは「自ら光る」という自立的存在，「自ら輝く」という能動的存在である。子ども本来の姿を取り戻せるよう，特別活動を通して支援・援助していくところに教師の役割がある。特別活動で，自己肯定感・自尊感情を高め，「思いやりの心」「公正・公平な心」「挫けない心」などを育成していく必要がある，そう訴える研究者が多々いた。

　しかし，その声は届かず，学力低下論に押される形での教科学習偏重への動向は食い止めることができなかった。

（2）子どもたちと特別活動の現在

　現在，社会の私事化が進み，子どもたち同士のつながりが希薄になり，共に感動体験を味わうなどということができにくくなっている。こうした状況下で，学校という場において，様々な集団を意識し，よりよい人間関係の形成に励む特別活動はどうなっているのであろうか。

① スマホ時代の教室

　「眠い」。「眠たいです」。

　高校生への特別講義で，「今，何か困っていることはありますか」への返答がこれである。目をうつろにして「眠い」と力なく言う高校生に，「やりたいことがたくさんあって，進路をどう決めればいいか困っています」等という声を期待していた私は愕然とする。聞くと，やはり，深夜遅くまでスマートフォン（以下スマホ）を扱い，常に睡眠不足であるとのこと。

　このスマホを長時間利用することの問題は多岐にわたる。たとえば，生活の乱れ，運動不足，睡眠障害，体力低下，栄養の偏り，肥満，視力低下，学校の遅刻や欠席，学業の成績低下，昼夜逆転・ひきこもり，人間関係形成能力の低下，などである。

　この問題が，スマホの急激な普及とその低年齢化により，中高生だけでなく，

小学生にまで広がっている。

　スマホは，一人でいつでも遊べる魔法の宝箱であり，子どもたちの願いをいつもどこででも叶え，万能的世界を構築する。これは，「生きづらさ」を学校に感じている子どもにとって大きな魅力の世界であり，現実逃避するには最良（かつ最悪）の世界になる。

　利用時間が長くなり，生活が乱れ，なおさらネット依存傾向が強くなり，学校に行きづらくなる。ついには昼夜逆転・ひきこもり状態になるという子がいる。

　また，スマホが普及した2013（平成25）年以降，ネットいじめの深刻化が進んでいたり，ネットで知り合った人から猥褻な写真を送るよう強要されたりする児童ポルノ関連の被害が急増しているが，このようなことで悩み，学校を休みがちになっている子もいる。スマホ時代，クラスを居場所にできない・しない子は容易に増加している。

　現在，以上のように，スマホに翻弄される子どもたちの問題が際立つが，この他に学級には，家庭の社会経済的な貧困を背景として生きづらさを感じている子，虐待や不適切な養育などの家庭の深刻な機能不全が大きな要因となって生きづらさを感じている子，発達障害がある子なども存在する。そして，以下のような姿を見せている。

　　○いじめられないようにいつも友人関係に気を遣い（特に女子），一人に
　　　なることを極端に恐れ，少人数でグループ化し，必死に自分の居場所を
　　　確保しようと緊張している。
　　○授業についていけず，投げやりになっている。
　　○親の期待に応えすぎて，疲れている。
　　○両親の不和に心を痛めている。
　　○慎みがなく，人の目を気にせず，自分のやりたいことをやりたい放題に
　　　やる。

心が疲れている子がいる。肉体的な疲れではなく，緊張や不安に伴う精神的な疲れである。一般に，子どもは元気はつらつで明るいというイメージがあるが，現在は朝から暗い顔をし，トボトボと学級にやってくる子どもは決して少なくない。

② 特別活動再興

　担任は，クラスで起こる問題のすべてを一人で背負い込んではいけない。スマホ時代，どのクラスでも容易にいじめ問題が起きるし，不登校生も出現する。その時の，同僚や管理職への報告・連絡・相談が大事である。そして，学校長の指導の下，学校として教師を中心にスクールカウンセラー（心理），スクールソーシャルワーカー（福祉），医療関係者，警察関係者など多方面の専門家との協働で子どもの指導にあたっていく。「チーム学校」で支援にあたることが重要となる。

　担任の仕事は，原点回帰でいくべきである。なんもかんもはできない。教師の仕事の基本である，支持的風土のある学級づくりと，楽しくわかる授業（各教科・領域）の創造に全力を注いでいけばよい。子どもが「うれしい」「楽しい」「よかった」などと思えるプラスの体験を積極的にさせていくことが，心の疲れへの耐性を高めることにもなる。

　支持的風土のある学級をつくるには，以下の点を押さえていく。

(1) 教師の姿勢

　① 包み込む

　　学級のどの子も丸ごと受け入れる。どの子にも温かく接し，包み込む。

　② 和顔愛語（わげんあいご）

　　クラスで疎んじられているような子にこそ，担任の優しい穏やかな顔とまなざしと温かい言葉が必要。

　③「この子がいてくれるおかげで」と位置づける

　　「この子さえいなければ」ではなく，「この子がいてくれるおかげで」

という位置づけに変えていく。

④ いじめられている子の側に立つ

　いじめがある時は，担任は，その子一人のために学級内の他の子全部を敵にまわすことになっても，いじめられている子の側に毅然と立つ。

　以上のような，担任教師からの感化を受け，学級のなかに支持的風土が生まれてくる。

(2) 支持的風土をつくる対人関係ゲーム

　学級活動のなかで，レクリエーションを意図的・計画的に行っていくことによって，支持的風土をつくりあげていくことができる。

　子どもはみな，自分のクラスを明るく楽しい学級，温かい雰囲気の学級，伸び伸びと勉強のできる学級，にしたいと望んでいる。そのような学級の風土を，まずは，お互いに知り合い，友だちになるというレクリエーションからつくりあげていく。

① 初期のゲーム【級友と交流し，心をかよわす】

○ジャンケン列車　　　○あっち向いてホイ
○フルーツバスケット　○ジャンケンおんぶ　など

身体運動反応や発声などの反応で，出会いの不安や緊張を解消する。

② 発展ゲーム【級友と協力し連携する】

○人間知恵の輪　　　○人間いす
○新聞紙タワー　　　○3人組で大なわ　　など

　級友と協力し楽しむ経験を繰り返すことで，学級内での人間関係への自信が高まっていく。お互いの「よさ」を認め合い，「弱点」は支え合い，励まし合っていくという支持的風土も醸成されていく。

　人には元来，仲間と一緒に進歩したい，という欲求がある。そして，仲間に

ありがたがられたり，必要とされて役立っているという感情をもつことができると，主体的・積極的に行動するようになる。他者のことを案じ，何かしてあげたくなる気持ちももつ。

　スマホ時代，何かしてあげることが嬉しい，人が喜ぶのを見て嬉しい，という感情を子どもたちがもてるよう，教師は支持的風土のある学級の中で，とりわけ特別活動に意欲的・開発的に取り組む必要がある。

　ここ数年，行事はスリム化が図られ実施するのが精一杯で，「こなす行事」に変貌している学校がある。が，今一度見直し，スマホを扱うよりも，人とふれあい人と力を合わせ何かを創造していく喜び・感動の方がきわめて大きいということを，運動会や合唱祭，卒業生を送る会などの特別活動のなかで実感させていく必要がある。

　いま，人間力を育む特別活動再興が強く期待される。

（3）子どもたちと特別活動の未来

　では，子どもたちの「未来」はどうであろう。

　これからの子どもたちは，21世紀のグローバル社会を生きねばならない。グローバル化が加速するなか，あらゆる生活場面で国境を越えた交流が日常的になっていく。教室では多様な文化的背景をもつ子どもたちが机を並べ，共に学び，そして多文化的な社会へと巣立っていく。

　21世紀のグローバル社会を生きる子どもたちには，義務制段階からの多様な人々との交流体験が是非とも必要となる。日本人としての自覚をもちつつ，世界とコミュニケーションができる子ども，偏狭なナショナリズムに陥ることなく，世界の多様な人々と共生していける子どもを育てていく必要がある。

　特別活動は，多文化共生教育の柱として大きく期待されてくる。

　具体的には，特別活動に以下のような役割が求められるだろう。

　　　○コミュニケーション能力を高め，自他を認め合う人間関係を築く

　　　○自己の生き方を考えて，自己を活かす能力を養う

　　　○多様な他者と共存できるグローバルな市民性を育成する

なかでも，学級は，係活動や集会活動など活躍できることが溢れ，協働作業や体験活動，交流体験ができる環境にあり，違いを認め合って異なる者同士が共生していくことを学ぶには絶好の場となる。

　たとえば，日本語の不自由な外国籍の子どもにとって，「日めくりカレンダー係」や「集会での○○国のダンス紹介」などの特別活動は，言語以外で表現できる実践的な活動であり，このような担任の工夫した活動の中で，それぞれの子どもの独自の在り方を集団の中で輝かせ，生かし，学び合わせることができる。

　日本の学校は，学級・学校生活の様々な場面で，より意識的に子どもの人間形成を図ろうとしている。21世紀型の教育においては，こうした全人格育成教育を再評価していく必要がある。

2　特別活動の特質と教育的意義

　特別活動の目標にある「人間関係をよりよく形成する」という文言の背景には，以下のような深刻な問題状況がある。

　　○教育は危機的な状況に直面しており，青少年が夢や目標をもちにくくなっている。規範意識や道徳心，自律心が低下しており，いじめ，不登校，学級崩壊などの深刻な問題が依然として存在している。

　　○家族や地域社会において，心身の健全な成長を促す教育力が十分に発揮されておらず，青少年による凶悪犯罪が増加している。豊かな人間関係を築くことも難しくなっている。

　「人間関係」を言葉で教えることはできるが，その実質を教えることはできない。実際には学級・学校の生活の中で，とりわけ特別活動の中で学ぶということになる。特別活動の中で，他者と共に生きる喜びを実感し，人とつながり，人の中で己を生かすことを，子どもたちは学んでいく。

　以下に，特別活動の特質と教育的意義を述べていく。

（1） 特別活動の特質

　教科書や副読本を使わず，生活や社会との関わりの中で体験的に学ぶ場が特別活動である。また，特別活動は「子どもの実態に即す」，つまり，子どもから出発する教育活動である。そして，この特別活動には学校を楽しくする機能がある。不登校など学校嫌いが深刻な問題になっているだけに，学校を楽しくする試みは，今後ますます必要となる。その先頭に立つのが，特別活動である。

　特別活動の特質としては，以下のものが挙げられる。

【特別活動の特質】

① 「なすことによって学ぶ」を本質とする，多人数や異年齢によって構成される実践的な集団活動である。

② 子どもの思いや願いが大切にされ，児童・生徒自身が自主的・実践的に展開していく活動である。

③ 望ましい集団活動の中で，心身の調和のとれた発達を目指す総合的な活動で，自己実現的活動である。

④ 特別活動独自の三間（時間・空間・仲間）の有効活用が児童・生徒の自立を促す。

　教科等の日課から離れて過ごす時間，学校内にとどまらず地域社会にまで広がる活動空間，同年齢・異年齢の仲間との交流はもちろん，障がい児や高齢者といった人々とのかかわりも生まれ，多様な内容を動きのある活動や教室外の活動で行う。

⑤ 道徳や各教科が，個人の中に「豊かな心」の育成を主として図ろうとするのに対して，特別活動においては，個人と集団や社会との関わりを通して「豊かな心」の育成を図ろうとするものである。

⑥ 特別活動では，子どもが「本音」を見せてくれ，意図しない，予期しない，潜在的な教育の成果が生まれやすい。

⑦ 集団で行動することと個人を尊重することを背反させるのではなく，両立させることができる活動である。

　集団活動において多様な個性が発揮される機会が増え，個性を尊重し合うことでよりよい集団のありようが達成される。

⑧ 教科学習では，優秀な成績を修める子どもは固定しがちであるが，特別活動では教師の工夫次第で，あらゆる子どもに活躍のチャンスを与えることができる。

⑨ 学校の独自性や特徴を発揮できる活動，地域や社会との関係が密接な活動，そ

> して，教師の創意工夫が大いに発揮できる活動である。

これまで，「学力が低下している」という声に押され，特別活動の量的な絞り込みが行われてきた。そして，その結果，

○学校から心や社会性を育てる訓育機能が弱くなり，学校生活の楽しみやリズムが失われていった。

○学習への負担感のみを強める結果となり，不登校などの問題はほとんど改善が図られてこなかった。

○市民社会の基礎・基本として，自治的能力や集団的能力を育てる場は，学校では特別活動をおいて外にない。それらの力を伸ばすことができなかった。

これらのことを考慮せず，これ以上絞り込むことは戒めなければならない。

なお，特別活動と総合的な学習の時間の特質の違いは，特別活動は，望ましい集団における実践的な活動として指導し，集団生活の向上を図るものであり，総合的な学習の時間は，探究的な学習として指導し，知の総合化を図るものである，ということである。

（2）特別活動の教育的意義

学校は子どもたちにとって，共に学び，共に遊び，共に働く場である。つまり，小さな社会なのである。

特別活動は，この小さな社会である学級や学校でのよりよい生活や人間関係づくりを教育の対象とし，子どもたちが社会性を体得できるようにする。

また，特別活動は，各教科等で学んだ知識や技術さらには学び方といったものを，実践の場において応用，発展させ，生きて働くほんものの力にしてくれる。特別活動での体験が教科等の机上の理論に魂を吹き込むことになる。

その他，特別活動の体験は，学校教育全体に潤いをもたせ，学校生活を充実させる効果もある。

この特別活動の教育的意義を列挙すると，以下のようになる。

> ① 自主性・個性の発達を促す

個としてのよさを育む教育活動である。

② 参画力を育み，社会性の発達を促す

　人と人との関係，ふるまい方，生き方といったものの原体験を用意できる。社会的適応力育成の教育活動であり，社会人基礎力を育む。

③ 個人的・社会的諸問題の解決を図る

　公民的資質向上を図る教育活動である。

④ 体験主体の教育活動で，「生きて働く学力」を育成

　特別活動での学びは，子ども一人一人が自らの心で感じ，自らの頭で理解し，それが自らの実践へ結びつくという感性，理性，行為が不可分一体になった「わかる」＝「生きて働く実践的な学力」を育成する。

⑤ 表現活動の発達を促す

⑥ 人間生活の感動的体験を味わうことができる

　感動を受動的に味わうだけでなく，感動それ自体を仲間と共に集団で生み出すことを体験することができる。

⑦ 特別活動は集団維持的機能を果たす

　学級・学校に望ましい人間関係を形成する。

⑧ 人間としての諸能力を総合的に育てる

　総合的な能力である「人間力」を育成する上で，特別活動は格好の場である。

⑨ 学校生活のリズムを作り，彩りを与えて豊かなものにする

　特別活動が学校生活の弛緩とけじめの多くの部分を担う。

⑩ （他の教科・領域では，すべてはうまくいくように仕組まれているが）

　特別活動は，挫折体験や失敗体験を味わうこともでき，豊かな人間性を育む機会となる

⑪ 道徳科の時間に育てられた道徳的な心情や判断力が，特別活動の場面で「なすことによって学ばれ」，道徳的実践力の形成が図られる

⑫ 特別活動の総合的な活動があるからこそ，日常の教科の学習が大事にされ，基礎・基本に熱が入る

　特別活動の存在を軽視することは，逆に学校の教育機能の主要な部分を後退させることにつながる。

⑬ 家庭や地域の教育力を特別活動が代替する。また，家庭や地域からの信頼を得ることができる

⑭ 生涯学習社会を生き抜く基礎を培う

　生涯学習社会では，「自立・協働・創造に向けた一人一人の主体的な学び」が求められているが，これは特別活動で育まれる資質・能力に大いに関わる。

⑮「21世紀コンピテンシー」の基盤となる

　グローバル社会の変化に対応できる汎用的な資質・能力育成の基盤となる教育活動である。自ら求めて学び，生き方をつかむ子どもたちを育成していく。

　集団や社会の問題を解決する方法は，突き詰めると，話し合いで決めるか，力づくで決めるかの二者択一となる。東日本大震災で，被災下にあっても，冷静に話し合いによって諸事万端を解決していった日本人の姿は，他国のジャーナリストに，様々な言葉によって誉め称えられた。

　特別活動における話合い活動などが，いかに重要であるか，人間としての「ぬくもりとつながり」を求めた教育実践活動である特別活動の教育的意義を我々は再認識しなければならない。

（3）特別活動の今日的意義

　さて，「豊かさゆえの貧困」とグローバル社会が進行している現在において，特別活動の今日的意義としては，特に以下の6点を挙げることができる。

① 人間関係形成能力の育成

　現代の子どもたちの人間関係形成の困難状況を打破する実践が，教育課程の中で最も期待できる領域が特別活動である。

　人間は人間と出会い，関わり，人間の心に触れることによって，人間関係の拡大と深化を進める。そして，自分自身や仲間，所属集団との折り合いをつけながら，自己を育てていくことができるようになるが，その機会の宝庫が特別活動である。特別活動は，現代社会で最も必要とされる，人と人とをつなげるための教育活動である。

② 不登校やいじめ問題などへの予防効果

　過度の緊張や競争による重苦しい防衛的風土を緩めて支持的風土を高めることを可能にするのが特別活動である。

　認め合い・支え合い，励まし高め合う集団づくりを通して，不登校やいじめ

問題などの予防効果を特別活動に期待できる。

③ 道徳的実践力の形成

　「道徳の教科化」により，道徳の時間が確実に実施され，充実するであろう。その道徳の時間に育てられた道徳的な心情や判断力が，特別活動の場面で「なすことによって学ばれ」，道徳的実践力の形成が図られることになる。

④ 自己肯定感・自尊感情の回復

　海外の国々に比べ，日本の子どもたちの自己肯定感・自尊感情が圧倒的に低い。が，特別活動で子どもの思いや願いが大切にされ，児童・生徒自身が自主的・実践的に活動を展開し自己実現を図っていけば，自己肯定感・自尊感情は自ずと高まっていく。

　異学年交流活動の中で，世話される立場から世話する立場に替わることで，「できる自分」を実感し，「自分も他人のために何かができる。自分も捨てたものではない」という誇りと自信を取り戻していくことができる。

⑤ 望ましい勤労観・職業観の育成

　産業，経済の構造的変化や雇用・労働の多様化・流動化などの状況のもと，生徒たちが自己の進路を主体的に切り拓き，将来，自立した個人として力強く生きていくためには，その基盤となる意欲や態度およびこれらを根本で支える勤労観・職業観を育む活動がきわめて重要となる。

　一人一人のキャリア形成に力を入れる特別活動が鍵となる。

⑥ 共生社会の担い手としての人間性・社会性の育成

　現代社会で，最も重要なことは，「自他の生命の尊重」であろう。そして，それを成立させるために「自立心の育成」と「共生の希求」が必要になってくる。

　特別活動では，切磋琢磨できるよりよい人間関係が育ち，効果的に学力を向上させ，逞しい自立心を育成することができる。同時に，望ましい集団活動を

行う中で，共生社会の担い手としての豊かな人間性や社会性を身に付けること
ができる。

引用・参考文献
児島邦宏（1996）『学校新時代・特別活動の理論』明治図書。
高旗正人・倉田侃司編著（2004）『新しい特別活動指導論』ミネルヴァ書房。

（赤坂雅裕）

第2章

特別活動の理論と方法

　特別活動については，「もうひとつの教育」と総称される一面がある。その場合の「もうひとつの教育」とは，学校教育における補助的機能，あるいは，教科等の授業の潤滑油的な働きをするもの，ととらえる論調が一般的である。

　しかし，特別活動は，こうした面での期待もあるが，その範疇に留まらない。特別活動は，教科等の授業場面における「教科の論理」に対して，「教育の論理」という独自な固有の特質をもっている。特別活動は，学校教育において，教科等の「教科の論理」と日本の学校教育を支える両輪の関係にある。「もうひとつの教育」の真の意味は本来，「教育の論理」の追求にある，といってよい。

　今日の教育改革の方向は，画一から個性へ，暗記から思考へ，知識から体験へ，受動から創造へ，他律から自律へ，競争から協同へ，分化から統合へ，指導から支援へ，である。総じて「教科の論理」から「教育の論理」への，教育のパラダイム（物の見方・思考の枠組）革新とも言える。本章では，この2つの論理の軸（視点）に基づいて，特別活動の理論とそれを具体化する方法論について，概説したい。

1　特別活動を成立させる4つの構成論理

　特別活動は，学級会，児童会・生徒会，朝の会・帰りの会，学校給食，また，運動会，遠足，文化祭などの学校行事など，大変に幅広い教育活動である。子どもたちの自主的，実践的な活動である。特別活動の第一の特徴は，これらの自主的，実践的な活動を「なすことによって学ぶ」（J. デューイ）ことにある。

　この場合の「なすこと」とは，具体的には「望ましい集団活動」である。特別活動は，望ましい集団活動を通して，自立への基礎を養う教育活動である。

それでは，「自立への基礎を養う」とはどういうことであろうか。

　本章では，特別活動の理論を，特別活動を成立させる 4 つの構成論理ということで説明する。しかも，本書の編集指針である「やさしく学ぶ」ことができるように，可能な限り特別活動の実践エピソードを織り交ぜて概括したい。自己の特別活動をふり返る際の討論資料として使って欲しい。

　4 つの構成論理とは，（1）「出会い」の創造，（2）「向上心（やる気）」の育成，（3）「尊在感」づくり，（4）「やさしさや思いやる心」の育成である。

　ただし，これら 4 つの特別活動の構成論理は，特別活動という総体として存在するのである。それぞれが独立して，個別に存在するものではない。特別活動を構成する 4 つの局面・側面ととらえることができよう。4 つの構成論理が，相互に関連し合って，特別活動という一つの構成体をなしているのである。

（1）「出会い」の創造

　「教育とは出会い」であると，しばしば語られる。ここでは，特別活動の観点から「出会い」を，「異なる二つのものが，互いに受け容れあって，そこに期待，信頼，友情，尊敬など新しい何かが生まれること」と，定義したい。

　たとえば，マッチとマッチ棒が，こすり合って（互いに受け容れ合って），そこから炎が生まれる。太鼓と太鼓のバチも同様である。太鼓と太鼓のバチが，互いに受け容れ合って，そこに躍動するリズムが生まれる。

　特別活動は，教師と子どもたちとの人間関係，あるいは，子どもたち同士の仲間関係のなかで，「出会い」を構築する場を用意するのである。互いに向き合い，受け容れ合った結果（受容），そこに信頼・期待，友情・愛情，尊敬・畏敬などの思いが，互いの心の中に生まれる（創造）。

　学校の思い出を問われれば一般に，教科等の授業場面ではなく，各種学校行事などの特別活動が多く語られる。それは，特別活動には，教師と子どもたちとの，また，クラスの仲間同士との，「出会い」で生まれた感動体験があるからといえよう。ここで，S 君と，S 君を取り巻く仲間たちの間に生まれた感動の「出会い」の実践エピソードを一つ挙げたい。（実践エピソード 1）

実践エピソード　1

　このクラスでは，小学校5年の時から学期末に誕生会を開催していた。クラスのみんなも，これを楽しみにしていた。企画を出し合う中で，「チャンバラ桃太郎」が提案された。「桃太郎」の寸劇で楽しもうというのである。主役の桃太郎役にはS君が選ばれた。彼はチャンバラ大好き人間。いつも腰に物差しを差して歩いていたからである。実は，S君は，自分の名前がやっと書ける程度の低学力の子どもであった。

　「場を得て，子どもは光る」という言葉がある。特別活動には，この言葉が最も当てはまる。授業中，みんなの方を振り向いては，にっこり笑顔を見せるだけのS君に，誕生会は，大きな「出番（ポジション）」を用意した。

　「桃太郎」は大成功だった。彼の得意そうな顔が，特に印象的だった。小学校6年間の思い出の絵に，S君は「桃太郎」を選んだ。図画用紙から顔がはみ出た絵は，お世辞にも上手とは言えなかった。

　彼は小学校を卒業すると，障害児入所施設に入った。ところが，中学2年生の年末，S君のお母さんから突然，呼び出しがあった。玄関を開けると，いきなり仏壇の遺影が目に映った。それは，S君のものだった。お母さんが仏壇から取り出したのは，あの「桃太郎」の絵だった。

　「施設に行っても，あの子は，この絵だけは離さなかったのよ。部屋の壁に貼って，誰が来ても，いつも『これおれや，これおれや』と自慢していたのよ。ありがとう」。S君の人生のなかで，最も輝いた思い出の絵だったのである。

　誰も，涙で言葉にならなかった。「桃太郎」の絵に向かって，ともすれば彼から逃げだしたい気持ちになったことを詫びた。同時に，特別活動がつくってくれた，この素晴らしい「出会い」に感謝した。彼の「桃太郎」は，やさしく微笑んでいた。それは，授業の時に見せてくれていた，あの最高の笑顔だった。

　クラスの仲間たちは，S君を受け入れ（受容），すべてを包み込むような温かい笑顔をもった彼の人柄の素晴らしさに，改めて畏敬の念（出会い）を感じた。

（2）「向上心（やる気）」の育成

「向上心」とは，「自分自身を，今よりよりよくしようとする成長への意欲」といえる。教科等の授業においても，向上心（意欲）づくりをめざしている。否，めざさなければならない。「教科の論理」自体は否定されるべきものでは

ない。特別活動の「教育の論理」と共に学校教育の両輪を形成するものである。

　しかし，教科等の授業は，特別活動に比べて，どうしても「教科の論理」にウエイトが置かれる。したがって，「指導と評価の一体化」の名目のもとに，子どもたちのもつ「ねうち」が，成績で序列化，特定化される傾向にある。

　教科等の授業では，教師と子どもたちとの接点は，「わかる（知識理解面），できる（技能面），よい（道徳的態度面）」の3つの評価に限られがちである。子どもたちは上学年になるにつれて，いくら教師がその心を開かせようとしても，その成績で自らの心を閉じて，両者の関係性を狭くしてしまう。

　その点，「教育の論理」の特別活動は，多様で多面的な教育評価が可能である。特別活動の場合は，「わかる，できる，よい」の教育評価の3つの接点に限らない。自尊感情，自己肯定感及び自己有用感などを育む余地が幅広い。

　ある中学校教師が，特別活動で育成された「向上心（やる気）」について，うれしそうに語ってくれた。（実践エピソード2）

実践エピソード　2

　A子は，おとなしいと言えば聞こえが良いが，実際は覇気がない，いわゆる存在感の乏しい生徒であった。成績も芳しくない。特に問題のない生徒だけに，逆にベテラン教師にとっては「気になる子」であった。「普通の子がキレる」という言葉がある。成績が特に良くもなければ，その逆に問題をもつ子でもない「普通の子」は，教師にとって，手のかからない子どもである。それだけに，教師に注視されにくい。そこに教育指導上の落とし穴が生まれる。いわゆる「良い子，悪い子」と同様に，「普通の子」も，心の問題は抱えているのである。

　そのA子が変わった。中学校の文化発表会（音学コンクール）がA子を変えた。いつも一人で音楽の世界に入っていたA子が，クラスのコーラスの指揮棒を振ることになった。音楽好きを知っていたクラスの誰も，異議を唱えなかった。むしろ，クラスの生徒たちは，彼女は断るだろうと考えていた。だが，彼女の返答は意外にも「やってみます」であった。発表会までの1カ月，彼女は一生懸命，指揮棒を振った。彼女が変わっていく姿に，クラスのみんなも応えていった。このクラスは全校2位の栄冠を勝ち得た。

　しかし，このクラスが勝ち得たものは，準優勝の証書だけではない。彼らは「人間力」のすばらしさを感じ取った。音楽コンクールでのコンダクターとい

う仕事が，彼女に「自分への自信」を与えた。このことをきっかけにして，A
子は何事にも積極的に関わるようになった。また，勉学にも励むようになった。
　　特別活動での活躍が，A子に意欲（やる気）のスイッチを入れたのである。

（3）「尊在感」づくり

　先に述べた「向上心（やる気）」の育成と言えば，『あすなろ物語』（井上靖，
1953年，新潮文庫）という一冊の小説を挙げなければならないであろう。あすな
ろの木は，「明日はヒノキになろう，明日はヒノキになろう」と思いながらも，
ついにヒノキになれない悲しい木である。明日はヒノキにと，向上心を燃やし
ながら，ついにはその願望を果たすことができなかった主人公・鮎太。

　「自分は檜（ヒノキ）ではない。あすなろでしかないのだ」。あすなろは，一
生懸命に明日はヒノキになろうとしている。その意欲さえなくした自分に気付
いた鮎太は，次第に虚無的になっていく。鉄棒にぶら下がって，いつまでもい
つまでも大車輪を続ける鮎太の姿は，胸に迫るものがある。

　実は，子どもたちの中にも，鮎太はたくさんいる。劣等感を抱えつつも，明
日はヒノキになろうと，一生懸命がんばろうとしているはずである。たくさん
の「あすなろ」の木が育っているはずなのである。しかし，今日，「あすなろ」
の子どもは減ってきた。自らの存在を，ダメな人間，低位な人間，すなわち
「損在感」でしかとらえられない子どもが増えてきた。

　「損在感」とは，自己イメージを，マイナスでしかとらえることができない
負の心情のことである。特別活動が成立するとは，ある意味，「損在」に落ち
込んでいる子どもを，「自分は掛け替えのない大切な存在」であるという思い，
すなわち「尊在感」のある子どもへと高めること，ともいえる。

　ある中学校教師は，昼休みに「教師一人ピッチャー」の実践を行っている。
教科担任制の中学校では，教師と生徒との交流が日頃難しい。そこで，教師が
一人ピッチャーをしながら，打者の生徒一人一人に向けて声を掛けるという実
践である。生徒一人一人に，励ましのエールを送ることで，「自分は，先生に
とって大切な人間なのだ」という自尊感情を高めようとしたのである。

　都内の小学校4年生の学級会の研究授業に参加した際，一人の子どもの「損

在」から「尊在」への過程を垣間見ることができた。（実践エピソード3）

実践エピソード　3

　学級会のテーマは，「思い出残しをしよう」であった。話し合いの結果，クラスの思い出残しの活動としては「自慢大会」に決まった。しかし，その時，一人の子どもが意見を言った。「でもね，自慢大会で失敗すると，恥をかくよ。そうしたら，思い出したくない自慢大会になるよ」。

　この発言が，話し合いの新しい流れをつくった。それを受けて，さらなる話し合いの結果，最終的に「クラスの決まりをつくる」という事案が加わった。

　クラスの新しい決まりは，二つ。一つは，「今後，友達が失敗しても絶対笑わない」。もう一つは，「クラスのみんなで，自慢大会の練習のお手伝いする」。

　担任教師は，学級会の終わりの講評すなわち「今日のポイント」において，今回の話し合いの鍵となった彼の発言をすかさず取り上げた。

　実は，この貴重な発言をした子どもは以前，縄跳び大会で失敗をして罰が悪かったという苦い思い出を抱えていたのである。また，彼は，いわゆる「問題を持つ子」の一人であった。

　この子どもなりの成長への「損在から尊在へ」の変化に気づいたのは，放課後の授業研修会であった。研修会の最中，会議している部屋の前を，何度もうろうろする彼の姿があった。担任教師が呼び止めると，彼からは「忘れ物をした」という返事。その時，教師は，「それなら勝手に持って帰ればよい」などとは返さなかった。彼の頭を撫でながら，今日の彼の活躍を改めて褒めてやった。彼は大喜びで，スキップをしながら教室に跳んで行った。

　その場に居た先生たちのどの顔も，微笑みで一杯であった。私たちは，このクラスで自らの存在を獲得した「尊在感」に喜ぶ，一人の子どもの成長（人間変容）のドラマの瞬間に遭遇したのである。

（4）「やさしさや他を思いやる心」を育む

　学力向上が叫ばれるなか，どちらかと言えば，教科等の授業における「教科の論理」が重要視されて来ている。しかし，学校教育がめざすものは本来，「わかる（知識理解），できる（技能），よい（態度）」のさらなる向上をめざしての（手段）「人間変容」（目的）のはずである。しかし，今日ともすれば，学力向上という人づくりの手段が，それ自体，目的化する傾向が生まれている。

　その結果，学力向上が叫ばれる一方で，今日の子どもたちの抱える教育課題として，「やさしさや思いやり」の喪失が挙げられている。

　『佐賀のがばいばあちゃん』（島田洋七，徳間文庫，2004年）の運動会における，担任教師と洋七少年との弁当を通した心の交流も感動的である。

　洋七少年の担任教師は，いつも運動会の日にはお腹を壊す。そして，洋七少年に自分の弁当を食べろと言う。それを聞いた祖母（がばいばあちゃん）は，台所の隅に立って涙声でいう。「洋七，覚えておくんだよ」，と。後に洋七少年は，これが「やさしさ」というものであることを自覚する。

　運動会のクラス対抗リレーでの感動のエピソードもある。バトンパスの際，誤ってバトンが落ちた。その時，隣のコースを走っていた子どもが，わざわざそれを拾い，彼に手渡した。チームは，そのためにビリになった。だが，このさわやかな行動に対する惜しみない拍手が，会場中に鳴り響いた。

　特別活動でのこうした体験感動が今日，新たな注目を浴びている。それは，特別活動が子どもたちの「やさしさ・思いやり」づくりにつながるからである。

　特別活動の大切なキーワードは，「望ましい集団活動」である。これは，仲間と関わりながら人間関係を築いていく体験活動である。「もっと仲間のこと知りたい」「もっと仲間と寄り添いたい」。子どもたちを体験活動に向かわせるのは，そのような相手を思いやろうとする心である。「他者理解」や「共感的理解」の心から，子どもたちは，互いに心を通わせる活動を行うのである。

　特別活動での読書，スポーツ，自然体験，ボランティア活動などは，言い換えれば，「やさしくなければできない活動」ともいえる。つまり，特別活動は，「他者を思いやる心をつくる活動」でもある。特別活動の究極の構成論理は，「やさしや思いやり」の育成といっても過言ではないであろう。次の実践エピソードは，ある小学校3年生の学級会での一場面である。（実践エピソード4）

実践エピソード　4

　議題名は「Yちゃんお帰り会の遊びを決めよう」であった。足の手術のため長期入院していたY子が退院し，登校したので，このクラスでの思い出をつくるためのお楽しみ集会を計画しよう，というのである。Y子は，手足が不自由で，車椅子生活。生活面，教育面での配慮も必要である。

特別活動で育成される「支持的風土」がクラスに育っていない場合，特定の児童に精神的負担をかける事態が生じることがある。しかし，このクラスの子どもたちは，Ｙ子への差別意識をまったく感じさせなかった。彼女を支えるだけの強いハートのある「支持的風土」ができていたのである。

　学級会では，「ブルラッシュ」「サボテン」「三色おに」などの遊びが提案された。「みんなで楽しく遊ぶことができるから」。「クラスのみんなで」という思いが語られた。しかし，この中で，「Ｙちゃんお帰り会」で行う遊びを選択する場面になると，子どもたちは別の考えを言い始めました。

　「Ｙちゃんには，『ドラキュラ』はむつかしいから『はないちもんめ』がいい」，「Ｙちゃんが笑っていたからです」，「『三色おに』だと，いつもＹちゃんが鬼になるからやめた方がいい」など。

　今度は，Ｙ子の意見を聞こうという提案が出た。ところが，彼女は，「はないちもんめ」と，もう一つ，「三色おに」を選択したのである。クラスの子どもたちは，それをどう扱うだろうか。だが，子どもたち自身で，この問題を解決した。

　「まず，試しをしてみて，これから一カ月，Ｙちゃんが遊べるように，みんなで助け方を練習しよう」「Ｙちゃん，俺たちとがんばってくれる？」「（Ｙ子，大きくうなずき）うん」。担任教師からは一筋の涙。特別活動では，相手を思いやれと言わなくても，こうしたすばらしいやさしさのドラマが生まれる。

　Ｙ子はみんなのことを思い，みんなはＹ子のことを思いやる。まさに「やさしさや思いやり」の相互交換である。

2　特別活動の４つの方法原理

　新学習指導要領においては，「主体的・対話的で深い学び」が強調されることになった。いわゆるアクティブ・ラーニングである。

　実は，特別活動は，これまでも学級活動，児童会・生徒会活動などで，「主体的・対話的で深い学び」を追求してきた。それ自体は，特別活動の方法上の特質ともいってよい。特別活動は，教育課程上，これからの新しい学校教育の在り方の先駆け的，モデル的な存在といってよい。

　先に述べた特別活動を成立させる「4つの構成論理」を展開するためには，どうすればよいだろうか。そこで，特別活動の「方法原理」を（1）自立性，（2）共感性，（3）主体性，自発性，（4）開放性，の4つに整理したい。

（1）自立性の方法原理：ツーリストづくりから，トラベラーづくりへ

　特別活動は，体験活動で構成される。たしかに，特別活動のキーワードの一つは「体験活動」である。まさに「なすことによって学ぶ」が基本原理である。だが，それも単に体験活動をすればよい，というものではない。他に従属して行動するだけの「ツーリスト（団体旅行客）」型ではなく，自主的・主体的な「トラベラー（旅人）」型の体験活動でなければならない。

　トラベラー（旅人）という言葉は，ここではツーリスト（団体旅行客）に対比して用いている。ツーリストは，主体性をもたず，引率者や指導者の指示に付き従うだけの存在である。それに対してトラベラー（旅人）は，一人一人が「思いや願い」をもって，自主的，実践的に行動する。プランを実現するために，主体的（自ら），協同的（他とともに）に諸問題を解決していく。

　子どもたちは今日，自分の「思いや願い」をどのような手続きによって具体化すればよいかという企画力も対応の処方箋もあまりもてない実態がある。

　そこで，子どもたちの各種の体験活動を展開する過程において，「よりよく生きる」ための課題探究的な体験活動やそれに伴う実践的技能（社会的スキル）の育成を図ることが喫緊の課題とされている。平成30年学習指導要領改訂では，全体を通して，「資質・能力（コンピテンシー）」の育成が盛り込まれた。

　新学習指導要領における各教科，領域の「目標」の記述も，「〇〇することを通して，次の通り資質・能力を育成することを目指す」とされた。

　特別活動において，自立した個人を志向する自尊感情をもったトラベラーづくりのためには，学習訓練や規範（きまりやルール）意識の育成も肝要である。

　平成20年学習指導要領では，特別活動による学級集団の準拠集団化，すなわち「よりどころづくり（仲間づくり）」のための人間関係構築力育成の手法として，社会的スキルも導入されることになった。その結果，グループ・エンカウンターの導入を図る学校が増えた。しかし，トラベラーづくりの特別活動は，

子どもたちの実際の生活場面にこだわる。付言すべきは，社会的スキルの導入も，学級，学校の生活上の諸問題の解決の方策としての導入，という制限がついていることを忘れてはならない。

（2）共感性の方法原理：「知る」ではなく，「識（し）る」の追求

　教科等の授業の学習において，「知る」ことは大切である。しかし，その一方で，特別活動において独自な学びである「識（し）る」ことも大切である。

　では，ここで「知る」と「識（し）る」の相違とは何であろうか。

　教育界において学力向上が合い言葉になっている昨今，いわば頭（head）で知る抽象的・観念的，分析的な「知識理解」については関心を集めている。しかし，知識にはもう一つ，心（heart）で知る知識がある。それらは英語では峻別されている。前者の cognition に対して，後者の場合は recognition と呼ばれる。後者の「知識」は，自己との関わりの中で，自らの生活実体験を通して，認識的，直観的，総合的に受容される知識である。

　体験活動を通して「識（し）る」という時，知識理解における「知る」にはない「共感的理解」という「やさしさや思いやり」が介在していることに，留意しなければならない。その「やさしさや思いやり」は，教科等の授業で習得することは困難で，特別活動の存立根拠の一つになっている。

　特別活動は従来から，「望ましい集団活動」の一環として体験活動を重視してきた。望ましい集団活動の内容には，集団生活への適応，自然との触れ合い，勤労やボランティア活動など社会奉仕の精神の涵養などに関わる体験的な活動が含まれる。勤労の尊さや生産の喜びを体得するとともに，ボランティア活動など社会奉仕の精神を涵養する体験が得られるような活動が望まれている。

　たとえば，特別活動におけるボランティア活動は，子どもたち自身の手で，ボランティアが自発的に行うことができるように，その意義や自己有用感，留意点などを知ってもらうために組み込まれた体験的教育活動の一環である。

　ここで，特別活動における実践例を２つ挙げてみる。

　① 当番活動で飼育係を中心に水槽でザリガニ飼育をしていた時のこと。
　　目を輝かせて子どもたちがその水槽まで，担任教師の手を引っ張って

行った。子どもたちが，水槽の端をポンと指ではじくと，母ザリガニの腹から無数の子ザリガニがはじけ飛ぶように出てきた。だが，しばらくすると，すぐにまた，子ザリガニは吸い込まれるかのように母ザリガニの腹に戻っていく。

　子どもたちはうれしそうに話しかけた。「これは，僕たちとお母さんの関係と一緒だよ。どんなに離れていても，僕たちも，いつもお母さんの所に戻って来るんだ」。

　子どもたちは親子関係について，頭（知識理解）ではなく，「（あなたのことを）もっと知りたい」という心，「共感的理解」で知ったのである。

② 小学校5年生が，総合的な学習の時間との「関連的指導」で，勤労生産・奉仕的体験活動（学校行事）として米づくり体験に挑戦した。子どもたちは自然の偉大さを体得した。田植えをした時は頼りなかった早苗が，自然の力で，たわわに稲穂をつけてくれる。子どもたちは担任教師にお願いをした。「JA のおじちゃんは，すごいな。だって，こんなすごいことを何十年もやっている。おじちゃんの手，触っていいかな」。子どもたちは，JA（農協）の指導員さんに群がり，手を離そうとしなかった。

　子どもたちは，知識として稲を育てることの大変さを知ったのではない。稲作づくり体験活動のなかで，共感的理解（自然と人との関わりの追究）で，その偉大さを学んだ。言い換えれば，自然と農業の偉大さを識（し）ったのである。

　これらの教育実践は，「共感的理解」に基づく「知識」について教えてくれる。体験を通して自然や友達と触れ合うなかで，「他者理解」するためには何が必要だろうか。それは，「どうすれば，あなた（対象）のことを理解することができるだろうか」「あなた（対象）の心に出会うことができるだろうか」という他者（対象）を思う「やさしさや思いやり」である。

　つまり，「共感的理解」とは，相手の立場になって，相手に寄り添おうとする「やさしさや思いやり」の心で，他者（対象）を理解することである。

　特別活動における各種の体験活動を通して，子どもたちは，他者（仲間）と

触れ合いながら，「共感的理解」という「やさしさや思いやり」のフィールター越しに，他者の「よさ」に気付き，認識するのである。

（3）主体性・自発性の方法原理：「子どもから出発する」

「子どもから出発する」という教育理念は，教師と子どもたちが協同する，特別活動における基本理念である。「子どもから出発する」の根本理念は，いかにして子どもの実態を把握し，その実態を踏まえて彼らをいかに導くかということである。子どもたちの実態から見て，どんな力をつけてやる必要があるか，特に「生きる力」の視点から見て何が欠けているかを検討し，実践を組み立てることである。

その授業にかける教師の「思いや願い」と子どもたちのもつそれと，どのように関わらせるか。これが，特別活動を仕組む重要なポイントの一つである。

それは，教科等の授業における「教材の主体化」であり，特別活動で言えば，子どもたちにとっての「活動の必然性」である。

学級活動等において，教師と子どもたちは学級づくりに向けて，互いに共通したイメージを探り合っていく。その場合，教師は直接，子どもたちを誘導するハンドルを持たなくてよい。「ハンドルは持たないが，アクセルとブレーキはしっかり」。これが特別活動における指導の基本理念である。

教師は，みんなの活動ぶりを眺めながら，うんとほめて勇気づけてアクセルを踏むか，ときたまその結果について，① 人権擁護面，② 安全指導面，③ 金銭面，④ 教育課程面などの視点から，「それは違う」とブレーキをかけるぐらいである。

しかし，「それは違う」と言えるためには，教師はしっかりした基本理念をもっていなければならない。たとえば，ある小学校では児童会活動として，「お役に立ちます」というボランティア活動に取り組んだ。「人や地域のために自分にできること」という視点で，子どもたちにとって日常的である校区内を改めて見つめ直そうという試みである。子どもたちは，町に出かけて，地域住民のためにしたいことを見つける課題探しをする。町の清掃・美化，保育園や老人ホームでの交流など，自分のやってみたいことへのチャレンジを始めた。

　教師側は，成果発表会を想定していた。それに対して子どもたちはそれをさらに発展させた。「思い出残し」と称して地域住民に『ボランティアとは』という冊子を作成し，配布した。教師は子どもたちとイメージを共有し合った後はハンドルを持っていない。応援のアクセルと危険察知のブレーキのみである。

（4）開放性の方法原理：「まとめる」から「ひらく・ひろげる」へ

　特別活動は，教科等の授業における「教科の論理」のような知識内容を「まとめる」方向を目指さない。特別活動の場合は，学級から学年へ，学年から学校へ，学校から家庭や地域へと，内からより外の社会へと働きかけることを目指そうとする。すなわち，教科等の「まとめる」志向に対して，外に向かって「ひらく・ひろげる」志向でなければならない。

　新学習指導要領においては，第一に「社会に開かれた教育課程」を掲げ，学校教育のグローバル化の促進や家庭や地域との連携を強調している。特別活動は，その中心領域の一つである。

　小学校特別活動における学級活動の内容も，低学年（仲良く助け合い），中学年（協力し合って），高学年（信頼し支えあって）へと発展的かつ年齢段階的に外に向かって「ひらく・ひろげる」ように仕組むことが肝要とされている。中学校・高校の特別活動では，さらに地域社会，一般社会に向かって，「ひらく・ひろげる」活動を仕組むことが要望されている。

　「コミュニケーション能力」といっても，教科等の授業と特別活動とでは，その方向性は異なる。知識理解を求める教科等の授業は，基本的に「まとめる」タイプのコミュニケーションで成立する形態をとる。すなわち，「いかに特定の結論へと子どもたちを導くか」という論理で授業は成立する。それに対して，特別活動では，子どもたちが他に対して，常に新たな課題をもち，働きかける「ひらく・ひろげる」タイプのコミュニケーションの育成が図られる。

　つまり，特別活動において求められる自己表現は，他の対象に対して提言，提案などのプレゼンテーションをする「ひらき・ひろげる」コミュニケーションなのである。たとえば，生活習慣病の発症率の高い地域の中学校では，生徒たちは学級指導（特別活動）や保健体育などで得た知識をもとに，健康新聞の

作成とその配布を行い，その怖さと予防方法を地域住民に発信した。

　したがって，特別活動においては，コミュニケーション能力の評価は，「教科の論理」のように，知識内容の理解に向けて，いかに正しく，要領よく，「まとめ」あげるかではない。クラスの仲間に，学校内の上・下級生に，保護者に，そして地域の人たちに，いかにうまく自分たちの「思いや願い」を提言し，伝え，拡げることができたかが，評価されなければならない。それが，教科等の「まとめる」コミュニケーション力の育成と，特別活動における外に対して「ひらく・ひろげる」という「教育の論理」にけるコミュニケーション力との相違であろう。

3 「納豆づくり」の特別活動を

　学校教育の不易のテーマは，「個」（子ども一人一人）と「集団」の関係性である。特別活動は，このテーマに正面から取り組む。少なくとも，特別活動においては，個の成長と集団の形成は，矛盾した関係ととらえない。すなわち，個と集団は，「相即不離」の関係なのである。

　個を生かすには，個を大切にする集団が必要である。また，個の主体性を重んじることのできる人間は，他者の主体の重さを自覚することができる。したがって，個を大切にすることは，集団を大切にすることでもある。

　本章を終えるにあたって，特別活動が目指す「個が生きる集団づくり」を表象する言葉として，「豆腐づくりよりも，納豆づくり」を挙げておきたい。原料は，どちらも大豆である。しかし，豆腐は，見た目は四角形に「まとめ」られて美しい。だが，大豆は潰されている。一粒一粒の「個」が見えてこない。他方，納豆は，一粒一粒の「個」が活きていて（個性化），しかも互いにつながり合っている（連帯化）。

　こうした「納豆づくり」の特別活動が，「もうひとつの教育」として日本の学校教育において，さらなる発展と拡がりをみせてくれることを願いたい。

引用・参考文献

相原次男・新富康央・南本長穂編著（2010）『新しい時代の特別活動——個が生きる集団活動を創造する』ミネルヴァ書房。

新富康央編（2008）『小学校新学習指導要領の展開・特別活動編』明治図書.

新富康央（2010）「魅力ある教師とは——「三つの目」で「出会い」をつくる」『児童心理』No. 912（Vol. 64, No. 5）：1-11。

新富康央（2012）「学校において豊かな人間関係を深めることの意義」『初等教育資料』平成24年5月号（No. 890）：2-7。

新富康央（2014）「どの子も安心できる学級——「支持的風土」づくりのポイント」『児童心理』No. 983（Vol. 68, No. 5）：1-11。

新富康央・須田康之・髙旗浩志編著（2020）『生きる力を育む特別活動』ミネルヴァ書房。

杉田洋（2009）『より良い人間関係を築く特別活動』図書文化社。

杉田洋編著（2009）『心を育て, つなぐ特別活動——道徳的実践へのアプローチ』文溪堂。

東洋館編集部編（2017）『平成29年版小学校新学習指導要領ポイント総整理』東洋館。

文部科学省編（2016）『学級・学校文化を創る特別活動　中学校編』東京書籍。

山田洋次（1982）『寅さんの教育論』岩波ブックレット, No. 12：26-28, 36-38。

（新富康央）

第 3 章

特別活動の歴史

　戦後の「特別活動」は，学習指導要領改訂のたびにその名称を変えてきた経緯がある。1947（昭和22）年の「自由研究」に始まり，「教科以外の活動」「特別教育活動」などを経て，1968（昭和43）年に「特別活動」となる。この名称が，今日まで継承されている。その歴史・変遷のプロセスは，おおよそ 3 期に分けられよう。

　まず，「自由研究」「教科以外の活動」など，子どもの自由な活動をベースにした時期であり，各教科等と同様に教育課程の位置を明確にした〈基盤期〉。そして，「特別活動」の各内容を整理し，子どもの自主性を生かす活動および学校が企画する学校行事，生活の適応を重視する学級指導を核とした〈確立・充実期〉。さらに，子どもの発達や社会の動き，求められる資質・能力など，多様な変化に即応する新たな展開を模索し続ける〈転換・発展期〉の 3 つである。

　いずれの時期にあっても，特別活動が本質とする「なすことによって学ぶ」「集団活動に学ぶ」「自発的・自治的能力の育成」「自己の生き方在り方を問う」などの課題に寄り添い，子どもとともに存在する歴史であると考える。

1　特別活動変遷のアウトライン

（1）戦前の特別活動

　本章の内容は，主として終戦後から今日に至る特別活動の歴史を記すことである。しかし，それ以前，すなわち1872（明治 5 ）年の「学制」の始まりとともに，今日の特別活動の前身と思われる活動が展開されている。

　たとえば，教育勅語を発布した翌年の1891（明治24）年に「小学校祝日大祭日儀式規定」を公布し，その第一条に「紀元節，天長節，元始祭，神嘗祭及新

嘗祭ノ日ニ於テハ学校長，教員及生徒一同式場ニ参集シテ左ノ<u>儀式ヲ行フヘ</u><u>シ</u>」と示し，儀式を行っている。そこでは，具体的に「学校長，教員及生徒，其祝日大祭日ニ相応スル唱歌ヲ合唱ス」と記している（下線筆者）。

　また，1901（明治34）年３月の「中学校令施行規則」では，その第17条の教授日数を定める中で，「試験及<u>修学旅行</u>ニ充ツル日数ハ前項ノ日数ニ算入セス」と記し，修学旅行が行われていた実態を知ることができる。そして，1931（昭和６）年の同規則の改正で，「教授時数ノ外<u>毎週二時以内ヲ課程外ノ指導</u>ニ充ツルコトヲ得」と示し，〈課程外の指導〉を位置づけている（下線筆者）。

　これらのことから，当時は富国強兵などによる気質鍛錬のための運動会や野外での教練の一環としての遠足・修学旅行（「長途遠足」）などが行われたのであろう。学芸会も明治期の後半から多くの小学校等で行われ，大正期になると当時の自由教育論や芸術教育論等の新教育論に影響されて，より一層盛んであったと思われる。当時の文部省の奨励もあって，それらが〈課程外の指導〉としても子どもたちの自発的・自治的な活動を推し進めたものと考えられる。

（２）終戦後から今日まで：その全体的な変遷
① 名称の変遷

　教育課程の一領域としての「特別活動」は，これまでの学習指導要領の改訂のたびにその名称を変えてきた経緯がある（図3-1）。

　1947（昭和22）年の「自由研究」に始まり，「教科以外の活動」，「特別教育活動」を経て，1968（昭和43）年から今日のように「特別活動」と称されている。

　このように，「特別活動」の名称は約50年間にわたって教育課程を構成する教育活動として使われてきている。その言葉（漢字）の意味合いからして，各教科や道徳などとは異なる〈特別な活動〉との印象を醸し出している面もみられる。その教育的な意義を考えるとき，いかなる呼称がその活動を展開する子どもたちの状況に適するのか，今後の検討課題でもあろう。

② 内容の変遷

　その変遷の内容を概観すると，以下のように整理できる（表3-1）。

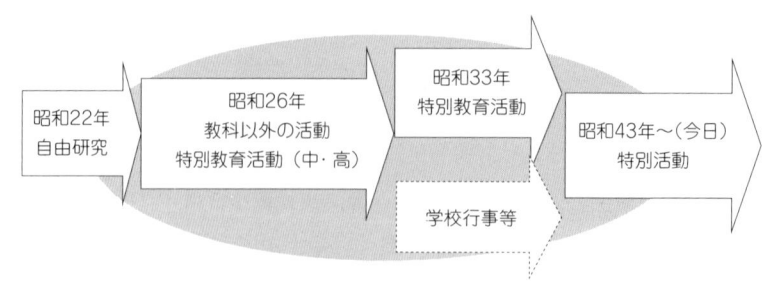

図 3-1 特別活動の名称の変遷

表 3-1 特別活動の内容の変遷概要（小学校を中心に記した）

改訂年	名　称	内　容	
昭和22年	自由研究	自由な学習，クラブの活動，当番や委員会の活動	基盤期
昭和26年	教科以外の活動（小学校）*	委員会，児童集会，奉仕活動，学級会，クラブ活動 （＊ 中・高校は「特別教育活動」の名称）	基盤期
昭和33年	特別教育活動	児童会活動，学級会活動，クラブ活動	確立・充実期
	学校行事等	儀式，学芸的行事，遠足，学校給食など	確立・充実期
昭和43年	特別活動（小・中学校）*	児童活動（児童会活動，学級会活動，クラブ活動） 学校行事（儀式，学芸的行事など） 学級指導（学校給食，保健指導，安全指導など） （＊高校は「各教科以外の教育活動」の名称）	確立・充実期
昭和52年	特別活動	児童活動，学校行事，学級指導	転換・発展期
平成元年	（同上）	学級活動，児童会活動，クラブ活動，学校行事	転換・発展期
平成10年	（同上）	（同上）	転換・発展期
平成20年	（同上）	（同上）	転換・発展期
平成29年	（同上）	（同上）	転換・発展期

(注)
- 中学校：昭和43年⇒昭和44年改訂。高等学校：昭和43年⇒昭和45年改訂，昭和52年⇒昭和53年改訂，平成10年⇒平成11年改訂，平成20年⇒平成21年改訂，平成29年⇒平成30年の改訂。
- 中学校，高等学校：「児童会活動」⇒「生徒会活動」。高等学校：「学級活動」⇒「ホームルーム活動」。
- 高等学校は，昭和45年改訂で「各教科以外の教育活動」に，そして昭和53年改訂で「特別活動」となり，小・中学校と同様になる。
- 平成10年の改訂で，中学校，高等学校で「クラブ活動」を廃止（「部活動」に統合）。

　内容的にみて，大きく３つの期に分けられる。名称としては混沌として不安定なところもあるが，特別活動が有している教育活動の基本的なカタチが形成されつつある〈基盤期〉（昭和22～33年の改訂）。そして，「特別活動」の名称が位置づき，その内容も３つ（児童活動・学校行事・学級指導）に整理統合された〈確立・充実期〉（昭和43～52年の改訂）。その充実を受けつつも，特別活動の内容を４つ（学級活動・児童会活動・クラブ活動・学校行事）に再編成した〈転換・発展期〉（平成元～29年の改訂）の３期である。

2　基　盤　期──昭和22年～昭和33年の改訂

　この期には，その名称の変化とともに小・中・高等学校のそれぞれの学習指導要領の改訂（試案を含む）の年度によって，その位置づけが異なっている。戦後の教育の在り方が多様に議論され，その方向性を模索した状況を理解するところである。この時期の動きは，以下の通りである（表3-2）。

表3-2　基盤期の名称

年	学習指導要領	名　　　　称		
		小学校	中学校	高等学校
昭和22年	一般編（試案）	自由研究	自由研究	自由研究
昭和26年	一般編（試案）改訂版	教科以外の活動	特別教育活動	特別教育活動
＊昭和31年	改訂版（高）			特別教育活動
昭和33年	改訂（小・中）	特別教育活動	特別教育活動	
＊昭和35年	改訂（高）			特別教育活動

　（注）　＊高等学校については，昭和31年と昭和35年に特徴がみられる。

（1）「自由研究」の発足

　日本の学校教育は，終戦（1945〔昭和〕20年８月15日）により，大きな変貌を成していくことになる。1946（昭和21）年11月に日本国憲法が公布され，翌年５月に施行される。1947（昭和22）年３月には，教育基本法と学校教育法が公布される。

　この動向に呼応するように，1947年３月に文部省（当時）は「学習指導要領

一般編（試案）」を発出する。この冒頭には，以下の文章がみられる。

　　　いまわが国の教育は<u>これまでとちがった方向にむかって進んでいる</u>。この方向がどんな方向をとり，どんなふうのあらわれを見せているかということは，もはやだれの胸にもそれと感ぜられていることと思う。このようなあらわれのうちでいちばんたいせつだと思われることは，これまでとかく<u>上の方からきめて与えられたことを，どこまでもそのとおりに実行するといった画一的な傾きのあったのが，こんどはむしろ下の方からみんなの力で，いろいろと，作りあげて行く</u>ようになって来たということである。

（下線筆者）

　まさに新たな決意とともに，当時の民主主義の思想や経験主義の考えを重視する教育の方向性を表現している（試案）であるといえよう。

　この中で，新たに「自由研究」が教科の一つに位置づけられている。その時間数として，小学校4〜6年で年間70—140，中学校1〜3年で年間35—140が充てられている。高等学校については「新制高等学校の教科課程に関する件」とする文部省学校教育局長の名で，「その他（自由研究）」として相当の単位数を充てている（例：大学進学準備課程の場合，3年間で16単位）。

　また，「自由研究」の用い方について，（試案）に以下の記述がみられる。

　　……教科の学習は，いずれも<u>児童の自発的な活動を誘って，これによって学習がすすめられる</u>ようにして行くことを求めている。そういう場合に，児童の個性によっては，その活動が次の活動を生んで，<u>一定の学習時間では，その活動の要求を満足させることができないようになる場合が出て来</u>るだろう。たとえば，音楽で器楽を学んだ児童が，もっと器楽を深くやってみたいと要求するようなことが起るのがそれである。…（中略）…時としては，活動の誘導，すなわち，指導が必要な場合もあろう。このような場合に，<u>何かの時間をおいて，児童の活動をのばし，学習を深く進めることが望ましいのである</u>。ここに，自由研究の時間のおかれる理由がある。（以下略）……

（下線筆者）

　このように，「自由研究」は子どもの個性を生かし，それを伸ばす教科の時間としての意図をもって発足している。内容的には主に，① 他の教科の発展としての自由な学習，② クラブ組織による同好的な活動，③ 当番や学級委員などの自治的活動などとしている。その用い方は，「教師や学校長の判断に委せたい」と記している。しかしながら，各学校においては，①の活動が重視され，他教科の補充的な扱いがみられた。結果的に，「自由研究」はここで廃止となる。

　ただ，戦前の教育では課程外活動として取り扱われてきた②や③の活動が，戦後の教科課程（当時）において「自由研究」として初めて位置づけられたことは，特別活動の歴史にとって大きな意味を有しているといえる。

（2）「教科以外の活動」と「特別教育活動」に代える

　当時の文部省は1951（昭和26）年に，「学習指導要領一般編（試案）」の改訂版を出すことになる。この中で，小学校については「自由研究」に代わり「教科以外の活動」を新設する。そして，その理由を「…自由研究として強調された個人の興味と能力に応じた自由な学習は，各教科の学習指導法の進歩とともにかなり<u>各教科の学習の時間内にその目的を果すことができるようになった</u>し，またそのようにすることが教育的に健全な考え方であるといえる。そうだとすれば，このために特別な時間を設ける必要はなくなる」（下線筆者）と記す。

　この考え方には，当時の小学校における生活単元学習の発想が色濃く反映しているといえよう。「自由研究」を教科の課程で行う意味でもあろう。

　小学校に設けられた「教科以外の活動」は，「自由研究」のクラブや委員会などの活動を引き継ぎ，2つの活動を行うとしている。「(a)民主的組織のもとに，学校全体の児童が学校の経営や活動に協力参加する活動」として，（ⅰ）児童会（従来自治会といわれたもの），（ⅱ）児童の種々な委員会，（ⅲ）児童集会，（ⅳ）奉仕活動，「(b)学級を単位としての活動」として，（ⅰ）学級会，（ⅱ）いろいろな委員会，（ⅲ）クラブ活動である。また，その時間数については「学校長や教師や児童がその必要に応じて定める」として，時間配当表に示していない。

中学校では，小学校に先立ち，1949（昭和24）年に文部省は，「自由研究」を廃止し，「特別教育活動」を設けている（時数配当等の改正通知）。この意図は，他教科の補充の時間として使われるようになったことと，教科以外の生徒自身の自主的な活動を別に整備する必要性が生まれてきたことによる。

　その「特別教育活動」の領域（内容）に，ホームルーム・生徒会・クラブ活動・生徒集会の4つを主要なものとして挙げている。ほぼ今日の特別活動のカタチを成していよう。配当時間数は各学年とも年間70〜175時間である。

　また，高等学校についても中学校と同様に，「特別教育活動」が設けられている。ただ，教科等の単位数表の中には示されていない。そして，この改訂版において「……これは決して単位外の活動を軽視したためではない。特別教育活動には単位は与えられないが，しかしそれは教科の学習では達せられない重要な目標をもっており，高等学校が，新しい教育に熱意をもっているかどうかは，この特別教育活動をどのように有効に実施しているかどうかによって，察することができるといえよう。教科の学習に重点をおき過ぎるあまり，特別教育活動が軽視されることのないように注意しなければならない」と記す。

　さらに，その活動時間数として「週あたり少なくとも，ホームルーム1単位時間，生徒集会1単位時間，クラブ活動1単位時間をとることが望ましい」と記して，「特別教育活動」の重要性を述べている（下線筆者）。

（3）「特別教育活動」とする

　当時の文部省は1958（昭和33）年に，小・中学校の「学習指導要領」の改訂をしている。この改訂で，これまでの「試案」の文字が削除され，〈文部省の告示〉として学習指導要領が示されることになった。

　これに先立ち，高等学校では1956（昭和31）年に一般編が改訂され，「試案」の文字が削除されている（この後，さらに1960〔昭和35〕年にも改訂を行っている）。

　この1958年の改訂以降，学習指導要領には法的拘束力があるとして，各学校は学習指導要領による教育活動をある意味で忠実に行うようになった。その「総則」の一般方針においても，〈教育基本法や学校教育法等の示すところに従

い，適切な教育課程を編成すること〉の文言を位置づけている。

　この改訂により，小学校においても「特別教育活動」の名称になり，小・中・高の表現が統一された。そして「特別教育活動」の示し方について，各教科等と同様に「第1　目標」「第2　内容」「第3　指導計画作成および指導上の留意事項」を明らかにしている。そのうえで，小学校で「特別教育活動においては，児童会活動，学級会活動，クラブ活動などを行うものとする。」と明確な規定をして，さらに具体的な内容や実施方法等を記している。なお，授業時間数については学校教育法施行規則の別表第1に示されていない。

　一方，中学校の内容は先の「ホームルーム・生徒会・クラブ活動・生徒集会」の4つの表記から，「生徒会活動，クラブ活動，学級活動などを行うものとする」として，3つの内容を位置づけている。そして，小学校と同様に具体的な内容や実施方法等を示している。授業時間数については，小学校と異なり別表第2に「35（1）」（年間35時間：週1時間）と明示している。さらに，「学級活動は，毎学年35単位時間以上実施する（このうち進路指導は卒業までに40単位時間を下ってはならない）」こと，「生徒会活動やクラブ活動などは，学校の事情に応じ適当な時間を設け，計画的に実施する」ことなどを記している。

　高等学校においては，「特別教育活動」について，〈教科や科目としては組織されないが，教育目標の達成に寄与する有効な学習活動で，教育課程の一部として教科の指導以外に時間を設けて指導を行うもの〉と示している。内容および時間数として，「主としてホームルーム，生徒会活動およびクラブ活動を実施するものとし，そのうちホームルームに充てる授業時数の標準は，各学年週当たり1単位時間とする」と位置づけている。

（4）「学校行事等」の登場

　この昭和33年の小・中学校の改訂のもう一つの特徴は，「特別教育活動」とは別に，「学校行事等」が教育課程に規定されたことである（高等学校は昭和35年の改訂で明示）。この両者は，次期の改訂で「特別活動」に統合される。

　その「目標」に，「学校行事等は，各教科，道徳および特別教育活動のほかに，これらとあいまって小学校教育の目標を達成するために，<u>学校が計画し実</u>

施する教育活動とし，児童の心身の健全な発達を図り，あわせて学校生活の充実と発展に資する」と示す（下線筆者）。「内容」としては，小・中・高等学校ともほぼ同様に「儀式，学芸的行事，保健体育的行事，遠足，学校給食その他上記の目標を達成する教育活動を適宜行うものとする」と位置づけている。

　また，「指導計画作成および指導上の留意事項」には，教育的見地から取り上げる種類や実施の時期・時間・回数・方法などを決める，学校生活に変化を与える，児童（生徒）の生活を楽しく豊かなものにする，集団行動の規律的な態度を育てる，儀式などを行う場合には国旗を掲揚し，君が代を斉唱させることが望ましい，学校給食の適切な指導，などが示されている。

3　確立・充実期──昭和43年～昭和52年の改訂

（1）「特別活動」に統合（昭和43年・44年・45年の改訂）

　1968（昭和43）年には小学校の学習指導要領の改訂が行われている。中学校は翌年の1969（昭和44）年である。この改訂で，それまでの小・中学校の「特別教育活動」と「学校行事等」を統合して，その名称を「特別活動」としている。

　高等学校は1970（昭和45）年に学習指導要領を改訂し，それまでの「特別教育活動」を「各教科以外の教育活動」に名称変更している。小・中学校と比してやや違和感のある変更であるが，この中に「学校行事等」を含めている。

　その具体内容は，校種別に以下のように示されている（表3-3）。

　当時の社会に眼を転じると，この昭和40年代の日本は東京オリンピック後の高度経済成長のもと，世の中を新たに改造しようとする機運にあった。そして，科学技術の進展や国際競争力の向上の動きの中で，学校教育において「教育の現代化」が叫ばれ，より高度な教育内容が各学校・各教師にも求められていた。その一方で，子どもたちの生活習慣の荒れや暴力・非行行為などもみられ，個々の生き方や在り方，集団規律の在り方などの課題が問われていた。

　このような状況下での改訂である。ここでの「特別活動」には，個と集団のかかわり方や自律的な生活態度を養う，協力してよりよい生活を築こうとする

表3-3　昭和43〜45年の学習指導要領改訂の内容

名　　称	内　　容
小学校（昭和43年）「特別活動」	〔児童活動〕（児童会活動，学級会活動，クラブ活動） 〔学校行事〕（儀式，学芸的行事，保健体育的行事，遠足的行事，安全指導的行事） 〔学級指導〕（学校給食，保健指導，安全指導，学校図書館の利用指導，その他学級を中心として指導する教育活動）
中学校（昭和44年）「特別活動」	A　生徒活動（生徒会活動，クラブ活動，学級会活動） B　学級指導（個人的適応，集団生活への適応，学業生活，進路の選択，健康・安全） C　学校行事（儀式的行事，学芸的行事，体育的行事，修学旅行的行事，保健・安全的行事，勤労・生産的行事）
高等学校（昭和45年）「各教科以外の教育活動」	第1　ホームルーム（共同生活の充実，個人の生き方，集団の一員としての生き方，学業生活・進路の選択決定などの問題） 第2　生徒会活動（生徒の生活の改善と向上を図る活動，ホームルームおよびクラブ活動における生徒の活動の連絡調整の活動，学校行事への協力に関する活動） 第3　クラブ活動（文化的な活動，体育的な活動，生産的な活動） 第4　学校行事（儀式的行事，学芸的行事，体育的行事，旅行的行事，保健・安全的行事，勤労・生産的行事）

実践的な態度を育てる，民主的な社会の形成者として自覚を深めるなど，〈特別活動の特質を生かす〉ことの必要性と期待感があったと考えられる。

　表3-3に示すように，小学校は「児童活動，学校行事，学級指導」の3つの内容で構成されている。中学校は「生徒活動，学級指導，学校行事」の3つである。この改訂で，小・中学校に「学級指導」が新設されている。先ほど述べた当時の子どもたちの生活や社会状況などを考慮したことが考えられる（その並び順が小・中学校で異なっている点にも注目したい）。

　高等学校（「各教科以外の教育活動」）は「ホームルーム，生徒会活動，クラブ活動，学校行事」の4つの構成である。小・中学校と比して考えると，「ホームルーム」が学級活動や学級指導に，「生徒会活動」と「クラブ活動」が児童会活動（中学校の生徒会活動）に，「学校行事」は同様に，それぞれ連動

する位置づけになるであろう。また，「クラブ活動」が必修となったことより（「全生徒がいずれかのクラブに所属するものとすること」の記述あり），今まで生徒が自主的に組織していたクラブ活動は，教育課程外の「課外クラブ」として分けられた（この「課外クラブ」が，現在の「部活動」に当たるであろう）。

　なお，このあと約30年後の1998（平成10）年の改訂で，中・高等学校の「クラブ活動」が廃止され，「部活動」に統合されることになる。

（2）「特別活動」を継承（昭和52年・53年の改訂）

　1977（昭和52）年には，小・中学校の学習指導要領が改訂されている。高等学校は翌年の1978（昭和53）年の改訂である。この改訂では，小・中・高等学校それぞれにおいて大きな改訂は見られない。基本的には前回の改訂を引き継ぐカタチである。中学校で，「学級指導」と「学校行事」の順を入れ替え，小学校にあわせている。具体的な内容についても，小・中学校の整合性を図っている。

　高等学校については，「各教科以外の教育活動」を「特別活動」に名称変更し，小・中学校と同名にした。今日までこの表現が続いている。「特別活動」として，そのカタチや内容が安定し，確立してきていると考えられよう。

　その具体内容は，校種別に以下のように示されている（表3-4）。

　この時代の教育状況をみると，進学受験競争の過熱化に伴い，知識中心の教育に陥りがちであった。その結果，いわゆる「落ちこぼれ」などが社会問題化した。これらの事態から，この改訂では授業内容を精選して「ゆとりのあるしかも充実した学校生活」を実現しようとした。そして，標準授業時数を削減（週当たり4時間程度）した。しかし，授業内容の精選がうまく進まない，逆に塾通いが増加するなど，かえって子どもたちの生活を圧迫することもみられた。

表3-4　昭和52・53年の学習指導要領改訂の内容

名　　　称	内　　　　　　　容
小学校（昭和52年）「特別活動」	A　児童活動（学級会活動，児童会活動，クラブ活動） B　学校行事（儀式的行事，学芸的行事，体育的行事，遠足・旅行的行事，保健・安全的行事，勤労・生産的行事） C　学級指導（学級・学校生活への適応の指導，保健・安全に関する指導，学校給食の指導，学校図書館の利用の指導）
中学校（昭和52年）「特別活動」	A　生徒活動（学級会活動，生徒会活動，クラブ活動） B　学校行事（儀式的行事，学芸的行事，体育的行事，旅行的行事，保健・安全的行事，勤労・生産的行事） C　学級指導（個人及び集団の一員としての在り方，学業生活の充実，進路の適切な選択，健康で安全な生活）
高等学校（昭和53年）「特別活動」	A　ホームルーム（集団生活の充実，学業生活の在り方，進路の適切な選択決定，健康で安全な生活，人間としての望ましい生き方などに関すること） B　生徒会活動（学校生活の充実や改善向上を図る活動，生徒の諸活動間の連絡調整，学校行事への協力などの活動） C　クラブ活動（文化的な活動，体育的な活動，生産的な活動） D　学校行事（儀式的行事，学芸的行事，体育的行事，旅行的行事，保健・安全的行事，勤労・生産的行事）

4　転換・発展期——平成元年～平成29年の改訂

（1）「学級活動」の新設（平成元年の改訂）

　時代は「昭和」から，「平成」に変わる。1987（昭和62）年12月の教育課程審議会答申を受けて，平成元年に小・中・高等学校の学習指導要領が改訂された。

　上記の答申では，これまでの画一的な教育や知識偏重など諸問題を踏まえ，個性重視や生涯学習体系への移行，変化への対応（情報化・国際化等）などの視点から，来る21世紀を展望した教育改革を打ち出している。

　小・中学校の「特別活動」では，従来の〈学級会活動〉と〈学級指導〉を統合し，新たに「学級活動」を設置した。高等学校では，〈ホームルーム〉が「ホームルーム活動」に改称された。このことにより，小・中・高等学校の特別活動がそれぞれ4つの内容で構成されることになった（表3-5）。

表3-5 平成元年の学習指導要領改訂の内容

名　　　称	内　　　　　容
小学校（平成元年） 「特別活動」	A 学級活動　（学級生活の充実と向上，健全な生活態度の育成） B 児童会活動（児童会の組織，学校生活の充実と向上，諸問題を話し合う，協力してその解決を図る活動） C クラブ活動（第4学年以上の同好の児童の組織，共通の興味や関心を追求する活動） D 学校行事　（儀式的行事，学芸的行事，健康安全・体育的行事，遠足・集団宿泊的行事，勤労生産・奉仕的行事）
中学校（平成元年） 「特別活動」	A 学級活動　（学級や学校の生活の充実と向上，個人及び社会の一員としての在り方，学業生活の充実及び健康や安全，将来の生き方と進路の適切な選択） B 生徒会活動（生徒会の組織，学校生活の充実や改善向上，諸活動の連絡調整，学校行事への協力に関する活動） C クラブ活動（共通の興味や関心をもつ生徒の組織，全生徒が文化的，体育的，生産的，奉仕的な活動のどれか行う） D 学校行事　（儀式的行事，学芸的行事，健康安全・体育的行事，旅行・集団宿泊的行事，勤労生産・奉仕的行事）
高等学校（平成元年） 「特別活動」	A ホームルーム活動（集団生活の充実向上，個人・社会の一員としての在り方生き方，将来の生き方と進路の選択決定） B 生徒会活動　　　（生徒会の組織，学校生活の充実や改善向上，諸活動の連絡調整，学校行事への協力などの活動） C クラブ活動　（共通の興味や関心をもつ生徒の組織，全生徒が文化的，体育的，生産的，奉仕的な活動のどれか行う） D 学校行事　（儀式的行事，学芸的行事，健康安全・体育的行事，旅行・集団宿泊的行事，勤労生産・奉仕的行事）

　新たな平成時代に向けて，「特別活動」の内容構成面での〈転換〉を成したものであり，今日および将来にわたる〈発展〉を意味するものでもある。

　また，この改訂で中・高等学校のクラブ活動については，「部活動」をもって「クラブ活動」に代替することを認める弾力的な運用を可能としている。

　さらに，入学式及び卒業式などの国旗・国歌の扱いが，これまでの「……指導することが望ましい。」から「その意義を踏まえ，国旗を掲揚するとともに，

国歌を斉唱するよう<u>指導するものとする。</u>」の文言に改められた（小学校学習指導要領「特別活動」の第 3 の 3 ：中・高等学校も同様，下線筆者）。

（2）「特別活動」の安定・発展段階へ（平成10年・20年・29年の改訂）

　とりわけ1998（平成10）年から今日までの改訂にあっては，特別活動の〈カタチの改革から内容・質の改革〉に力点が置かれていよう。これまでの学校教育での実践的な取り組みとともに，前回（1989〔平成元〕年）および1998年の改訂において，「特別活動」の構成と内容等がより充実し，子どもの発達や小・中・高等学校の特性等を生かした一貫性のある位置づけがなされていると理解できる。

　以下の，その改訂時のポイントを順次みていきたい。

①　平成10年の改訂ポイント

　この改訂では，大きく 3 つの改革がみられる。その一つは，中・高等学校において「クラブ活動」を廃止したことである（クラブ活動が教育課程の位置づけを失う）。その理由には，クラブ活動の〈部活動代替〉が一般化や地域の関係諸団体等との連携の深化，「総合的な学習の時間」の創設などが挙げられる。

　「クラブ活動」は，特別活動の原形であり，ある意味の無念さも残る。しかし，その趣旨等を「部活動」に生かすと考えれば，新たな発想も生まれる。

　二つは，ボランティア活動の重要性が位置づけられたことである。社会的にも他者とのかかわり方やコミュニケーション能力，社会の一員としての自覚（社会参加・公共性），ルール・モラルの理解などが求められる時代である。とくに，「総則」の道徳や総合的な学習の時間の取扱いにおいて，「自然体験やボランティア活動などの社会体験……」としてその文言を位置づけている。

　小学校においては，学校行事の勤労生産・奉仕的行事の具体内容として「ボランティア活動など社会奉仕の精神を涵養する体験……」の文言を記している。中・高等学校では，学級活動・ホームルーム活動の中に「ボランティア活動の意義の理解」を示し，生徒会活動と学校行事でも「ボランティア活動など社会奉仕の精神を養う体験活動」を位置づけている。また，その後の2001（平成13）

表3-6　今改訂での特別活動の内容構成

名　　　称	内　　　容		
小学校（平成10年）「特別活動」	A　学級活動	（学級や学校の生活の充実と向上，健全な生活態度の育成に資する活動，希望や目標をもって生きる）	
	B　児童会活動	（児童会の組織，学校生活の充実と向上のために諸問題を話し合い，協力してその解決を図る活動）	
	C　クラブ活動	（第4学年以上の同好の児童の組織，共通の興味や関心を追求する活動）	
	D　学校行事	（儀式的行事，学芸的行事，健康安全・体育的行事，遠足・集団宿泊的行事，勤労生産・奉仕的行事）	
中学校（平成10年）「特別活動」	A　学級活動	（学級や学校の生活の充実と向上，個人及び社会の一員としての在り方，学業生活の充実及び健康や安全，将来の生き方と進路の適切な選択）	
	B　生徒会活動	（生徒会の組織，学校生活の充実や改善向上を図る活動，生徒の諸活動の連絡調整活動，学校行事への協力活動，ボランティア活動などの活動）	
	C　学校行事	（儀式的行事，学芸的行事，健康安全・体育的行事，旅行・集団宿泊的行事，勤労生産・奉仕的行事）	
高等学校（平成10年）「特別活動」	A　ホームルーム活動	（集団生活の充実向上，個人・社会の一員としての在り方生き方，将来の生き方と進路の選択決定）	
	B　生徒会活動	（生徒会の組織，学校生活の充実や改善向上を図る活動，生徒の諸活動の連絡調整活動，学校行事への協力活動，ボランティア活動などの活動）	
	C　学校行事	（儀式的行事，学芸的行事，健康安全・体育的行事，旅行・集団宿泊的行事，勤労生産・奉仕的行事）	

　年7月の学校教育法及び社会教育法の一部改正では，「ボランティア活動など社会奉仕体験活動，自然体験活動その他の体験活動の充実」が示されている（有村　2017）。

　三つは，ガイダンスの機能の充実が示されたことである。とくに中・高等学校において，「総則」の配慮事項の中で，「……現在及び将来の生き方を考え行動する態度や能力を育成することができるよう，学校の教育活動全体を通じ，ガイダンスの機能の充実を図ること」と示している。

　「特別活動」の第3の1において，「（3）学校生活への適応や人間関係の形成，

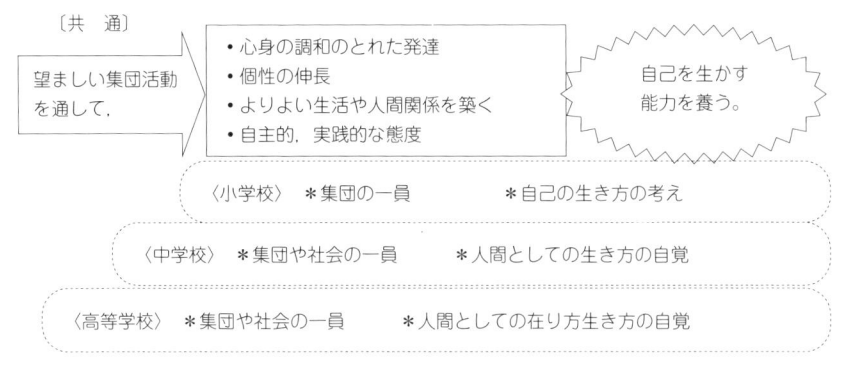

図3-2　特別活動の全体目標の構造

選択教科や進路の選択などの指導に当たっては，ガイダンスの機能を充実するよう学級活動（ホームルーム活動）等の指導を工夫すること」と位置づけている。また，小学校では学級活動の具体的内容の一つに「希望や目標をもって生きる態度の形成」を示し，ガイダンスの機能の重要性を求めている。

② 平成20年の改訂ポイント

　この改訂での「特別活動」は，その告示前の中央教育審議会の答申（平成20年1月）を踏まえ，とくに次の諸点等をその改善点としている。

- 人間関係を築く力，社会参画の態度や自治的能力の育成を重視する。
- 特別活動の全体目標を受けて，各内容の目標を具体的に示す。
- 発達や学年の課題等に即した内容を示し，重点的な指導を行う。
- 生活を改善する話合い活動や異年齢集団等による活動を一層重視する。

　これらは，当時の子どもたちの世界に拡大しはじめた〈ネット社会の光と影〉にも注目して，人間関係の在り方や多様な集団とのかかわりなど〈社会性の育成や自己を生かす能力の形成〉を重視しているといえよう。

　以下に，そのポイントを3つ示す。

⑴　特別活動の全体目標を見直す

　小・中・高学校に共通する文言を示し，それに一貫性をもたせるとともに，

表3-7　小・中・高学校に共通する各内容の目標

〔学級活動〕（小・中）　　　　　　　　　　　　　〔ホームルーム活動〕（高）

小学校	中学校	高等学校
学級活動を通して，望ましい人間関係を形成し，集団の一員として学級や学校におけるよりよい生活づくりに参画し，諸問題を解決しようとする自主的，実践的な態度や健全な生活態度を育てる。	学級活動を通して，望ましい人間関係を形成し，集団の一員として学級や学校におけるよりよい生活づくりに参画し，諸問題を解決しようとする自主的，実践的な態度や健全な生活態度を育てる。	ホームルーム活動を通して，望ましい人間関係を形成し，集団の一員としてホームルームや学校におけるよりよい生活づくりに参画し，諸問題を解決しようとする自主的，実践的な態度や健全な生活態度を育てる。

　それぞれの発達的な特性を踏まえた改善をしているといえよう（図3-2）。

(2)　各内容の具体目標を示す

　上記に示したように，小・中・高学校に共通する目標を示し，さらに各内容ごとに具体的な目標を提示している。

　たとえば，〔学級活動〕の場合，以下の通りである（表3-7）。小・中学校は同じ文言である。高等学校も，「学級」が「ホームルーム」の文言に変わるだけである。小～高の校種の一貫性とともに，内容の整合性と統一性を図っている。

　ここでは省略するが，〔児童会（生徒会）活動〕，〔学校行事〕においても同様な取り扱いで，それぞれ校種ごとの具体目標を位置づけている。

(3)　各活動内容の具体化や名称等の変更を行う

- 「人間関係を形成」について，目標への位置づけとともに各具体内容においても重視する事項として取り上げている。
- 小・中学校の〔学級活動〕，高等学校の〔ホームルーム活動〕において，とくに「学級や学校の生活づくり」を強調している。また，自己適応や社会性育成の観点から，「思春期の不安や悩みとその解決」「社会の一員としての自覚と責任」「コミュニケーション能力の育成」など，子どもの発達や社会的な動向を踏まえた活動内容を示している。

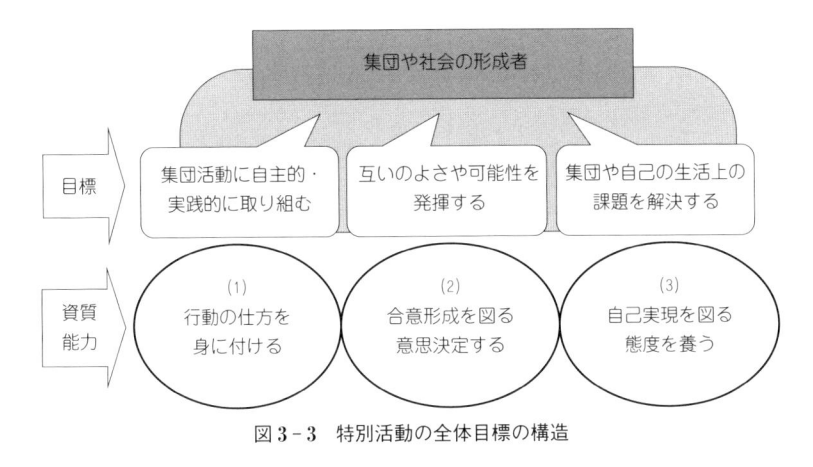

図3-3　特別活動の全体目標の構造

- 学校行事では，従前の「学芸的行事」を「文化的行事」に名称変更し，文化や芸術に親しむことを求めている。

③ 平成29年の改訂ポイント

この改訂での「特別活動」は，その告示前の中央教育審議会の答申（2016〔平成28〕年12月）を踏まえ，特に次の諸点等をその改善点としている。

- 次代が目指す資質・能力を踏まえ，特別活動の目標を新たに示す。
- 合意形成を図る実践的な学習過程（話合い活動）の理解が重要である。
- キャリア教育の視点からの小・中・高等学校のつながりを整理する。
- 主権者教育や防災・安全教育の視点からも特別活動の充実を図る。
- いじめの未然防止等を含めた生徒指導との関連を深める。
- ガイダンスおよびカウンセリングの趣旨を踏まえて指導を行う。

これらの改善点は，当然ながら今回の学習指導要領全体の方向性を担うものである。特別活動の変遷からみると，その本質である「なすことによって学ぶ」「集団活動に学ぶ」「民主的社会の形成」「自発的・自治的能力」「自己の在り方を問う」などを改めて問い直す改訂であるといえよう。

上記の諸点のうち，中心的な改善の2つを以下に示す。

(1) 特別活動の目標を新たに提示する

　「集団や社会の形成者」との見方・考え方を働かせて，具体的な3つの目標を達成するよう，(1)〜(3)の資質・能力を育成するとしている（図3-3）。小・中・高学校に共通する文言を示し，一貫性をもたせている。前回の改訂の目標構造（図3-2）と読み比べて，その差異を自問自答してみたい。

　また，各活動内容の具体目標も前回と同様に位置づけている。一例として，〔学級活動〕の場合を以下に記す（小・中学校で同じ文言）。

　上記の全体目標を受けるカタチで，表現されているであろう。

> 【目標】　学級や学校での生活をよりよくするための課題を見いだし，解決するために話し合い，合意形成し，役割を分担して協力して実践したり，学級での話合いを生かして自己の課題の解決及び将来の生き方を描くために意思決定して実践したりすることに，自主的，実践的に取り組むことを通して，第1の目標に掲げる資質・能力を育成することを目指す。

(2) 合意形成を図る実践的な学習過程を重視する

　たとえば，小学校の特別活動「第3　指導計画の作成と内容の取扱い」の配慮事項として，「(1) 特別活動の各活動及び学校行事を見通して，その中で育む資質・能力の育成に向けて，児童の主体的・対話的で深い学びの実現を図るようにすること。その際，(中略)様々な集団活動に自主的，実践的に取り組む中で，互いのよさや個性，多様な考えを認め合い，等しく合意形成に関わり役割を担うようにすること」が示されている（中学校も同様の文言，下線筆者）。

　これらを実現していくには，特別活動の各内容の授業において下図のような①〜⑤の活動のサイクルが求められるとしている（図3-4）。

　そして，日々の子どもたちの活動実践や学校・教師の指導援助に，その成果や創意工夫が期待されるところである。

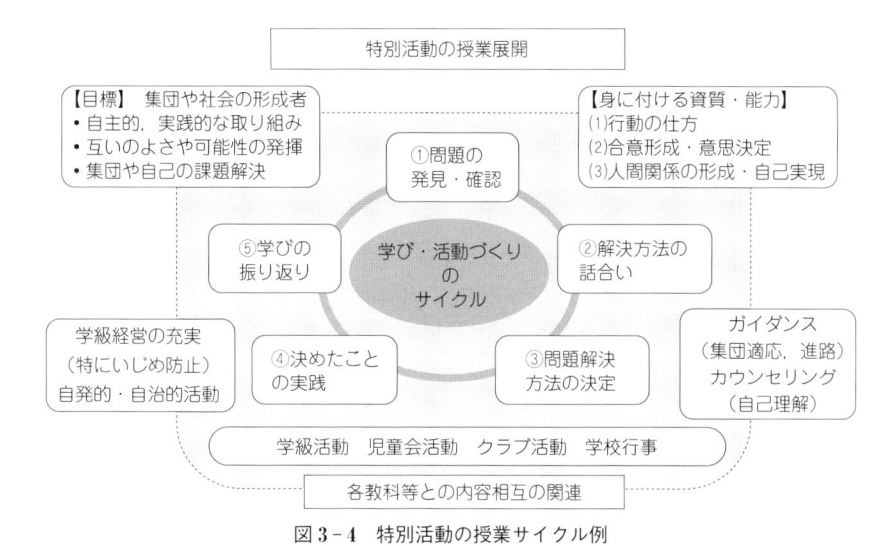

図 3 - 4　特別活動の授業サイクル例

引用・参考文献

青木孝頼ほか編（1971）『小学校特別活動事典』第一法規出版。

有村久春著（2017）『改訂三版　キーワードで学ぶ特別活動　生徒指導・教育相談』金子書房。

有村久春著（2009）『教育の基本原理を学ぶ』金子書房。

文部科学省 HP『学習指導要領データベース』2014年12月26日：最新訂正。

文部科学省「小学校（中学校）学習指導要領」2017年 3 月31日告示。

（有村久春）

第4章

特別活動と生徒指導

　学校は，学習指導と生徒指導とを車の両輪と位置づけて，子どもの社会化を促進する。そのうち，生徒指導は，① 人格の尊重，② 個性の伸長，③ 社会的資質や行動力を高めることをめざす，という3つの要件を掲げる教育的営為である。

　一方，特別活動は，集団や社会の形成者としての自覚をもって自主的，実践的に集団活動に取り組むことを通して，行動の仕方を身に付けるとともに，自己実現を図ろうとする態度を養うことを目的とする活動である。

　体験は，自己の振り返りという機会を経て経験に至り，自己概念を肯定的に変化させる可能性をもっている。特別活動は，様々な体験の機会を計画的・効果的に準備するとともに，学級活動における話し合い等を通して自己概念の肯定的変化と社会的意識を促進するものであり，開発的な生徒指導の核となる。

1　生徒指導の意味と特別活動との関係

（1）生徒指導とは

　生徒指導は「一人一人の児童生徒の人格を尊重し，個性の伸長を図りながら，社会的資質や行動力を高めることを目指して行われる教育活動のこと」（文部科学省 2010）と定義されている。

　人格とは，「独立した個人としてのその人の人間性やその人固有の人間としてのありかた」，「個人に独自の行動傾向をあらわす統一的全体」，「自律的行為の主体として，自由意志を持った個人」（いずれも『大辞泉』から）のことと一般的に解されている。個人が日常生活においてとる行動や考え方は，生まれながらの要因による面もあるが，学習や経験によって規定される面を併せもって

いる。たとえ類似した環境にあっても，一人一人がそれぞれ独自の行動や考え
を見せることによっても，このことが理解できる。ところが，その行動や考え
方には，その個人固有の一貫した傾向がみられるから興味深い。人格とは，こ
のような統一的な個人の考え方や行動の傾向を総称したものと考えてよいので
ある。

　生徒指導は，一人一人が築き上げてきた「人格」を尊重することを指導の第
一要件として掲げている。このことは，ひらたく言えば，教師が児童生徒のあ
るがままを受け止めることである。また，指導を受ける児童生徒側に視点を置
けば，人間性を否定されない状況が保障されることであり，ひいては児童生徒
間に人格を尊重し合う関係がつくられていくことを意味するということである。

　我が国で「教育」は education の訳語として一般的だが，その語源まで遡る
とラテン語の educere, educatio にあり，「引き出す」意味であると言われて
いる。能力の発現に係る営為が教育であるということであり，この説を援用す
ると教育の 2 つの側面が見えてくる。その一つが，子どもが生まれつきもって
いる諸能力の自発による発現の意味の引き出しであり，もう一つは，とりわけ
近代教育に顕著な，学習者の学習を効率的に促進し諸能力の発現を促す，いわ
ゆる「教える・教授する」という行為をもって効果的に外部から働きかける意
味の引き出しである。

　このような自他が関わる二つの側面をもつ教育により，引き出されて蓄積さ
れたものが「個性」であるから，生徒指導の第二の要件である「個性を伸長す
る」とは，将来的にもいっそう自分らしく生きることをめざす指導を実践する
ことと同義なのだととらえられる。

　社会とは，複数の人びとが持続的に一つの共同空間に集まっている状態，ま
たはその集まっている人びと自身，ないし彼らのあいだの結びつきをいう。生
徒指導でいう「社会」とは二人以上が共有する空間のことであるから，社会的
資質・行動力とは，他者が同じ空間に存在することを前提とする意識をもって
行動することである。

　複数の人が同じ空間で生活する場合には，往々にしてトラブルや軋轢が起こ
ることが想定され，それを回避して互いの幸福権を守るために「ルール」が自

然発生する。生徒指導でいう社会的資質としての他者意識とは，他者と同時に幸福であることをめざす規範意識と同義であり，社会的行動力は規範行動とも呼べるものである。

　個人の幸福をもっぱら追求すること，他者や集団の尊重を最優先に考えたり行動すること，この二者の立場のいずれに重きを置いて立ち振る舞うか，現実の場面では悩みが生じてくる。生徒指導は，このような現実に生じる葛藤場面において自己調整（二者の調合）ができるようにしようとする教育的営みであると言ってよいだろう。

　ところで，学習指導要領は，第1章総則において，教育課程の編成及び実施に当たって配慮すべき事項として「児童（生徒）が，自己の存在感を実感しながら，よりよい人間関係を形成し，有意義で充実した学校生活を送る中で，現在及び将来における自己実現を図っていくことができるよう，児童（生徒）理解を深め，学習指導と関連付けながら，生徒指導の充実を図ること。」（第4の1の（2））と示している。学校の教育活動全体にわたって行われる生徒指導の姿を具体的に，自己の存在感，よりよい人間関係，自己実現という3つのキーワードで示すとともに，指導の条件として児童生徒理解を前提としておくことの必要性と重要性を訴えている。

　生徒指導は，もともとあらゆる教育活動において展開されるもの（これを「機能論」という）であるが，存在感を育む方法や理論，よりよい人間関係の具体的な姿を求めた共感的な人間関係に満ちた学級づくり，人間の欲求の段階と自己実現の理論や達成感など，これらの育成をめぐり実践的理論の構築と適用などを課題としている面（これを「領域論」という）もある。児童生徒理解は，当該両側面に通底する重要概念と位置づけられている。

（2）生徒指導の核となる特別活動

　生徒指導を「領域論」として展開しようとする時，その中心となるものに「特別活動」がある。小・中学校の特別活動の目標は，「集団や社会の形成者としての見方・考え方を働かせ，様々な集団活動に自主的，実践的に取り組み，互いのよさや可能性を発揮しながら（後略)」，「（3）自主的，実践的な集団活

動を通して身に付けたことを生かして，集団や社会における生活及び人間関係をよりよく形成するとともに，人間としての生き方（小学校は「自己の生き方」）についての考えを深め，自己実現を図ろうとする態度を養う。」と示されている（「学習指導要領」から）。このように，特別活動は，学校生括における集団活動や体験を通して児童・生徒の全人的な成長をめざす教育活動であり，生徒指導を実践的に深化させるねらいをもつ領域であることが理解できる。

　現実の場面による実践を通した学びを繰り返すことによって，学級や学校の生活が児童・生徒一人一人にとっても，仲間や集団にとっても，有意義で充実したものになっていくと考えるのである。

2　特別活動の社会化機能

（1）社会化とは

　教育は「人格の完成を目指し，平和で民主的な国家及び社会の形成者として必要な資質を備えた心身ともに健康な国民の育成を期して行われ」（教育基本法第1条）るものである。教育基本法が制定された1947（昭和22）年に文部省（当時）は，「人格の完成を目指す」ことの意味について，「個人の価値と尊厳との認識に基づき，人間の具えるあらゆる能力を，できる限り，しかも調和的に発展せしめること」（文部省訓令『教育基本法制定の要旨』，1947年）と述べており，この認識は現在も生きているといってよいだろう。

　そのような教育の体系の一部である義務教育は，「各個人の有する能力を伸ばしつつ社会において自立的に生きる基礎を培い，また，国家及び社会の形成者として必要とされる基本的な資質を養うことを目的として行われるものとする」（教育基本法第5条第2項）と示されている。社会において自立し，国家及び社会を形成する資質というのは，「社会化」の概念そのものである。

　社会化とは，個人がその所属する社会や集団のメンバーになっていく過程であり，子どもが当該社会・集団において制度化されている知識や技能，行動様式，価値などに触れながら，それを内面化していく過程のことである。広く「社会」をとらえれば，家族，仲間集団，地域集団など多様であり，学校内に

しぼってみれば，学級，児童生徒会，部活動集団，生活班，友達などがある。当該社会には，その社会（集団）固有の価値や行動様式，ルールなどが存在しているのが普通であり，社会化とは，それぞれの集団の文化を内面化（心・パーソナリティの内部に，習慣，考え，他人や社会の規準，価値などを取り入れて自己のものとすること。）する過程なのである。

　個人がルール，行動様式，判断，価値を形成するにあたっては，当該個人が所属する集団の特性の影響を強く受けるものである（このような集団を「準拠集団」という）。狭い子どもの社会の中にあっては，「準拠集団＝学校・学級」となりうるために，学校行事や学級活動の重要性がいっそう高まってくる。

（2）社会性の涵養と特別活動

　学校教育には２つの期待がある。

　一つは子どもの様々な能力（社会から認められていることが前提）を引き出したり開拓したりすることであり，他の一つは社会性（力）の育成である。前者は個人教授でも可能であるが，後者について系統性をもって育もうとするところとして学校の存在価値が高まる。人間は社会的存在であるといわれるが，社会生活を送るためにはそのための固有のスキル（社会的スキルという）を身に付けること，つまり，社会と同化し価値を内面化することも必要である。学校教育というと主に「教科学習」による知識の習得や理解，技能の習熟などによる社会化が主張されがちであるが，社会性の涵養や育成はそれと同様に重要であることを理解したい。

　特別活動の学級活動（ホームルーム）には，活動内容として，日常の生活や学習への適応にとどまらず，よりよい集団生活をつくることが含まれている。もともと個人と社会とのダイナミックな作用によってもたらされる「適応」概念について，さらに，「集団生活をつくる」ことを付け加え，個人から社会への働きかけを促していると言える。つまり，特別活動は，集団活動を展開するさ中において，個々人が，社会集団の行動様式や価値を受け入れることにとどまらず，積極的に社会集団に働きかけることによって希望と目標を自ら生み出し，それにより自己有用感や所属感を獲得する過程を大事にするのである。

　人間関係の深化，肯定的な自己概念，他者・集団意識，連帯感，規律，共助精神などの生徒指導のねらいに対し，特別活動は，集団活動場面の指導という特質を最大限に生かし，これらの意識の涵養・態度の醸成を図っている。

3　特別活動が育む自己指導の力

（1）自己指導の力

　生徒指導の概念を「自己指導能力」に収れんさせたのが文部省の生徒指導資料第20集（1988）である。それによると，「生徒指導とは，一人一人の生徒の個性の伸長を図りながら，同時に社会的な資質や能力・態度を育成し，さらに将来において社会的に自己実現できるような資質・態度を育成していくための指導・援助であり，個々の生徒の自己指導能力の育成を目指すものである」（同：p. 1）と示されている。

　その後，「自己指導能力」という用語は，自分で判断，決定，実行する能力，豊かな自己実現を図っていくために自分自身が自らを指導していく能力，あるいは，学習指導要領と関連付けて，自主的に判断，行動し積極的に自己を生かしていく能力などと，生徒指導の枠を超えた多分野において多様な説明に用いられるようになってきた。

　そのような中，国立教育政策研究所（2003）は，「社会の絶えざる変化を前提に，現在及び将来にわたり自己をよりよく導く力，つまり社会的な自己指導力を，児童生徒の発達段階を踏まえて継続的・発展的に高めていく生徒指導の在り方が今日求められている。」（p. 121）として，とりわけ社会的なルールやマナーの尊重の上に，自己選択と自己責任を行使する生き方に焦点を当て「社会的自己指導能力」という新しい用語を提示している。

　しかし，近年の文部科学省（2010）の指導資料は，「児童生徒自ら現在及び将来における自己実現を図っていくための自己指導能力の育成を目指す」（生徒指導提要）と，自己指導能力に定義を与えていない。

　このように，「自己指導能力」は，児童生徒の現在および将来にわたる自己実現を果たす能力を表す用語として定着した感があったが，近年，明らかに概

念の揺らぎが生じてきている。それは、規範意識の「意識」をめぐって、むしろ規範「行動」が必要なのだとの議論が生まれているのと同様に、もともと社会との関係を重視する自己指導能力であるが、「自己」や「能力」の語をめぐって「自分自身が強調されすぎている」、「能力が能力のままでとどまってしまっている」などといった解釈上の混乱が生じてきているからではあるまいか。加えて、「自己指導能力」という用語は、生徒指導の領域に限られるものではなく、問題解決力など現代的な教育課題全般に対しても適用できる汎用度の広い概念であるとの判断もあり、広く、無定義に用いられるようになってきているのだろうと推察される。

　本章では、それでも生徒指導の本質を適切に表現した語として「自己指導」を用い、自己と集団・社会との幸福及び発展を同時に求めて生きていくためには、自己と他者・社会・集団とにおける様々な調整力が必要であるとして、両者を含む概念として「自己指導の力」を用いていく。

（2）自己指導の力と特別活動

　自己指導の力を育むためには、自分の目標を定めた自分に対する方向付け、自己と他者・社会との共存を意識した自己統制・指導が必要であり、自発性、自律性、自主性の促進が課題となる。個人としてまたは集団として目標達成を意識するためには、児童・生徒の自発的な学習活動への取り組みが尊重されることを基本としつつ、児童・生徒の自発性を認める教師資質、受容的な学級風土、自発的集団活動における成功経験の蓄積などが重要な要件となる。

　特別活動は、生徒指導の充実に深く関わりながら、多様な形で編成される集団の中で実践されていく。

　ところで具体的な集団の活動場面においては、児童・生徒の思いや感情が表出して互いにぶつかり合う、人間関係のもつれや対立が起きる、児童会・生徒会活動の活動方針を巡る賛否が過熱して収まらない、学級の雰囲気になじめずに自分を必要以上に殺してしまい落ち込んでしまう、自己を見失ってしまい不登校になって自己表現する、さらには学校行事における自主性と主体性をめぐって学校と生徒会が対立してしまうなど、様々なトラブルの発生が不可避で

ある。

　学級（ホームルーム）活動は，そのような葛藤や対立の発生を想定しながら，話し合いなどによる方法を用いて児童・生徒らが自らの意志と努力によって乗り越えたり，共助努力を前提として集団の意思（合意）を確認し合ったりして，互いに人間として受容される学級づくりをめざして実践がくり返されている。

　このような場において特別活動は，話し合いと実践とを通して，集団の中の自分の立ち位置や自分の生かし方，処し方を身に付けるとともに，折り合いや合意などの合理的で平和的な調整方法を学んでいくのである。

4　特別活動の自己概念形成機能

（1）学校が果たす社会的役割

　社会においては，誰もが，自立した構成員として必要とされる知識，技能を身に付け，規範を内面化することが必要になるが，学校では特に，集団内部での他者との接し方や役割の果たし方など，潜在的カリキュラムに視点を当て，社会の価値規範を内面化していく過程を重視している。実践教育学の立場から我が国の学校教育の役割をまとめると，次の4点に集約することができる。

① 文化の伝承と発展

　過去から連綿として築き上げられてきた文化を，教師を通して児童生徒に伝え，それを効率的に学ばせることによって継承を価値づけるとともに，社会の発展に寄与する資質と能力をはぐくむことである。その文化の切り口を，学校教育では「教科」と呼んでいる。

② 社会との同化（他者の存在意識の醸成）

　二人以上が持続的に共有する空間（「社会」という。）においては，一人一人が個人として存立するために，ルールが自然発生的に設けられ，それらの規律などを自己の内面に取り込むことが，他者との関係づくりや社会適応のための第一歩と位置づけられる。学校は，日常の生活におけるルールの意義とそれへ

社会との同化（他者意識）	文化の継承と発展
肯定的自己概念の形成	選別機能への適応

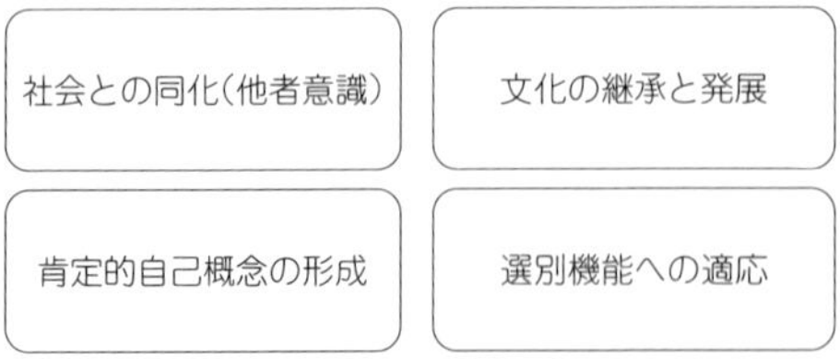

図4-1　学校が果たしている社会的な役割

の対応について学ぶことを通して，その社会に同化することを是と認識させる機能を果たしている。他者意識や規範意識という概念も，この範疇に含まれる。

③ 肯定的自己概念の形成

　活動を通して自己実現の感覚を体験させ，肯定的な自己概念を形成させる。そのことによって，社会生活を前向きに，意欲的に送ろうとする実践力が身に付くなど，社会と相互に正の関わりを求める原動力となる。学校教育の究極の目標は，児童生徒が一様に「学校が楽しい」と感じることにある。肯定的自己概念とは，落ち着いた人間関係と，学校生活に対する情緒的なゆとりをもたらすため，「楽しさ」への最良の経路となりうるものである。

④ 選別という社会システムへの適応

　徹底して安定した集団には，正しいとする価値と知識の体系が一つだけ存在することが許される。しかし，それは，深く突き詰めると矛盾に行きつく場合も多いのも事実である。たとえば，学校で給食係を決定する場合にジャンケンを用いることがある。しかし考えてみると，ジャンケンの勝負運が給食係として求められる資質や能力と関連する保証は何もないはずである。ところが，集団内に合意があれば，この選択システムは絶対的に正しい価値をもって，平和的に採用されていく。

　このように，日常的に行われている選別のシステムが齟齬なく成立するためには，集団的合意が不可欠であり，このような適応訓練を学校が不断に施している。

　学校は，選別（選択・選び）の機会を意図的に用意して心構えを磨き，社会の選別機能に対する適応を図っている。とりわけ，自分が選ばれなかった場合に，合理的な理由付けを行って自分を納得させる必要が生じるが，これが実は

表 4 - 1　特別活動の自己との関わりに係る認識

（N＝21人から抽出）

1	集団の中で自分という存在を確認し，自己の可能性を見つけることができた
2	行事を通して，先生方は PDCA という社会で必要な実行システムを教えてくれていた
3	学校で集団活動のあり様を学ぶ場といえば，部活動と特別活動なのかと思う
4	教師の言葉が，たまにすごく鮮明に生徒の心の中に残ることがある。それは，教師と生徒との協働空間における無意図的な会話であることが多いような気がする

円滑な社会生活を送る上での必須アイテムである。さらに，選ばれなかったことに合理的な理由が見いだせるからこそ，当該価値に則った新たな目標と次の取り組みへの意欲が生まれてくるといえる。このような取り組みの繰り返しによって，目標の連続する生活を送ることができるようになる。

（2）学校の楽しさを決める自己概念

「肯定的自己概念の形成」は，「楽しさ」や「思い出」と密接な関係にあることは経験則をもって明らかであろう。

ある大学で科目「特別活動」の履修学生に対し，「中学校の思い出」及び「中・高校時代の特別活動と自分の内面とのかかわり」について自由記述を求めた調査を実施した。その中で，思い出については，学校行事に関することが多かった。また，現在の自己の形成に最も影響が大きかった学校の活動としては，部活動を挙げる学生が最も多かったが，教育課程との関連では特別活動が多数を占めた。特別活動の自己との関わりについての回答は，表 4 - 1 のとおりであった。

特別活動が，児童・生徒の内面の形成に影響を与え，学校生活における思い出づくりに機能していることがわかる。

（3）体験と自己概念

特別活動は「体験」を重視し，体験は，肯定的自己概念を形成する最も有効な手段である。

次の図を参考にしてほしい。

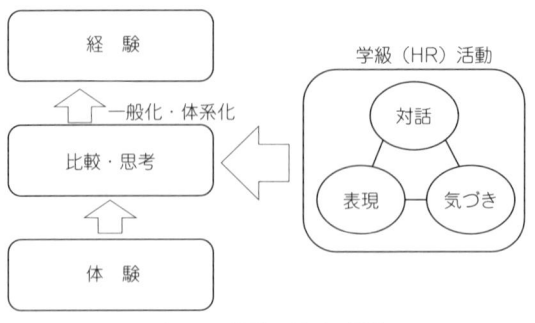

図 4 - 2 　体験・学び・経験

　まず，児童生徒は体中に張り巡らせた器官を直接に働かせて事象にかかわる。
これが体験である。これを，行動や思考の価値的変容を意味する「学習」に高
めるのは，体験が行動や思考の変容を意識させる取り組みであるからであり，
それが，学級活動で行われる「振り返り」の時間に行われる。体験の振り返り
によって，腑が納得する感覚を得るとともに，自分自身の新しい能力の発見や
自分への気づきがあり，それを表現したり，対話や話合いを繰り返すことに
よって学習の深化（比較・思考）が促される。そして，これら一連の働きが経
験として蓄積されて重厚な個性となり，さらにいっそう自分らしくなっていく
のである。

　経験は，新たな自己概念を形成していくが，とりわけ充実感（すがすがしい，
気持ちいい），達成感（なるほど，わかった，できた），存在感・一体感（一緒
でよかった，みんなでやると楽しい，みんながいたからできた），有用感（前
よりうまくいった，少し成長した）などの自己肯定（ポジティブ）の感覚は，
様々な問題への対応や困難に立ち向かう原動力となる「良い自己概念」を形成
する。実践から学びを誘う特別活動は，まさに，開発的な生徒指導の重要な柱
と位置づけられるのであり，このような取り組みの先に，学校の究極の目標と
もいえる「良い思い出」と化して児童・生徒の心に根付いていくのである。

　学校の集団活動を通した人間関係の形成，目標に向けて困難を克服する体験
は，児童・生徒の社会的な資質や能力を開発し成長させるとともに，社会が学
校教育に期待する役割に大きく貢献する。

　特別活動には，社会性や人間関係の能力，主体的な問題解決能力の形成において，教科や道徳とは異なる独自の回路がある。それは，第一に，「なすことによって学ぶ」こと，すなわち実践を指導原理としていることにある。第二に，常に集団や他者を意識し，他の子どもとの関わりを通して学んでいるということである。特別活動にあって，「なす」ことは，手段かつ目的であり，学習が目的であるとともに，新たな「なす」ための動機であり手段となる。

　そして重視するのが「振り返り」である。「振り返り」は，実践を自己概念の変化に結び付ける学習であり，主に学級活動（ホームルーム，「HR」と略記することも多い）で行われる。

　たとえば修学旅行を終えて，「修学旅行で学んだことや自分の成長になったことを書こう」「修学旅行を終えて，反省しなければならないことをまとめよう」「修学旅行で，生涯の思い出となるようなことがあったか」など，自分の内面の変容，次の実践への学びの転用，「思い出」を通して自己概念を認知することなどの振り返りを，多くの学校の学級活動（HR）が計画的に取り上げている。

　特別活動の独自回路は，学びと実践が直結しており，その往還を通して児童生徒が自己や自己概念の変容を実践的に感得できるところにあるのである。

5　特別活動の人間関係形成機能

（1）人間関係の育ち

　子どもの人間関係が否定的に注視されて久しい。たとえば，前出の生徒指導資料第20集『生活体験や人間関係を豊かなものとする生徒指導』（1988）は，「小学生，中学生，高校生ともに親しい友人はかなり多くいるが，比較的浅い表面的な付き合いの者が多く，心の中では，なんでも話し合える親友を欲していると思われる。しかも，学校段階が進むとともに親しい友人がいないと回答する割合が増えており，現在の生徒の友人関係の問題の一端を示唆している」（同：p. 8）と指摘している。

　この指摘は，青少年問題を協議する多くの会議の場で，現在でもそのまま繰

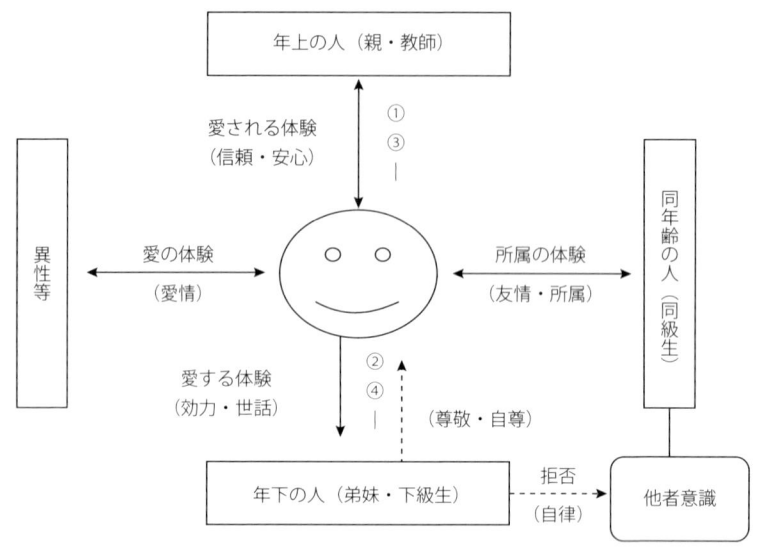

図4-3 人間関係と社会性の育ち

り返されている。友人関係を含む人間関係がうまくいかないなど，子どもの社会性が適切に育っている実感のなさが，今日の「いじめ」など生徒指導上の諸問題と関連があるということである。人間関係の改善と望ましい人間関係の促進は，時代を超えた生徒指導の中心的課題となっている。

　ここで，人間関係の育ちについてまとめてみよう。

①　まず，生を受けてしばらくは親との人間関係が"すべて"である。親という重要な他者との依存・充足の繰り返し（「愛される体験」という。）により，人間（他者）に対する基本的な信頼の情を育む。

②　その後，年下などの関係にある対象者に対し，親から受けた愛情を発揮すべく世話をやこうとする（「愛する体験」という。）。それが，年少者など行為の対象者から喜ばれることに大いに自尊心がくすぐられる。しかし，程度の問題があり，世話の施し方にも加減を加えないと，拒否されてしまう。相手とうまく関係を維持するためには，自己統御・セルフコントロールが必要であることを必然的に知ることになる。

　　このような，親との関係，弟や妹との関係が，成長とともに教師や上

級生との関係，年少者・下級生との関係へと繰り返されていく。これを「タテの関係」と呼べば，タテの関係が人間関係の基軸になってくる。

③　タテの関係が，ある程度落ち着くところまで成長・発達すると，「ギャングエイジ」に代表される独特の仲間意識に基づく関係が生じ，その中だけで通用する価値観に満たされた人間関係が形成されていく。争い，妥協，秘密，高揚感などを共有する他者としての友人が現れて友情が芽生え，そして異性間の愛情というヨコの関係の進展がみられるようになる。

（2）社会性の育ちと特別活動

このように，社会性（人間関係）の育ちの段階を踏まえると，学校における最初のタテの関係である教師と児童生徒との信頼関係の確立が，学校生活の基盤に置かれる。そしてさらには，「上級生⇔下級生」といった異年齢の交流が，上級生にとっては世話をやくことそのもので得られる自己有用感，世話によって下級生から受ける尊敬の情で得られる自己肯定感，そして世話の手加減の必要性で得られるセルフコントロール意識などを育むことになる。

小学校の学習指導要領第 6 章「特別活動」において，児童会活動に「異年齢集団による交流」（児童会活動の内容（2））を，及びクラブ活動に「異年齢の児童同士で協力」（クラブ活動の目標）して取り組むことを求めている。中学校の学習指導要領第 5 章「特別活動」において，生徒会活動に「異年齢の生徒同士で協力」（生徒会活動の目標），小・中とも学校行事に「全校又は学年の児童（生徒）で協力し，よりよい学校生活を築く」として，多様な人間関係にある他者や集団との活動を求めている。このような社会性の発達に大きな影響のある異年齢交流が計画的に行われるのが，特別活動固有の教育である。

ところで，学級という集団は，明確な目的をもって一定の手続きのもとにつくられる公式な集団である。自分の希望などの要因が一切排除された集団であるから，児童・生徒がその学級に所属感をもち，自分自身を心理的に関係づけるようにならない限り，学校の重要な役割である「子どもの社会化」にとって意味のある集団とはなりえない。特別活動には，学級に属する児童・生徒が

「われわれ」意識をもち，所属感を得られ様々な相互作用としての活動が準備されなければならない。

　実際に，学級の成員間に「連帯感」を育むために３つの活動が用意される。

　第一に，学級全体の目標をもつこと。学級目標を全員協議で作り，教室に掲示して常時確認し合うことなどはその典型である。第二に，小集団（班や生活グループなどの下位集団）の中で，役割分担が明確にされていること。グループの中で，役割が適切に決まり実践することは，自他の存在を意識させることになるとともに，その活動の反省を通して所属感や自己有用感を満たすことになる。第三に，小集団間に適度な競争があること。具体的にグループ対抗の形で適度に競い合い，評価し合いながら，第一に示した全体の目標が達成されるような工夫を不断に行っている。

　たとえば，教室の壁面を月ごとに意味のある掲示物（例：秋）で装飾しようなどとする時，小グループでテーマ（１班のテーマ：実り，２班：読書，３班：スポーツ，……）を考え掲示物を作成し評価し合う。その結果，適度な競争によっていっそう整った統一的な教室環境を作り出すことができるようになるなどの実践である。

　このようにして生まれた連帯感は，学級内に高度な統一感を生み出し，単なる制度的な公式集団を豊かな人間関係に満ちた社会に変化させ，子どもの社会化を促進する集団になっていく。

6　開発的生徒指導を体験的に推進する特別活動

　特別活動は，児童・生徒の集団活動を通して人間関係を豊かにし，「社会で生きる」「社会をつくる」ことに貢献する教育活動である。これからの社会をたくましく生きていかなければならない児童・生徒にとって，適切な人間関係のもとに，自立に向けた課題を体験的に達成する場として機能している。適切な人間関係，自立は開発的な生徒指導の根幹であり，特別活動はそれらの課題を体験的に促進する教育活動なのであることをここに確認する。

引用・参考文献

文部科学省（2010）『生徒指導提要』。

文部省（1988）生徒指導資料第20集『生活体験や人間関係を豊かなものとする生徒指導』。

国立教育政策研究所（2003）生徒指導資料第1集『生徒指導上の諸問題の推移とこれからの生徒指導』ぎょうせい。

（松田素行）

第 5 章

特別活動と教育課程
── 「社会参画」「合意形成」「自己実現」の資質・能力の育成

　　　　　学習指導要領の改訂のポイントは，未来社会を切り開く資質・能力を
　　　育成する「社会に開かれた教育課程」を重視したことにある。「主体
　　　的・対話的で深い学び」の授業改善を進めるために，学習指導要領の枠
　　　組みを従来の教育内容をベースにしたものから資質・能力を明確に提示
　　　する形に変えた。そして，「深い学び」を創造するために，教科横断的
　　　な教育課程を工夫し，各学校において「カリキュラム・マネジメント」
　　　を行うことを推奨した。この枠組みにそって，「特別活動」の「目標」
　　　（資質・能力），「各活動・学校行事の目標及び内容」「指導計画の作成と
　　　内容の取扱い」が改訂された。そこでは自由貿易主義とグローバル社会
　　　に対応する他民族社会で生き抜く力，個人と世界全体の維持・発展を期
　　　する人間性を育成しようとした。今回の特別活動の改定の趣旨は，「社
　　　会参画」「合意形成」「自己実現」のキー・ワードでまとめることができ
　　　る。

1　学習指導要領と教育課程

　教育課程とは，「学校教育の目的や目標を達成するために，教育の内容を子
供の心身の発達に応じ，授業時数との関連において総合的に組織した学校の教
育計画」とある（中教審 2015.9.14）。
　今回の学習指導要領の改訂で，小学校の教育課程は，各教科，特別な教科道
徳，外国語活動，総合的な学習の時間，特別活動，に分けられる。中学校の教
育課程は，各教科，特別の教科道徳，総合的な学習の時間，特別活動，である。
2018（平成30）年に改訂が予定されている高等学校は，現行の学習指導要領で，
各教科・科目，総合的な学習の時間，特別活動，となっている。
　中央教育審議会は2016（平成28）年12月21日に「幼稚園，小学校，中学校，

高等学校及び特別支援学校の学習指導要領の改善及び必要な方策について（答申）」を出した。これを受けて2017（平成29）年3月31日に幼稚園教育要領，小学校及び中学校学習指導が公示された。今回の学習指導要領の改訂の基本的考え方は，「子供たちが未来社会を切り開くための資質・能力を一層確実に育成。その際，子供たちに求められる資質・能力とは何かを社会と共有し，連携する「社会に開かれた教育課程」」を重視することにある（文科省 2017.3.31a：2）。

　学習指導要領改訂のコンセプトは，「知識の理解の質を高め資質・能力を育む「主体的・対話的で深い学び」を実現しようとする点にある。これは「主体的・対話的で深い学び」を実現するために「授業改善」を行うとするものである。この授業改善を行うためには，学習指導要領の枠組みの見直しを行う必要がある。従来の教育目標と内容を示す方法から資質・能力ベース（何ができるようになるか）の提示の方法に変えたのである。そして，それにそって教科等の目標や内容を「①　知識及び技能，②　思考力，判断力，表現力等，③　学びに向かう力，人間性等」の三つの柱で再整理したのである（文科省 2017.3.31.a：2）。この資質・能力の目標にそって，児童・生徒の「主体的・対話的で深い学び」に向けた授業改善を行おうとした。「深い学び」を行うためには，まず重要になってくるのは授業時間の確保である。「深い学び」を可能にさせるのが「カリキュラム・マネジメント」である。単元の中で，教科横断的に学習内容を関連させ，重複した内容をカットし，優先順位の低い学習内容は簡単にすませ，生み出した時間で，深く学ぶべき部分に時間をかけるのである。こうして学習内容の時間配分を適切に行うのである。このように「主体的・対話的で深い学び」を行うには，「何ができるようになるのか」という資質・能力を明確な目標を設定し，カリキュラム・マネジメントによって学習時間を生み出し，児童・生徒の認識に深い部分に響く学びを創造していくのである。

　学習指導要領の改訂において，教育内容の主な改善事項は，「言語能力の確実な育成」「理数教育の充実」「伝統や文化に関する教育の充実」「体験活動の充実」「外国語教育の充実」「道徳教育の充実」「特別支援教育における個別支援計画，指導内容や方法の工夫」である。その他の重要事項としては，生活科を中心とした「スタートカリキュラム」の充実，「主権者教育，消費者教育，

防災・安全教育」の充実，「情報活用能力（プログラミング教育を含む）」の充実，「子供たちの発達に応じた支援（障害に応じた指導，日本語の能力等に応じた指導，不登校等）」の充実，「キャリア教育」の充実等があげられている（文科省 2017.3.31.b：2-3）。

2 改訂学習指導要領における特別活動 の目標（資質・能力）と内容

改訂された小学校学習指導要領（平成29年 3 月31日公示）では，特別活動の目標（資質・能力）と内容は，次のように示されている（筆者要約）。太字は新しく加わった部分である（文科省 2017.3.31c：221-230）。斜体は中学校の目標及び内容である（文科省 2017.3.31.d：205-212）。

第 1　目標（資質・能力）	
集団や社会の形成者としての見方・考え方を働かせ，様々な集団活動に自主的，実践的に取り組み，互いのよさや可能性を発揮しながら集団や自己の生活上の課題を解決することを通して，次のとおり資質・能力を育成することを目指す。 (1)多様な他者と協働する様々な集団活動の意義や活動を行う上で必要となることについて理解し，行動の仕方を身に付けるようにする。 (2)集団や自己の生活，人間関係の課題を見いだし，解決するために話し合い，合意形成を図ったり，意思決定したりすることができるようにする。 (3)自主的，実践的な集団活動を通して身に付けたことを生かして，集団や社	

会における生活及び人間関係をよりよ
く形成するとともに，自己の生き方に
ついての考えを深め，**自己実現を図ろ**
うとする態度を養う。

第2　各活動・学校行事の目標	第2　各活動・学校行事の内容

[学級活動]

1　目標

　学級や学校での生活をよりよくする
ための課題を見いだし，解決するため
に話し合い，合意形成し，**役割を分担**
して協力して実践したり，学級での話
合いを生かして自己の課題の解決及び
将来の生き方を描くために**意思決定し**
て実践したりすることに，**自主的，実**
践的に取り組むことを通して，第1目
標に掲げる資質・能力を育成すること
を目指す。

2　内容

(1)学級や学校における生活づくりへの
　参画

ア　学級や学校における生活上の諸問
　題の解決

イ　学級内の組織づくりや役割の自覚

ウ　学校における多様な集団の生活の
　向上

(2)日常の生活や学習への適応と自己の
　成長及び健康安全

ア　基本的な生活習慣の形成（中学校
　　ではない）

イ　よりよい人間関係の形成（中学校
　　では「自他の個性の理解と尊重」が
　　入る）

ウ　心身ともに健康で安全な生活態度
　　の形成

　　事件や事故，災害から身を守る。

エ　食育の観点を踏まえた学校給食と
　　望ましい食習慣の形成

(中学校では「イ男女相互の理解と教育，
ウ思春期の不安や悩みの解決，性的な
発達への対応」が入る。)

(3)一人一人のキャリア形成と自己実現

ア　現在や将来に希望や目標をもって

生きる意欲や態度の形成

イ　社会参画意識の醸成や働くことの
意義の理解

ウ　主体的な学習態度の形成と学校図
書館等の活用

3　内容の取扱い

[第1学年及び第2学年]

• 自分の意見を発表，他者の意見をよ
く聞く，合意形成して実践する

[第3学年及び第4学年]

• 自分と異なる意見の受入れ，集団と
しての目標や活動内容に合意形成，
自分のよさや役割の自覚，節度ある
生活

[第5学年及び第6学年]

• 相手の思い，相手の立場や考え方の
理解，多様な意見を生かして，合意
形成を図り実践

• 将来の生き方を考える活動，活動を
記録し蓄積する教材等の活用

[児童会活動]

（中学校では，生徒会活動）

1　目標

　異年齢の児童同士で協力し，学校生
活の充実と向上を図るための諸問題の
解決に向けて，計画を立てて役割を分
担し，協力して運営することに自主的，
実践的に取り組むことを通して，第1
の目標に掲げる資質・能力を育成する
ことを目指す。

2　内容

(1)児童会の組織づくりと児童会活動の
計画や運営（中学校では，生徒会）

(2)異年齢集団による交流

(3)学校行事への協力

（中学校では「ボランティア活動などの
社会参画」が入る）

	3　内容の取扱い
	・児童会の計画や運営は高学年の児童が行うこと。
[クラブ活動] （中学校ではなし） 1　目標 　異年齢の児童同士で協力し，共通の興味・関心を追求する集団活動の計画を立てて運営することに自主的，実践的に取り組むことを通して，個性の伸長を図りながら，第1の目標に掲げる資質・能力を育成することを目指す。	2　内容 　第4学年以上の同好の児童をもって組織するクラブ活動において， (1)クラブ活動の組織づくりとクラブ活動の計画や運営 　役割分担と話し合い，合意形成を図る。 (2)クラブを楽しむ活動 (3)クラブの成果の発表 　全校の児童や地域に発表
[学校行事] 1　目標 　全校又は学年の児童で協力し，よりよい学校生活を築くための体験的な活動を通して，集団への所属感や連帯感を深め，公共の精神を養いながら，第1の目標に掲げる資質・能力を育成することを目指す。	2　内容 　学校生活に秩序と変化を与え，体験的な活動を行う　主体的に考えて実践 (1)儀式的行事 (2)文化的行事 (3)健康安全・体育的行事 　事件や事故，災害等から身を守る安全な行動や規律ある集団行動の体得 (4)遠足・集団宿泊的行事 （中学校では，旅行・集団宿泊的行事となる。） (5)勤労生産・奉仕的行事 3　内容の取扱い ・行事の種類ごとに行事及び内容を重

	点化，行事間の関連や統合，自然体験や社会体験，振り返りまとめたり発表し合ったりする活動
第3指導計画の作成と内容の取扱い	
1　指導計画作成に当たっての配慮事項	(1)主体的・対話的で深い学びの実現，集団や社会の形成者としての見方・考え方を働かせ，互いのよさや個性，多様な考えを認め合い，合意形成に関わり役割を担うことを重視 (2)特別活動の全体計画や各活動及び学校行事の年間計画を作成，各教科，道徳科，外国語活動，総合的な学習活動との関連，家庭・地域の人々との連携，社会教育施設の活用 (3)教師と生徒，生徒相互の信頼関係，学級経営の充実，いじめの未然防止， (4)低学年は他教科との関連，入学当初は生活科を中心とした関連的な指導，弾力的な時間割の設定の工夫 (5)障害のある児童について，困難さに応じた指導内容や指導方法の工夫 (6)道徳科との関連
2　第2の内容の取扱いに当たっての配慮事項	(1)学級活動，児童会活動及びクラブ活動，自分たちで決まりを作って守る活動の充実 (2)各学年における指導内容の重点化，内容間の関連や統合，他の内容を加えたりすることができる。 (3)集団の場面で必要な指導や援助を行うガイダンス，一人一人が抱える課題

	に個別に対応したカウンセリング（教育相談を含む）をふまえて指導 (4)異年齢集団による交流，幼児・高齢者・障害のある人々との交流，障害のある幼児児童生徒との交流及び共同学習，他者の役に立ったり社会貢献することの喜びを得られる活動，
3　入学式や卒業式における国旗掲揚と国歌斉唱	

　学習指導要領における改訂のポイントは，第1の「目標（資質・能力）」に表れている。児童・生徒を集団や社会の形成者と位置づけ，社会に参画していく資質・能力を育成しよとしている。学習指導要領の記述では，「集団や社会の形成者としての見方・考え方」「社会参画意識」という言葉が多用される。また，多様な他者と話し合い，その多様な立場や考え方を尊重し，合意形成していく側面も強調されている。学習指導要領では，「互いのよさや個性，多様な考えを認め合い」「話し合い」「合意形成」「役割を担う」という言葉が多用されている。また，「自己実現」というキャリア形成の側面も強調されている。さらに，「事件や事故，災害から身を守る」ことも新たにでてきいる。指導のあり方としては，障害や困難さに応じた指導内容や指導方法の工夫，集団で行うガイダンスと個別に行うカウンセリングを明確に位置づけたことに特色がみられる。今回の学習指導要領の特色を一言でいえば，「社会参画」「合意形成」「自己実現」にあるということができる。

3　学習指導要領改訂の背景

　前項で挙げた「社会参画」「合意形成」「自己実現」という特色は，どのような背景の基に生まれてきたのだろうか。ここではこのことについて考察する。

学習指導要領の改訂は，2020年から2030年の社会に生きる子どもを育成するために作られた。この時代は知識基盤社会，IT 化，グローバル化とともに，人工知能やロボット工学の発展により，労働市場の変化，生産年齢人口の減少が予想される。英オックスフォード大学のマイケル・A・オズボーンは，「今後10〜20年で米国の総雇用者の約47％の仕事が自動化されるリスクが高い」と語る。中教審答申には，こうした社会を想定した教育のあり方が述べられている。今回の学習指導要領の改訂は，OECD（経済協力開発機構）の PISA 調査と全国学力学習状況調査が根拠となる。日本の子どもは根拠や理由を示しながら自分の考えを論理的に説明する問題が苦手である。つまり，相手を説得するための「思考力・判断力・表現力」に欠けているのである。そこで，現行の学習指導要領では教科横断的に「言語活動の充実」を行うこととした。しかし，この「言語活動の充実」は学習や活動の後に，感想を交流するだけの浅い学びになってしまった。そこで，新学習指導要領では，「主体的・対話的で深い学び」を構想しようとしたのである。

　こうした方向性を実現するために，新学習指導要領では，その枠組みを変えようとした。従来の教育内容の提示から「何ができるようになるのか（育成を目指す目標：資質・能力）」にその示し方を変えたのである。つまり，行動目標を提示しようとしたのである。この行動目標を示そうとする考え方は，PISA 調査の基礎となっている「キー・コンピテンシー（鍵となる能力：Key Competencies)」の考え方から生まれている。そもそも，コンピテンシーという言葉は経営学の概念である。PISA 調査を開発した OECD 自体も国際経済の機関である。このように経済や経営の考え方が教育に色濃く反映されているのである。キー・コンピテンシーは次のようである（Rychen, Salgank 2003：85-107)。

　　① 相互作用的に道具を用いる。(Using tools interactively)
　　　A 言語・シンボル・テクストを相互作用的に用いる。
　　　B 知識や情報を相互作用的に用いる。
　　　C 技術を相互作用的に用いる。
　　② 異質な集団で交流する。(Interacting in heterogeneous groups)
　　　A 他人といい関係を作る。

　　B　協力する。

　　C　争いを処理し解決する。

　③　自律的に活動する。（Acting autonomously）

　　A　大きな展望のなかで活動する。

　　B　人生設計や個人プロジェクトを設計し実行する。

　　C　自らの権利，利害，限界やニーズを表明する。

　PISA 調査では，①のAとBを測定しているだけに留まっている。その他の能力は質問紙法では測定できないものだからである。ちなみに「読解力」と「数学的リテラシー」は，①のAである。「科学的リテラシー」が①のBである。キー・コンピテンシーでは，知識はもはや教育の対象にならない。知識を道具として活用することに，教育としての意味があると考えている。つまり，「知識の道具的使用（Using tools interactively）」である。知識を道具として使用し，現実社会のコミュニケーションのなか使用していくということである。たとえば，PISA 型読解力を例にとって説明してみよう。読解力の作問は「情報の取り出し（Access and retrieve）」「テキストの統合・解釈（Integrate and interpret）」「熟考・評価（Reflect and evaluate）」という認知的レベルによって作られている（国立教育政策研究所 2010：14-15）。日本の子どもが弱いのは「熟考・評価」である。テキストに書かれている作者の主張（テキストの統合・解釈）を踏まえて，「あなたはどう考えるか」を根拠を示しながら説明することが弱い。つまり，相手の言うことを理解したうえで，自分の意見を相手に理解してもらうように説明する能力が欠けているのである。今回，特別活動においても，「相手の立場や考え方を理解し合意形成を目指していく」ことが求められている。これは現行の学習指導要領でも「思考力・判断力・表現力の育成」として謳われている。学校現場では「言語活動の充実」によって，既にこのことを実現しようと試みている。

　特別活動で育成する資質・能力は，「相互作用的に道具を用いる」よりも，むしろ，②の「異質な集団で交流する」や③の「自律的に活動する」にある。これは質問紙では測定できないものである。人間の態度形成，意志に関わるものである。「異質な集団で交流する」は，欧米の移民社会の現実を映し出して

いる。こうした社会では，言語，宗教，文化の違う人間同士が共存している。異質な文化をもった集団同士は，互いに理解し合うのが難しい。しかし，共存しながら，その国の経済と社会を発展させていかなければ，自分たちにとっても不利益が生じる。そこで必要になる資質・能力が，「よく話し合い合意形成を図ること」である。この「異質な集団で交流する」では，互いに意見が対立した場面に使用する「交渉する能力」も想定されている。日本においてはこうした多文化社会は今のところ実感できない。しかし，少子高齢化で，生産年齢の減少傾向にある日本にとっても，移民政策をどうするかが今後の課題ともなってこよう。グローバル社会ではこうした異文化共生社会はますます増大していく。自由貿易主義経済下にあっては避けて通れないことである。今回の学習指導要領の改訂で，特別活動の領域において，「合意形成」が強調されているのはこうした理由によるものである。

　また，今回の特別活動の領域における改定のポイントの一つに「自己実現」がある。これはキー・コンピテンシーでいえば，③「自律的に活動する」に相当する。これは自分が行いたい仕事や将来設計を大きな展望のなかで考えるということである。今回の改訂でも「現在や将来に希望や目標をもって生きる意欲や態度の形成」「社会参画意識の醸成」が強調されている。

　このように今回の学習指導要領の改訂，特別活動の領域では，OECD のキー・コンピテンシーの概念が色濃く打ち出されている。世界は自由貿易主義によるグローバル化社会となってくる。そこでは競争と自己責任が原理となる。必然的にそこからは格差が生まれてくる。この格差は異質な文化をもつ人同士の摩擦，新たな火種となってくる。多文化社会のなかで，互いに共生し発展できるように，「異質な集団で交流」し「自律的に活動」できる資質・能力の育成が今，求められているのである。

4　「深い学び」を生み出すためのカリキュラム・マネジメント

（1）特別活動の授業時数

　特別活動の授業時数として，小学校学習指導要領で定める「学級活動（学校

教職に係るものを除く）」の時数が掲げられている（文科省 2017.3.31a：5-6）。

> 　第1学年は34時間，第2学年から第6学年までは35時間である。中学校は，第1
> 学年から第3学年まで35時間である。なお，授業時間は，小学校は45分，中学校は
> 50分である。ちなみに，総合的な学習の時間は，小学校は第3学年から第6学年ま
> で70時間，である。中学校においては，第1学年が50時間，第2・3学年が70時間，
> である。

　学校行事については，学習指導要領の総則「3教育課程の編成における共通
的事項」の「(2)授業時数等の取扱い」の「イ」として次のようにある（文科
省 2017.3.31c：7）。

> 　イ　特別活動の授業のうち，児童会活動，クラブ活動，及び学校行事においては，
> 　　それらの内容に応じ，年間，学期ごと，月ごとなどに適切な授業時数を充てるも
> 　　のとする。

　なお，特別活動の学校行事の時間数を総合的な学習の時間数としてカウント
することができる。次のとおりである（文科省 2017.3.31c：8）。

> 　エ　総合的な学習の時間における学習活動により，特別活動の学校行事に掲げる各
> 　　行事の実施と同様の成果が期待できる場合においては，総合的な学習の時間にお
> 　　ける学習活動をもって相当する特別活動の学校行事に掲げる各行事の実施に替え
> 　　ることができる。

　このように特別活動と総合的な学習の時間とは密接にかかわりながら授業時
数のカウントをできるようになっている。

（2）教科横断的な視点とカリキュラム・マネジメント

　新学習指導要領の特徴は，「主体的・対話的で深い学び」と「カリキュラ
ム・マネジメント」である。「深い学び」のためには，学習時間の確保が必要
である。かつては教育内容の削減でこの学習時間を確保してきた。しかし，今
回の学習指導要領改訂では，教育内容の削減を行わない。そこで登場するのが
「カリキュラム・マネジメント」という考え方である。教科横断的に学習内容

を関連させ授業を行うことによって，「深い学び」を行う学習時間を生み出そうとするのである。学習指導要領には「２教科横断的な視点に立った資質・能力の育成」が述べられている。次のようにある（文科省 2017.3.31c：6）。

> (1) 言語能力，情報活用能力（情報モラルを含む。），問題発見・解決能力等の学習の基盤となる資質・能力を育成していくことができるよう，各教科等の特質を生かし，教科等横断的な視点から教育課程の編成を図るものとする。
> (2) 豊かな人生の実現や災害等を乗り越えて次代の社会を形成することに向けた現代的な諸課題に対応して求められる資質・能力を，教科等横断的な視点で育成していくことができるよう，各学校の特色を生かした教育課程の編成を図るものとする。

このように教科横断的な視点で，現代的な諸課題の解決能力を育成のために，カリキュラム・マネジメントを行うのである。学習指導要領の２の(3)「指導計画作成にあたっての配慮事項」では，カリキュラム・マネジメントを次のように説明している（文科省 2017.3.31c：8）。

> ア　単元や題材など内容や時間のまとまりを見通しながら，そのまとめ方や重点の置き方に適切な工夫を加え，主体的・対話的で深い学びの実現に向けた授業改善を通して資質・能力を育む効果的な指導ができるようにすること。

教科横断的な視点で「深い学び」を創る。特別活動の場合，特別の教科道徳や総合的な学習の時間とリンクしていくことが重要であると考える。特に，総合的な学習の時間は，年間70時間配当されている。総合的な学習の時間の授業時間を有効利用して，「主体的・対話的で深い学び」を創っていくことが期待される。

引用・参考文献

国立教育政策研究所（2010）OECD 生徒の学習到達度調査（PISA）2009年調査報告書『生きるための知識と技能４』明石書店，14-15。
中央教育審議会初等中等教育文科会第100回配布資料（2015.9.14）「４学習指導要領の理念を実現するため必要な方策」
　　http://www.mext.go.jp/b_menu/shingi/chukyo/chukyo3/siryo/attach/1364319.

htm，2017.11.30取得

文科初第1828号（2017.3.31.a）「学校教育法施行規則の一部を改正する省令の制定並びに幼稚園教育要領の全部を改正する告示，小学校学習指導要領の全部を改正する告示及び中学校学習指導要領の全部を改正する告示等の公示について」2017年3月31日。

http://www.mext.go.jp/component/a_menu/education/micro_detail/__icsFiles/afieldfile/2017/05/12/1384661_1_1.pdf，p. 2，2017.11.30取得

文部科学省（2017.3.31.b）「幼稚園教育要領，小・中学校学習指導要領改訂のポイント」

http://www.mext.go.jp/a_menu/shotou/newcs/__icsFiles/afieldfile/2017/ 06/16/1384662_2.pdf，pp. 2-3.，2017.11.30取得

文部科学省（2017.3.31.c）「小学校学習指導要領（平成29年 3 月31日公示）比較対象表」

http://www.mext.go.jp/component/a_menu/education/micro_detail/__icsFiles/afieldfile/2017/05/30/1384661_4_1_1.pdf，pp. 221-230.

文部科学省（2017.3.31.d）「中学校学習指導要領（平成29年 3 月31日公示）比較対象表」

http://www.mext.go.jp/component/a_menu/education/micro_detail/__icsFiles/afieldfile/2017/06/21/1384661_5_1.pdf，pp. 205-212.，2017.11.11.30取得

Rychen, D. S., Salgank, L. H. eds. (2003) *Key Competencies for a Successful Life and a Well-Functioning Society*, Hogrfe & Huber.

（下田好行）

第6章

特別活動と各教科，特別の教科道徳，
総合的な学習の時間等との関連

　これからの特別活動で児童・生徒への育みが求められているのは，激しい社会の変化が予測される時代を逞しく生き抜くために必要とされるトータルな資質・能力としての「生きる力」である。このような様々な困難や課題が待ち構えるこれからの時代を担う児童・生徒が大人になって活躍する社会は，めざましい科学技術の進歩や情報科社会の進展でより豊かで，よりグローバルな成熟社会となっているに違いない。そんな中で個が集団や社会に埋没せず，自分らしい生き方を実現していくためには，多様な他者と協働するための「人間関係形成能力」，社会の形成者として他者と協働してよさや可能性を発揮しながら課題解決しようとする「社会参画意欲」，自己の生き方についての考えを深め自己実現を図ろうとする「自己実現力」が重要になってくる。

　これらトータルな資質・能力としての生きる力を児童・生徒が学校生活の場を通して身に付け，その力を日常的な様々な場面で自主的・実践的に存分に発揮しながら自己実現を図っていけるようにするためには，ただ教育課程に位置づけられた特別活動を指導するだけでは十分ではない。学校における各教科，特別の教科道徳，総合的な学習の時間等との密接な関連を図りながら，計画的・発展的な総合的・横断的な指導を意識して展開していくことが必要である。

　また，このような総合的・横断的な特別活動を具現化するには，学級や学校生活をよりよくしていくための課題発見力や問題解決力，他者との合意形成力を発揮しながらの意志決定力，さらにはそれを主体的に実践しようとする意欲・態度等が不可欠である。よって，各活動では児童・生徒になぜこのような学びをするのかという意味づけと見通しを常に大切にしていきたい。さらに，実践的な学びを通して自らの資質・能力として培った「生きる力」を児童・生徒自身が自分事としてセルフモニタリングできるようにしていくことも不可欠な視点であろうと考える。

1　開かれた特別活動を実現することの意味とは何か

（1）特別活動で児童・生徒に培う資質・能力の考え方

　小・中学校学習指導要領「特別活動」の第1「目標」の冒頭には，「集団や社会の形成者としての見方・考え方を働かせ，様々な集団活動に自主的・実践的に取り組み，互いのよさや可能性を発揮しながら集団や自己の生活上の課題を解決することを通して，次のとおり資質・能力を育成することを目指す」（下線は引用者による）と述べられている。つまり，特別活動で目指す教育的意図は，各教科等と同様に児童・生徒の「資質・能力」を育成することなのである。

　ただ，これまで特別活動の代名詞ともとらえられてきた「望ましい集団活動を通して」という文言こそ明記されていないが，「集団や社会の形成者として」あるいは「様々な集団活動に自主的・実践的に取り組み」という点を勘案すれば，集団活動によってそれが実現されるべきものであることは一目瞭然である。指導にあっては，このような特別活動の本質部分をしっかりと押さえておきたいものである。

　たとえば，人格形成において集団や社会が及ぼす影響力の大きさは誰しも経験するところである。特に児童・生徒にとっては，学校生活の様々な場面で体験し，それを経験化していくプロセスは，まさに人格的成長のための資質・能力形成そのものである。米国の経験主義教育哲学者として知られるジョン・デューイ（John Dewey）は，子どもにとって「学校は，小型の共同社会，胎芽的な社会」（デューイ 1998：77）と指摘しているが，学校における特別活動は学校生活という経験を通して学ぶことそのものを目的とした教育活動である。そこで学び獲得するのは，個の人格形成に寄与する道徳性や社会性といった「資質」そのものであり，それと同時に「人間関係構築力」「問題発見力」「課題解決力」等々の資質そのものを支える一つ一つのパーツとして機能する「能力」である。「なすことによって学ぶ（Learning by Doing）」意味を，特別活動では何よりも大切にしたい。

（2）特別活動が全教育活動と緊密に連携することの意味

　特別活動で達成されるべきは，学校生活の様々な場面において望ましい集団を構成し，その集団における様々な活動を通じて児童・生徒一人一人の多様な資質・能力を育成していくことである。それゆえ，学習指導要領の目標では「様々な集団活動に自主的・実践的に取り組み，互いのよさや可能性を発揮しながら集団や自己の生活上の課題を解決すること」を通して，以下の3点にわたる具体的な児童・生徒に身に付けさせるべき学びの力を明示しているのである。

　　《特別活動の目標に示された3つの学びの力》
　　① 集団活動における行動の仕方
　　② 集団生活における合意形成・意志決定の進め方
　　③ 人間としての生き方についての考えを深め自己実現しようとする態度

　このような特別活動を通しての学びの力を個々の資質・能力というレベルで身に付けさせていくことを目標として掲げているのである。
　当然，そのような資質・能力形成プロセスにおいては，各教科等々の緊密な連携関係を保持しながらの指導でなくては実効性の伴うものとはならない。そのためにも，各学校の特別活動では児童・生徒に育てたい資質・能力の諸様相を明確化し，各教科等での指導と関連づけて全体計画や年間指導計画を具体的かつ詳細に作成していく必要があるのである。
　たとえば，前出のデューイは「経験というのは，経験しつつある個人の内面で進行しているものに従属させられてこそはじめて真の経験である」（デューイ2004：58）と述べ，子どもの能動的成長を促す原理として経験の連続性とその相互作用を唱えている。そこで意図する経験的学びの具現化をイメージすると，特別活動という能動的経験を通じて自己成長を実現しようとする児童・生徒の姿が自ずと浮かんでくる。そこで何よりも大切にされなければならないのは，個に内在する主観的な教育要件に，客観的な教育的要件を意図的に組織化して経験させるような教育カリキュラムである。それは，こと特別活動のみで完結するようなものではない。学校における全教育活動との緊密な連携があってこ

そ可能となるのである。

（3）カリキュラム・マネジメントの視点から構想する特別活動

　2016（平成28）年12月に中央教育審議会が答申した「幼稚園，小学校，中学校，高等学校及び特別支援学校の学習指導要領等の改善及び必要な方策等について」では，各学校が教育目標を実現していくために「学習指導要領等に基づき教育課程を編成し，それを実施・評価し改善していく」（中央教育審議会 2016）ことの重要性が指摘され，社会に開かれた教育課程を実現していくために実践的な視点に立ったカリキュラム・マネジメントの改善が強く求められたところである。

　そのような視点から各学校における特別活動の全体計画，学級活動や児童会・生徒会活動，クラブ活動，学校行事の年間指導計画をイメージすると，その効果的な実施運用は，各教科等との連携による相互補完的なものにしていくことが求められるであろう。つまり，各教科や特別の教科道徳，外国語活動，総合的な学習の時間といった各々の教育活動における学習で培う資質・能力と接点をもたせることで，あるいはそこで培った資質・能力と特別活動の各内容における学びでの資質・能力とを重ね合わせることで一貫性をもたせることで実現する実効性の伴う教育成果は計り知れないものであるに違いない。言わば，各々の教育活動で期待する学習成果としての点や，点の集合体としての線といった部分的な指導効果よりも，全教育活動が緊密に連携し合って相互補完的に面としての学習活動を組織化する総合的・教科横断的な指導による教育指導効果は計り知れないということである。

　道徳性や社会性，豊かな人間性といった人格形成に寄与する資質は当然のことであるが，知識やコミュニケーション・スキル等も含めた様々な技能，課題発見力，思考力，判断力，表現力，問題解決力，学び方，学ぶ意欲等々の能力は単一の教科学習で，あるいは領域学習のみで実現されるものではない。教科等で学んだことが，特別活動の各活動や学校行事の目標実現に敷衍されたり，特別活動で培った資質・能力が各教科等で存分に発揮されたりすることは，往々にして予見されることである。一度作成したら一巡するまでは見直さない

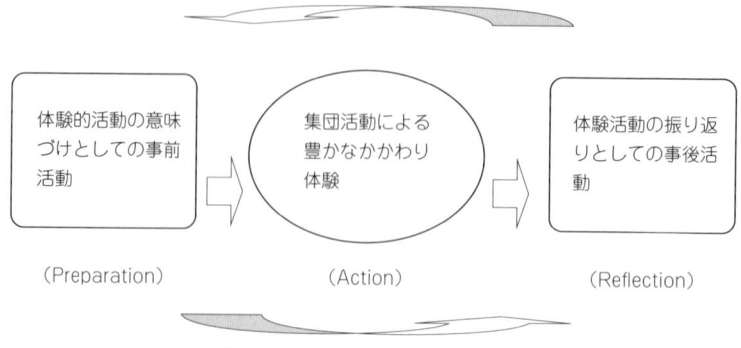

図6-1 特別活動における豊かな体験的学びのプロセス

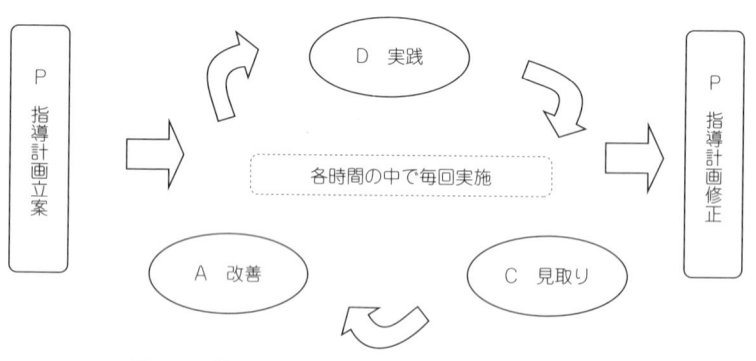

図6-2 特別活動の実践的カリキュラム・マネジメント

といったカリキュラム管理ではなく，カリキュラムを展開しながら同時進行的に実践⇒チェック⇒改善して指導計画が弾力化されていくことが今後は求められる。

　特別活動における学びを豊かなものとしていくためには，具体的な活動を展開するにあたって，その意味づけを明確にしていくことが求められる。特別活動の実践においては一般的に図6-1のような，事前活動（Preparation）⇒豊かなかかわり体験（Action）⇒事後の振り返り活動（Reflection）という PAR サイクルでの体験的学びの意味づけプロセスを踏むことが望まれる。

　また，図6-1の集団活動による豊かなかかわり体験は特別活動のみでなく，

各教科等と密接に関連し合って相乗的な教育効果を生む。その際に留意したいのは，カリキュラム・マネジメントを単なる一連の計画（Plan）⇒実践（Do）⇒見取り（Check）⇒改善（Action）というPDCAサイクルに終わらせず，図6-2のような実践⇒見取り⇒改善を毎時の活動展開するたびに行って計画を適切に修正することである。

2　各教科・総合との連携で特別活動の充実を考える

（1）各教科・総合における特別活動での考え方

　小・中学校学習指導要領第1章「総則」第2「教育課程の編成」では，各学校の「教育課程の編成に当たっては，学校教育全体や各教科等における指導を通して育成を目指す資質・能力を踏まえつつ」という前提の下に，各学校の教育課程編成については基本的な方針が家庭や地域と共有される，いわゆる「社会に開かれた教育課程」の実現に努める必要性について述べられている。しかし，各学校レベルでは，「教科等横断的な視点に立った資質・能力の育成」といったやや抽象的なイメージ論として語られ，日々の多忙さに流されてしまうような現実も否めない。その改善のためには，学校の教育活動全体を俯瞰したカリキュラムプランを構想することが大切である。

　具体例で考えるなら，体験型の修学旅行は小学校から高等学校まで盛んに実施されているが，これなどはまさに好例であろう。西日本の小学校等では広島での平和学習を目的にした修学旅行等が実施される場合も少なくない。その集団宿泊的行事の実施に当たっては，国語科や社会科での年間指導計画とリンクさせて学びの組織化を図り，道徳科で関連する価値についての理解をも深めさせながら，総合的な学習の時間で自己課題追究としての調べ学習を展開するような指導計画となっているような場合が多い。各々の教育活動が中核となる「平和について考える」というテーマの下に，各教科等の特質に応じながら子どもの学びを構成し，その学びのベクトルの中で緊密に関連した資質・能力形成がなされるのである。

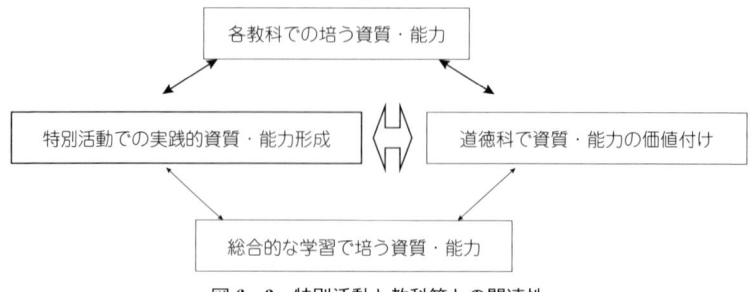

図6-3　特別活動と教科等との関連性

（2）各教科・総合との連携がもたらす特別活動での相乗効果

　小・中学校等学習指導要領「総則」第2「教育課程の編成」2の（1）では，「児童（生徒）の発達の段階を考慮し，言語能力，情報活用能力，問題発見・解決能力等の学習の基盤となる資質・能力を育成していくことができるよう，各教科等の特質を生かしつつ，教科等横断的な視点から教育課程の編成を図るものとする」と述べられている。この一文が意味することとは，各々の教育活動を通して予め意図された教育目的を達成することではない。また，各々の教育活動をしっかりと実践すれば，結果的に意図する教育目的を達成することになるという辻褄合わせ的な考え方でもない。

　つまり，特別活動の遠足（旅行）・集団宿泊的行事で総合的・教科横断的なテーマとしての「平和学習」を児童・生徒の学びとして意図的にカリキュラム編成しようとするなら，そのコア（中核となる「平和」）を取り巻く様々な学びの視点——たとえば被爆地訪問を通してその歴史や地理，人々の生活，人間としての生き方等々を学ぼうとするなら，そのための課題発見力や学び方，知識・技能，思考力，判断力，表現力，問題解決能力，学ぶ意欲等——が不可欠な要件となるのである。社会科で被爆地の背景となる学びをしたり，国語科の文学教材を通して当時の人々の生活を学んだり，はたまた道徳科を通して人間の生き方を学んだり等々の内容にかかわる直接的な学びもあろう。さらには，体育科を通して互いに安全に配慮しながら協働して学ぶ態度を身に付けることもあろう。総合的な学習の時間であれば，課題発見力や情報活用等を前提にした学び方や問題解決力等が「平和学習」を深めるための学びのツールとして大

いに機能しよう。

　言わば，コアとなる「学びのテーマ」に対して，その意欲も含めた深めるべき多様な学びの内容，学ぶための方法や手段等々が交錯して平和学習のベースとなって横たわっている生命の尊さ，人間の尊厳や人間としてよりよく生きる意味を複眼的に俯瞰することが可能となってくるのである。

（3）特別活動を意識した各教科・総合におけるカリキュラム編成の視点

　今次改訂学習指導要領では，特別活動における「キャリア教育の要としての特別活動」という視点が中学校のみでなく，小学校でも重視されている。それを裏付けるように，小学校学習指導要領解説「特別活動編」では，「特別活動とは，様々な集団活動を通して，課題の発見や解決を行い，よりよい集団や学校生活を目指して行われる活動の総体である。また，特別活動は，身近な社会である学校において各教科等で育成した資質・能力について，実践的な活動を通して社会生活に生きて働く汎用的な力として育成する教育活動である」（文部科学省 2017：23）。

　この視点が意味するのは，特別活動を通して育てたい資質・能力を学校全体で確認しながら学校教育全体計画や特別活動全体計画で共有し，各教科等の年間指導計画作成時に総合的かつ教科等横断的に関連化を図りながら新たな学校生活や学習への意欲を喚起したり，自分の将来の生き方への展望をもたせたりしてキャリア・ガイダンス機能を充実させるということである。同時にそれは，児童・生徒自身が学校生活での学びを通して自らの成長を実感すること，つまり自己評価活動を展開することでもある。各教科等での学びと特別活動での集団活動を重ね合わせて自らの成長を自己評価することで自己実現に向けたキャリアパスを手にすることができるのである。

3　道徳科との連携で特別活動の充実を考える

（1）道徳科との関連における特別活動の考え方

　小・中学校学習指導要領「特別活動」で目指すのは，第1節の「特別活動の

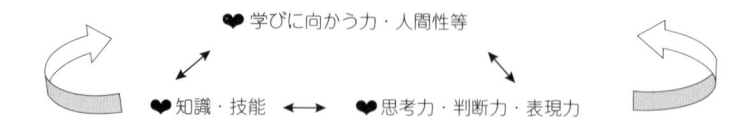

（キャリア教育の要としての特別活動）

特別活動を要に育む社会生活で生きて働く

❤ 学びに向かう力・人間性等

❤ 知識・技能 ⟷ ❤ 思考力・判断力・表現力

各教科等で学ぶ資質・能力

道徳科・総合的学習等で学ぶ資質・能力

図6-4　特別活動でのキャリア形成を意識した各教科等カリキュラム

　「目的」の冒頭に述べられている「集団や社会の形成者としての見方・考え方を働かせ，様々な集団活動に自主的，実践的に取り組み，互いのよさや可能性を発揮しながら集団や自己の生活上の課題を解決することを通して」資質・能力を育成することである。

　つまり，「集団や社会の形成者」として求められる資質能力・形成がポイントである。もちろん，この部分は先にも述べたように，各教科等の教育課程全体を通して培う「社会生活で生きて働く汎用的能力」，つまり，「何を理解しているか，何ができるか」という具体的な場面で役立つ知識や技能・スキル，「理解していること，できることをどう使うか」という未知状況への対応能力としての思考力・判断力・表現力等，「どのように社会・世界と関わり，よりよい人生を送るか」という学びを人生や社会に積極的に生かそうとする学びに向かう力・人間性等の獲得が前提となって実現できるものである。それら「社会生活の中で生きて働く力」としての資質・能力は，学校知の総体として編成される教育課程を構成する学びの範囲・総体（scope）とその学びの系統性・順序性（sequence）によって具現化されるのであるが，その総合的・教科横断的な学びの有機的関連性は児童・生徒一人一人の事情によっても異なるもので，一律に学校教育全体計画や各教科等年間指導計画に無理矢理押し込めるといった性格のものではない。諺にもあるとおり，水を欲しない馬を水辺に連れて行っても無意味なことなのである。

　今般の学習指導要領改訂のキーコンセプトである「主体的・対話的で深い学

び」は，まさに能動的な学びを児童・生徒の視点から実現していこうとするものである点を考慮すると，特別活動と表裏一体の関係にあるのはやはり学校教育全体で行う道徳教育，そして「特別の教科　道徳」つまり道徳科であろう。

　特別活動での児童・生徒の学びと道徳教育・道徳科での学びの関連性については，もう少し深く言及しておきたい。

　小・中学校学習指導要領「特別活動」の「第3　指導計画の作成と内容の取扱い　1—(6)」では，道徳教育の目標に基づき，道徳科の内容については「特別活動の特質に応じて適切に指導すること」と述べられている。この内容が意味することは学習指導要領解説にも述べられている通り，特別活動で育てようとする資質・能力はすべて児童・生徒が自ら考え，自ら高めていけるような自主的・実践的活動を通して初めて可能となるものである。それは一朝一夕に目に見える教育成果として示せるような性格のものではないし，一部の教師が一部の教育活動で実現できるようなものでもない。よって，その自主的・実践的な活動を動機づけたり，活動を可能にする知識や技能および思考力・判断力・表現力等を他の教育活動で意図的に育んだりしていく必要があるのである。特に，人間としての在り方や生き方を問い続ける学校教育全体で推進する道徳教育や，それら道徳教育の「要（かなめ）」として機能する年間35時間（小学校第1学年は34時間）の道徳科は特別活動と相互補完的な表裏一体の関係性にあるのである。

　道徳教育および道徳科と特別活動の相互補完性についての共通項は，端的な表現をするなら「よりよく生きる」ことである。つまり，道徳性や社会性，人間性といった人間関係形成能力を発揮しつつ多様な他者と協働し，社会参画意欲を保持しつつ他者と協働する中で自らのよさや可能性を発揮しながら様々な課題解決をすることを通して自己の生き方についての考えを深め，自己実現を図ろうとする「自己実現力形成プロセス」という点においては同様なのである。

　もちろん，道徳教育は，よりよく生きるための内面的資質となる道徳的な実践力の育成であり，特別活動は，よりよく生きるための実践力育成そのものである。その両者間の関係性は，どちらが先でどちらが後といった順序性もどちらが主でどちらが従といった人格形成上の従属関係もない。むしろ重要なこと

は，特別活動と道徳科での指導の特質をそれぞれの明確化しながら同一の教育的学びを共有しながら協働的に指導することで，相乗的な教育効果が期待できるような指導にしていくことである。そのためは学校教育全体計画を俯瞰し，特別活動と道徳科の年間指導計画に有機的連携補完性をもたせることが必要である。

（2）道徳科との連携がもたらす特別活動での相乗効果

特別活動は，その活動を通しての学びそのものが個の道徳性や社会性発達を促し，児童・生徒の人格形成面で大きく寄与するものである。ゆえに先にも触れたように，小・中学校学習指導要領「特別活動」第3の1では特別の教科道徳に示す内容について「特別活動の特質に応じて適切な指導をすること」と，道徳科との連携について明確に述べられているのである。

特別活動の各活動の目標や具体的な内容を思い起こせば，そこには具体的な児童・生徒の姿が容易に想像できよう。学級活動で学級生活を改善するための問題を見出し，合意形成の手続きを経ながら協力して問題解決に当たる活動の中では「自分と同じように生きている他者とよりよく生きる」という前提があるはずである。また，児童会活動や生徒会活動の足場は言うまでもなく，自分たちが暮らしている地域，学校がある地域であろう。ただ，そこでの活動を通して環境問題を考えたり，共に生きる人々のためにできることを実践したりすると，その身近な郷土という世界を見つめること，自分たちを育んでくれた国を意識すること，そこから連なる世界中の自分たちと同じように生きている人々を感じることができてくる。これらの視点は小学校でのクラブ活動，小・中学校教育を通して体験する様々な学校行事においても同様である。特別活動が人との関わり活動そのものであり，人と関わりながら望ましい集団・社会実現に向けた課題解決のための合意形成プロセスであるという立場に立つなら，そこでの共通項は道徳性や社会性，人間性形成そのものと説明できよう。

つまり，道徳科は道徳的実践をするための内面的資質としての道徳性形成を，特別活動は具体的な活動を通して道徳的実践をする場であるといった教育活動区分としての線引きは意味をもたないのである。特別活動における道徳教育の

指導では，学級や学校生活における集団活動や体験的な活動を通して日常生活における道徳的実践の指導を行う重要な機会と場として機能し，それらの豊かな体験が基底にあるからこそ道徳科で取り扱う内容項目と緊密に連動して道徳的価値自覚が促進されるのである。当然，その逆のことも生じてこよう。道徳科で学び深めた道徳的価値に対する理解が，特別活動での具体的な活動と結び付いてより深い道徳的価値の覚醒に発展することもあり得るのである。言わば，道徳科での学習と特別活動での学習との関係性は，いわゆる車の両輪のようなものである。むしろ，留意しなければならないのは児童・生徒を前に日常的な指導に当たる教師の教科・領域的なカテゴリーを過剰に意識した指導の在り方である。

　たとえば，教科指導で考えるなら，指導する教師は「今は国語科の時間」，「チャイムが鳴ったから社会科の学習を始めよう」と意識するが，学び体験をする児童・生徒の側は教師から予め授業前に聞かされなかったり，時間割を予め見なかったりするならば，その時間の学習は国語科であろうと，社会科であろうと，それは一連の学びの一つでしかないのである。

　確かに，学校全体の道徳教育において特別活動の果たす役割は大きい。特別活動の目標には，「集団活動に自主的，実践的に取り組み」「互いのよさや可能性を発揮」「集団や自己の生活上の課題を解決」等々，道徳教育や道徳科で直接取り上げる価値内容が含まれている。また，目指す資質・能力には，「多様な他者との協働」「人間関係」「自己の生き方」「自己実現」など，道徳教育がねらいとする内容と共通している面が多く含まれている。また，道徳科での指導をイメージして具体的に考えれば，多様な他者の意見を尊重しようとする態度，自己の役割や責任を果たして生活しようとする態度，よりよい人間関係を形成しようとする態度，みんなのために進んで働こうとする態度，自分たちできまりや約束をつくって守ろうとする態度，目標をもって諸問題を解決しようとする態度，自己のよさや可能性を大切にして集団活動を行おうとする態度等は集団活動を通して児童・生徒一人一人に身に付けさせたい道徳性である。特に学習指導要領「特別活動」の中では，学級活動において道徳教育の各学年段階における配慮事項を踏まえて各学年段階の指導における配慮事項を示して

いる。

　道徳科と特別活動の関係は，道徳科の授業で学んだ道徳的価値の理解とそれに基づいた自己の生き方についての考えを特別活動においてよりよい集団生活・人間関係構築やキャリア形成と自己実現に向けた活動の中で実践的に自らの生き方についての考えを深めたり，身に付けたりする場や機会として機能することを十分に理解し，心して指導することが重要なのである。

（3）カリキュラム・マネジメントの工夫で道徳科と連携

　小・中学校学習指導要領「特別活動」第3の2の（2）には，児童・生徒および学校の実態や道徳教育の重点等を踏まえ，「各学年において取り上げる指導内容の重点化を図るとともに，必要に応じて，内容間の関連や統合を図ったり，他の内容を加えたりすることができること」と，各学校における指導計画作成上の配慮事項が示されている。人間としての生き方についての考えを深め，自己実現を図ることを目標に掲げる特別活動にあっては，同様に学習指導要領の目標として「人間としての生き方についての考えを深める学習を通して，道徳的な判断力，心情，実践意欲と態度を育てる」ことを掲げる道徳科とより緊密な指導計画上の連携を重視していくことでの両者の教育活動における相乗効果を生み，児童・生徒の人格形成に大きく寄与することは間違いのないところである。その際に留意したいのが，前節で述べたカリキュラム・マネジメントの適切な運用である。

　特別活動は道徳教育と同様に，学校教育全体計画の中で各教科等も含めて有機的かつ相互補完的に機能するよう位置づけられているはずである。たとえば，学校行事ひとつとっても，その実践に向けた計画や運営を担う部分が大きいのは特別活動であり，それと並行してその行事を通じて児童・生徒の主体性や協働性，目標達成への意志力や成就感等々について直接・間接的に道徳科をはじめとする各教科等で関連づけて指導されるのが一般的であろう。その際に図6-5のように一連の取り組みを相互に関連づけ，意図的・計画的に運用するカリキュラム・マネジメントを導入するなら，その取り組みを通して児童・生徒が身に付ける資質・能力は極めて明瞭化され，個々の学び評価やそれをより

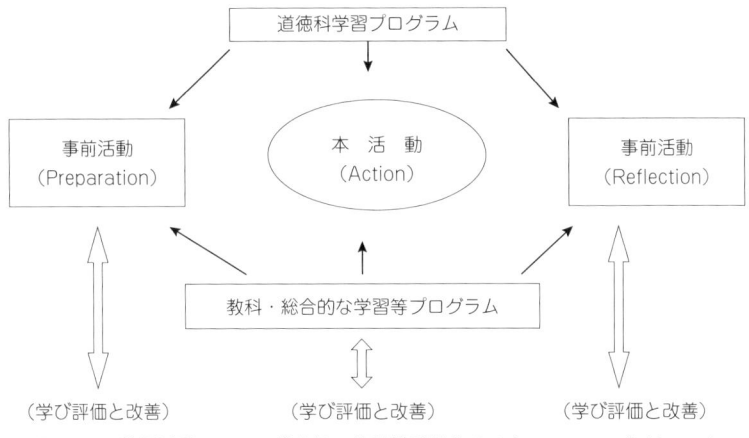

図6-5　特別活動における総合的・教科横断的なカリキュラム・マネジメント

効果的に指導・改善するための手立てが鮮明に見えてくるはずである。

　カリキュラム・マネジメントは，事前活動（Preparation）⇒本活動（Action）⇒事後活動（Reflection）という特別活動の PAR サイクルの中に道徳科や各教科を関連づけた単元型ユニット（unit）にすると可視化しやすく，どの段階でどう児童・生徒の学びを予め設定した資質・能力形成観点から評価すればよいか，またそれをどう改善して生かせばよいかが一目瞭然となってくる。

　カリキュラム・マネジメントをしっかりと位置づけて機能させることの意義は，いわゆる「活動あって学びなし」と揶揄されることも少なくなかった特別活動が，児童・生徒にとって大切な学びの場であることを再確認させ，積極的に学習支援していくところにある。特別活動における個別な学びをトータルな学びへと意味づけ，それを道徳科等と有機的に機能させることでダイナミックな児童・生徒の資質・能力形成を積極的に推進していきたいものである。

引用・参考文献

J・デューイ，市村尚久訳（1998）『学校と社会』講談社学術文庫。
J・デューイ，市村尚久訳（2004）『経験と教育』講談社学術文庫。
中央教育審議会（2016）答申「「幼稚園，小学校，中学校，高等学校及び特別支援学校の学習指導要領等の改善及び必要な方策等について」第4章2の（2）「教育課

程を軸に学校教育の改善・充実の好循環を生み出す『カリキュラム・マネジメント』の実現」。

文部科学省（2017）小学校学習指導要領解説「特別活動編」第2章「特別活動の目標」第2節「特別活動の基本的な性格と教育活動全体における意義」。

（田沼茂紀）

第7章

児童・生徒の自主的態度を育む
学級活動・ホームルーム活動

　　特別活動では，それぞれの子どもが認められ，自分をおもいっきり発揮することが大切にされる。友達と知恵を出し合い，もっと良い考え方ややり方はないかと探し求めていく。そのような楽しい活動のなかで，各教科等で学んだ知識や技能さらには学び方といったものを，実践の場において応用，深化，発展させ，それらを生きて働くほんものの力にしてくれる，それが特別活動である。

　　ただし，子どもの自由な発想に任せているだけでは限界があり，子どもにとっても充足感が得られない場合が多い。教師がアイデアやヒントを適切に用意し，子どもの自主性の芽を育てていかねばならない。

　　以下に，特別活動の核である学級活動について概説していく。

1　学級活動・ホームルーム活動の目標と内容

　年度当初，学級は，たまたま同じ舟に乗り合わせた子どもたちの集まりにすぎない。それゆえ，まず，学級にめざす目標が必要になる。そして，学級全員が共通の目標に向かって役割を分担して努力・協力し，苦労と喜びを分かち合いながら，やり遂げた喜びを味わえるような集団まで高めることが求められる。もともとは子どもたちの単なる集合体であったものに，友情や信頼などに基づく心の結びつきをつくって，バラバラであった子どもを一つの学級集団にしていくことが，学級担任の重要な仕事なのである。

　このことに直接貢献しているのが，子どもたちの集団活動を題材とし，みんなで一つの目標に向かって協力し，よりよい生活や人間関係を築くことを目指す学級活動である。

　学級活動の目標は，学習指導要領（2017）に以下のように示してある。

> 　学級や学校での生活をよりよくするための課題を見いだし，解決するために話し合い，合意形成し，役割を分担して協力して実践したり，学級での話し合いを生かして自己の課題の解決及び将来の生き方を描くために意思決定して実践したりすることに，自主的，実践的に取り組むことを通して，第1の目標に掲げる資質・能力を育成することを目指す。

　小学校の学級活動と中学校の学級活動の目標は一致している。また，高等学校のホームルーム活動の目標も，その内容は一致している。

　小学校から高等学校まで，学級活動・ホームルーム活動は共通の目標を追求していく教育活動なのである。

　学級集団は，少なくとも1年間は，同じメンバーで生活し，継続的な関わりが展開できる場である。現代社会において，学級以外に継続的な関係をもてる場は少なくなっている。親密な関係を経験する場としての学級の意義を問い直し，学級活動という教育活動を重視しなければならない。

　では，次に，学級活動の内容を学習指導要領（2017）で見てみよう。

【小学校】
(1) 学級や学校における生活づくりへの参画
　ア　学級や学校における生活上の諸問題の解決
　イ　学級内の組織づくりや役割の自覚
　ウ　学校における多様な集団の生活の向上
(2) 日常の生活や学習への適応と自己の成長及び健康安全
　ア　基本的な生活習慣の形成
　イ　よりよい人間関係の形成
　ウ　心身ともに健康で安全な生活態度の形成
　エ　食育の観点を踏まえた学校給食と望ましい食習慣の形成
(3) 一人一人のキャリア形成と自己実現
　ア　現在や将来に希望や目標をもって生きる意欲や態度の形成
　イ　社会参画意識の醸成や働くことの意義の理解
　ウ　主体的な学習態度の形成と学校図書館等の活用

【中学校】

(1) 学級や学校における生活づくりへの参画

　ア　学級や学校における生活上の諸問題の解決

　イ　学級内の組織づくりや役割の自覚

　ウ　学校における多様な集団の生活の向上

(2) 日常の生活や学習への適応と自己の成長及び健康安全

　ア　自他の個性の理解と尊重，よりよい人間関係の形成

　イ　男女相互の理解と協力

　ウ　思春期の不安や悩みの解決，性的な発達への対応

　エ　心身ともに健康で安全な生活態度や習慣の形成

　オ　食育の観点を踏まえた学校給食と望ましい食習慣の形成

(3) 一人一人のキャリア形成と自己実現

　ア　社会生活，職業生活との接続を踏まえた主体的な学習態度の形成と学校図書館等の活用

　イ　社会参画意識の醸成や勤労観・職業観の形成

　ウ　主体的な進路の選択と将来設計

【高等学校〈ホームルーム活動〉】（2009年）

　学校における生徒の基礎的な生活集団として編成したホームルームを単位として，ホームルームや学校の生活の充実と向上，生徒が当面する諸課題への対応に資する活動を行うこと。

　(1) ホームルームや学校の生活づくり

　(2) 適応と成長及び健康安全

　(3) 学業と進路

　学級活動（1）は，学級の諸問題について話合って解決する活動を通して，望ましい人間関係や社会参画の態度を育てていく。また違いや多様性を越えて，「合意形成をする言語能力」の育成を図っていくという「自発的，自治的な活動」を特質とする活動である。

　しかし，この活動は，社会が前提としている価値を自分自身のアイデンティティへと転化しつつ，その範囲内において自発的，自治的な活動の展開を企図した営みである。

その意味において，児童・生徒の自治的，自発的な活動に重きを置くとしながらも，特定の思考様式，行動様式を体得させることを内包した，一定の「強制力」を伴った活動といえる。

特別活動の指導にあたって，子どもたちに任せることができない内容は以下のとおり。教師は，この6点を確実に押さえて指導にあたらねばならない。

---

① 個人情報やプライバシーに関わること　　（例）個人情報の公開
② 相手を傷つけるような結果が予想されること
　　　　　　　　　　　　（例）個人を責める内容，人権に関わる内容
③ 教育課程に関わること　　（例）時間割の変更，学級単独での遠足など
④ 校内の決まりや施設・設備の利用に関わること
　　　　　　　　　　　　（例）体育館等の使用，菓子の飲食
⑤ 金銭徴収に関わること　　（例）プレゼント代の集金
⑥ 健康・安全に関わること　（例）危険を伴うゲーム

学級活動（2）（3）は，自分の価値やよさを信じることのできる自己を形成する心理面の発達と，社会で人間関係を形成し適応していくための社会面の発達を促し，自己指導能力を高めていく。

現代の子どもたちには，豊かさゆえの精神的弛緩と慎みのなさが顕著に現れ，過度の欲望追求と自己主張をする姿が生活の至る所に見られる。自制心や規範意識が希薄化しており，自己統制力の育ちが極めて弱い。友だちや仲間のことで悩む子どもも増え，人間関係の形成が困難かつ不得手である。

学級活動（2）（3）は，こういう現代の子どもたちには，きわめて重要な学びとなる。

なお，学級活動（2）（3）では，学級活動（1）と異なり，取り上げる内容を教師が決める。よって，教師は自ら意図的・計画的に授業を設け，子どもたちが健全な自己形成を図れるよう工夫する必要がある。

ここで，子どもたちが自己の確立に向けてクリアすべき課題を挙げておく。

　① 応答的なかかわりの中で他者や自己に関する信頼の感覚をもつ。

　② できるようになることを励まされ見守られて，できる自分に信頼をもつ。

　③ いろいろなことを自分で試してみることを認められ，思うように試み，

自分を生きることへの信頼をもつ。

④ 大人がやっていることに挑戦しながら，自分がこれから生きていく社会の文脈の中で有能かどうかを確かめる。

これらの課題の積み上げの上に，自分らしい自分という肯定的な感覚が形成されていく。重要な点は，どの課題を乗り越えるにも人とのかかわりが必要であることである。

社会が変化し，「人とのかかわりの質と量」が変化する中で，学級活動の中で，応答的に応えてもらう経験，励まされ認められる経験などの体験をして，自分を確かめていく機会を保障してあげることが，自己肯定感や自尊感情の低下，将来への不安，無気力，学習意欲の低下などを防ぐことにつながる。

そういう面から，学級活動の中で，生活経験の拡充と深化を図る多様な集会活動を大いに実践し，できないことができるようになる感覚を覚えさせたい。次のような集会である。

---

① お楽しみ会的な集会活動
　　出会い集会，誕生会，クイズ・ゲーム大会
② スポーツ的な集会活動
　　ドッチボール大会，ミニ運動会，長縄跳び大会，ダンス発表会
③ 文化的な集会活動
　　学級音楽鑑賞会，新聞コンクール，演劇発表会，
　　「私のおススメ本」発表会，「私のおススメ映画」発表会
④ 季節に関する集会活動
　　ひなまつり集会，七夕集会，豆まき集会，カルタ集会
⑤ その他の集会活動
　　○○君を迎える会，○○さんを送る会，教育実習の先生とのお別れ会，
　　係の発表会，「望年（ぼうねん）」会，学級卒業式

今回（2017），小学校にも学級活動（3）として，「一人一人のキャリア形成と自己実現」の内容が新設された。小学校学級活動（3）の詳細と中学校における具体的活動例を示す。

　『生徒指導提要』では，学級活動は生徒指導の中核的な時間として考えられている。学級担任の教師により，計画的に生徒指導が行われるためには時間枠が必要であり，その時間枠にあたるのが学級活動である。

　学級活動は生徒指導の要の時間として位置づけられていると考えてよい。この学級活動を活用して，学級のすべての児童・生徒を対象とした生き方指導を行うことができる。

　最後に，学級活動（1）（2）（3）の指導方法について述べておく。

　学級活動の内容は，（1）の学級及び学校生活全体の充実・向上をめざす活動と，（2）や（3）のように，主に個人の問題を学級での活動を通して解決

する活動とからなっている。

　そして，これらの内容を展開する生徒の活動形態は，「主として集団全体での取り組みや集団としての意思決定などを進めていくような自発的，自治的な活動の形態」と，「集団として取り組みながらも主として個人が選択し行動していくような自主的，実践的な活動の形態」とに大別されるとしている。

　しかし，（1）が自発的，自治的な活動，（2）（3）が自主的，実践的な活動であると固定的に分ける必要はない。

　すなわち，自主的，実践的な活動を基盤として望ましい集団としての自発的，自治的な活動が生み出されたり，高められる場合もあるからである。

　どちらに力点を置いて指導するかは，題材のねらいや内容，生徒の実態による。弾力的な考え方に基づく指導方法の工夫が求められる。

　なお，学級活動は年間35時間実施するよう計画する。

　この学級活動に取り組むことを通して，子どもたち自身が，「役割や責任を果たすことができる自分」，「規律を守ることや我慢することもできる自分」「思いやりがあり，協力することができる自分」などを実感できるようにし，人間としての生き方在り方についての自覚を深めていくよう導いていく。

　そのための学級活動の題材は，以下のようなものが望ましい。

① 共感し協力しあえる題材	② 生徒のよさを生かせる題材
③ 夢や希望を育む題材	④ 社会の要請に応える題材

　以上の学級活動は，特別活動における内容の中核的な位置を占め，他の内容と関連することになる。

2　自主的態度を育む学級活動の実践

　現代は，教師が言って聞かせれば，子どもたちが自主的に進んで行動するという時代ではなくなってきた。「望ましい集団活動」の成立が難しくなっている現状がある。

　では，子どもたちの自主的態度を育むには，どのような実践が必要なのか。

以下に中学校1年生の4月に行う学級活動の実際を紹介する。

（1）天下分け目の「3日間」

　実は，1年間の教育活動がうまくいくかどうか，4月当初の3日間で決まる。大げさに言っているのではない。この3日間をうやむやに過ごすと，シラけたしまりのない学級となってしまう。学級崩壊にもつながる。それほど大切な日であるから，教育界では，この4月当初の3日間を「黄金の3日間」と呼んでいる。

　この「黄金の3日間」で，学級づくりの基本原理である「ふれあいとルールのある学級」をつくっていく。

　さて，それでは，この3日間の間に，担任は，何をどうすればいいのか。

　以下は，ある中学校の3日間の時間割である。

　4月11日：①②③校時［入学式］④校時［学級活動（学級開き・保護者参観）］

　4月12日：①②校時［学級活動］③④校時［身体測定］⑤⑥校時［対面式］

　4月13日：①校時［学年集会］②校時［学級活動］③校時〜［教科の授業開始］

　入学してから，3日目の2時間目まで，すべて特別活動の授業である。この特別活動の中で，学級の骨格をつくりあげる。

（第1日目）「希望」を感じさせる

　入学式前日，教室を掃除。教卓に花を飾る。

　入学式後の学級開きは，詩「木ねじ」で授業。担任としての願いを静かに力強く語る。

---

① 今日は，おめでたい入学式ですから，先生からみなさんにプレゼントがあります。

（封筒に木ねじを入れたものを一人一人に渡す）

② さぁ，何が入っているでしょう？　開けないで予想してみて。

③ じゃ，開けて確かめてください。……どうして，先生は，入学式に木ねじをプレゼントしたんでしょう？

---

④　ヒントはこの詩にあります。読んでください。

木ねじ　　　　　　　　　　　　　　　杉山 平一

右に外れたり　　左へ行ってみたり　　まわり道ばかりしているが

のぞみは失わず　　目標をめざして　　グイグイ　　進んでいるのだ

（　　）　　　　　　（　　　）　　　　　　（　　）

⑤　（　　）にあてはまる言葉を考えて下さい。

⑥　杉山さんは，（前へ）（ゆっくり）（前へ）と言ってあります。

……○○中学校1年1組の諸君，君たちは，今日から中学生です。

　僕たち1年1組は，この木ねじのように，のぞみは失わず，目標を目指して，「前へゆっくり前へ」進んでいこう。前へゆっくり前へ。

　出会いの日に，担任に生徒も保護者も注目している。担任は「魂」を込めた授業を行わなければならない。そして，「よーし，やるぞ！」と生徒が熱くなる。「この先生なら大丈夫」と保護者が担任を信頼する。そういう出会いの日にしなければならない。

（第2日目）支持的風土をつくる

　朝一番に教室の掃除。そして，本日の詳しい日程を全面黒板に書く。登校してきた生徒に，笑顔で挨拶。放っておいて，子どもたちが自ら育つことなどあり得ない。担任から積極的に挨拶をする。

　1校時の学級活動は，「自己紹介」。

---

①　先生は，何歳と思う？……さぁね？

②　先生の血液型は何型と思う？……さぁね？

③　じゃあ，（しゃべらず，ジェスチャーで）同じ血液型，集まって下さい！

④　「離しちゃイヤ！」で移動。（同じ血液型の者どうし，手をつないで体育館に　行ってください）（途中で必ず階段を通らせる）

⑤　この指止まれ！（同じ誕生月の人，声を出して集まって下さい）

⑥　ナンバーコール（私が指示する数に集まって！　11人・8人……）

⑦　3人組ジャンケン（3分間で何チームに勝てるか競いましょう）

⑧　3人組でこんにちは（あいさつゲームをします）

⑨　6人組で，自己紹介（"私は〜が好きな〜です"という自己紹介をしましょう）

⑩ 私はとなりのトトロ（"私は〜が好きな〜さんの横の〜です"と言っていきます）

「自己紹介をして下さい」と言うだけでは，中学生は何も言わない。工夫が必要である。体を動かし，楽しさの中で心がほぐれ，安心して，やっと口を開くことができる。そういう「場」を作れるかどうかが鍵となる。

2校時の学級活動は，「友の似顔絵描き」。

① 私は鏡（教師が行うジェスチャーをまねし，リラックスする）
② 2人組になり，目を閉じて手を握り，「よろしくね」と念じる。
③ 目を開けて，見つめ合って，「よろしくね」と思いを伝える。
④ 2人で，お互いの友の顔を描く。

1校時と違って，静かな時が流れる。

できあがった作品は，すぐさま，教室後面に掲示。自分の存在が友によって認められ，明示される。

その後，身体測定の余った時間で，テキパキと教科書配布。帰りの会では，前日の「木ねじ」の感想を学級通信で読む。

こうして2日目に，「中学校は恐いとこだと心配していたが，先生も友達も楽しい。安心だ」といえる雰囲気をつくっていく。

入学直後から強圧的な指導を行い，締め付けを図る教師がいるが，まずは，お互いのよさを認め合い，弱点は支え合い，励まし合う，という何ともいえない温かい支持的風土をつくること。

圧力は必ず反動を生む。笑いや失敗を認めるような土壌づくりを行うことが先である。

なお，担任は，これらの学級活動の授業の中で，子どもをとらえていく。「望ましい集団活動」を成立させるためには，子どもの実態についての，多様な視点からの実態把握が必要になってくる。

（第3日目）組織・規律をつくる

2校時の学級活動は，「係り」「班」「班長」「掃除割り」「給食当番」等を決め，

学級組織をつくる。立候補でガンガン決めていく。多数立候補があった場合は，すべてじゃんけんで決定。

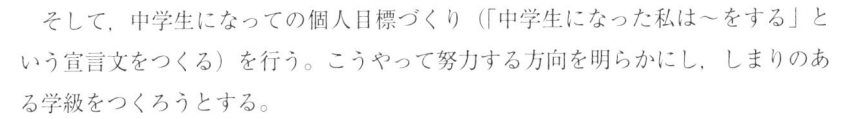

　残った時間で，学級通信を読み，先生が叱るときは，（生徒の状態に応じて多少変わるが）

　　① 人として恥ずかしいことをしたとき［いじめ，卑怯なふるまいなど］

　　② 3度注意しても努力しようとしなかったとき

であるとはっきり示す。

　そして，中学生になっての個人目標づくり（「中学生になった私は〜をする」という宣言文をつくる）を行う。こうやって努力する方向を明らかにし，しまりのある学級をつくろうとする。

（2）オレたちだけの学級目標

① 体にふれあう

　　「いきなりですが，今日は先生とジャンケンします。ハイ，全員起立！負けた人は座っていくんだよ。さぁ，だれが最後まで残るかなぁ？」

　とびっきりの笑顔で，学級活動の授業をスタートさせる。

　　「おぉ，男子が2人，女子は5人。やっぱ，女子の方が強いねぇ？」

　おどける私に，「あったりまえよ！」と女子。「しかたないね」と弱々しい返事の男子。「こりゃ，イカンばい」。ずっこける担任に，今度は学級みんなでワッハッハ。

　そして，最後まで勝ち残った女子に聞く。「ハイ，あなたは今日のスーパースター。この学級がはじまって1週間経つけれど，その中で，"良かったなぁ"と思うこと，1つだけ言って下さい」

　　「えっと，この前の裏山探検で私が転んだ時に，○○さんが私のことを心配してくれて，その時，とても嬉しかったです。ありがとう」

　　「そう，そんなことがあったんだ。いいねぇ。なんか，うれしいねー。じゃあ，スーパースターの列の人にも同じことを聞きましょうか」

「優しい人が多い。勉強がわからない時，教えてくれた。」

「エッ，誰が？」

「○○さんが，数学の問題を……」

知らなかったことに，友を通して気づき，驚きながらも，あったかい雰囲気で授業は進んでいく。

レクリエーションを楽しみ，互いの体と心に十分ふれあった後，「じゃあ，残りの時間で，出てきた意見をもとに，1週間のなかで，良かったことと，今後学級として頑張りたいことをまとめてみましょう」と指示。

② 学級目標づくり

4月中に，「こんな学級にしたい！」という全員の心をひとつにする学級の目標をつくりたい。どういう目標がいいか？

- 生徒と担任の願いを重ねたもの
- 生徒が納得する，身近なもの
- 具体的な行動目標を入れ込んだもの
- 「まじめ」に照れを感じる中学生という発達段階に応じたもの
- 少しは，知的な香りがするもの

が，いい。

どうやって作るのか。

まず，1週間の振り返りを行う。先に述べたように，楽しく行い，「良かった点」と，「これから頑張りたい点」を考えさせる。

そして，その結果を翌日，学級通信で発表し，「我ら，“あったか炊き込みご飯”になる！（一人一人の個性が認められ，生かされ，協力して，熱く物事にぶつかり，みんなを幸せにする学級という意味）」等の参考になる学級目標の例を紹介して，宿題を出す。

「いつまでも忘れることのできない『オレたちだけの学級目標』を作ってきましょう！」と。

翌朝，宿題の中から，担任が5つ程，優秀作を選び，発表する。優秀作に込められた願いをわかりやすく解説した後，生徒にどうするか考えさせ決めさせる。

③ 学級歌を作る

次に，できた学級目標をもとに，学級歌や学級旗をつくる活動を仕組む。

　1　一人ひとりを思いやる学級にしようよ　　そこからみんな仲良くなれる
　　　○○（担任の名前）学級
　2　何にでもベストをつくす学級　　　　1の1ならやれるよ
　　　落ちた涙をバネにして・・・　　　　　　　　　　　　（タッチの替え歌）

　これらを朝の会やふれあい合宿などの行事で活用していく。学級としてのまとまりがグーンと強くなり，ルールを守る雰囲気が高まる。

④ 決め手は，担任

　「今日は学級目標をつくります。どんな学級がいいですか？」という発問だけでは，中学3年生でも「明るい学級」程度のお粗末なものしかつくれない。

　担任の工夫が必要。生徒からグイッと引き出す必要がある。

　そして，最も大事なことは，担任が，学級をチーム化し，その目標実現に向かって，生徒とともに動くことである。決め手は生徒ではない，担任である。

　以上，学級づくりは，授業や活動から独立して行われるものではなく，それらに溶け込ませながら，表裏一体となって展開されていく。

　そのポイントが，

　　① 支持的風土の確立

　　② 学級のルールの確立

である。

引用・参考文献

赤坂雅裕（2014）『心躍る特別活動』文教大学出版事業部。
文部科学省（2017）「小学校学習指導要領」文部科学省 HP。
文部科学省（2017）「中学校学習指導要領」文部科学省 HP。

　　　　　　　　　　　　　　　　　　　　　　　　　　　　（赤坂雅裕）

第8章

児童・生徒の自主的態度を育む
児童会活動・生徒会活動

　この章では，児童会・生徒会活動に関する具体的な事例を紹介しながら，特別活動の中心的目標である児童・生徒の「自主的実践的な態度」の育成について考察していきたい。本来，児童会・生徒会活動は，それぞれの発達段階に応じた内容をもってはいるが，最終的には特別活動のこのような目標をめざして行われるものである。すなわち，児童・生徒が，「集団や社会の一員」として，「自発的・自治的な活動」を一層効果的に展開できるようにし，「多様な他者との協働」を図りながら，「社会に参画する態度」や「自己実現」を図ることができるよう支援することが望まれるのである。

1　児童会・生徒会活動の意義

　児童会・生徒会活動とは，全校の児童・生徒が所属する児童会・生徒会が中心となって，校内のいろいろな問題の解決を図ったり，学校全体の生活を楽しく豊かにしたりするための自主的・自治的な活動のことをいう。委員会活動や集会活動などが，まさにその代表例である。これらの活動は，異年齢の児童・生徒が役割分担による協働活動をしながら，学年，学級を超えてよりよく交流しつつ，校内で発生する諸問題の解決や学校生活の充実と向上を図るためのものだといえるのである。

　では，これから児童会・生徒会それぞれの活動について，具体的にその内容を見ていくことにしよう。

2 【小学校】 児童会活動の内容

　児童会活動の内容を簡潔に表現すると，（1）組織づくりと計画・運営，（2）異年齢集団による交流，（3）学校行事の協力の3つの形態となる。

　2017（平成29）年改訂の小学校学習指導要領第6章第2では，〔児童会活動〕の2「内容」について次のように示されている。児童会活動の内容は，学習指導要領の改訂によっても，基本的には，これまでと変わるところはない。

> (1) 児童会の組織づくりと児童会活動の計画や運営
> 　児童が主体的に組織をつくり，役割を分担し，計画を立て，学校生活の課題を見いだし解決するために話し合い，合意形成を図り実践すること。
> (2) 異年齢集団による交流
> 　児童会が計画や運営を行う集会等の活動において，学年や学級が異なる児童と共に楽しく触れ合い，交流を図ること。
> (3) 学校行事への協力
> 　学校行事の特質に応じて，児童会の組織を活用して，計画の一部を担当したり，運営に協力したりすること。

（1） 児童会の組織づくりと計画や運営をする活動

　「児童会の組織づくり」とは，たとえば，教師の適切な指導の下に高学年の学級代表（＝代表委員）と各委員会の委員長などで組織する「代表委員会」や，代表委員会の活動を中心となって進めるための児童会「計画委員会」などの組織を整備したりすることをいう。

　また，主権者教育などの社会参画の態度を養うため，これら児童会役員を児童の投票で選出することも考えられる。その際，立候補等の方法，投票できる児童の範囲，立ち会い演説会の設定についても配慮するなど，児童会としての自治的活動が十分に展開できるよう教師の支援が必要である。

（2）異年齢集団による交流

　たとえば，児童集会等の活動において「学年縦割り活動」を取り入れるなどして，学年・学級が異なる児童が楽しく触れ合い交流できるようにすることをいう。このような児童集会においては，学年縦割り活動に加え，代表委員会や各委員会などからの連絡や報告，発表なども異年齢交流活動の一つとなる。特に中心となって活動を進める高学年の児童にとって，リーダーとしての自覚や自信が高められたり，下学年の児童にとっては，上学年の児童へのあこがれや尊敬の気持ち，「自分もこうなりたい」という思いや願いの芽生え，学校生活に目標や希望をもつことにもつながるのである。

（3）学校行事への協力

　各種の学校行事の特質に応じて，児童会の組織を活用してその一部を担当したり行事の運営に参加したりすることをいう。たとえば，運動会において，放送委員会や体育委員会の組織的協力は，その行事の成否にかかわるくらいに有用なものとなる。また，行事の一部に児童の発意・発想を生かすことにもつながり，児童の自己教育力の育成も期待できる。

（4）児童会の計画や運営と具体的活動

① 代表委員会活動

　代表委員会は，主として高学年の代表児童が学校生活の充実と向上，そして，学校の諸問題の解決をめざした活動を行うものである。その際，各学級での話合いを生かすなど全校児童の意見も反映できるように配慮しながら自発的自治的に行われる必要がある。

　代表委員会の構成は，主として高学年の学級代表，各委員会の代表，関連する内容等必要に応じてクラブ代表などが参加することになる。代表委員会には，その計画や準備等を円滑化させる組織として，児童会計画委員会などの設置が必要となる。ここで話し合う議題としては，「入学集会を開こう」「雨の日の過ごし方を考えよう」「秋の読書集会を開こう」「卒業集会を開こう」などが考えられる。

児童会活動（図書委員会）の年間指導計画（例）

1　児童会活動の目的

　児童会活動を通して，望ましい人間関係を形成し，集団の一員としてよりよい学校生活作りに参画し，協力して諸問題を解決しようとする自主的・実践的な態度を育てる。

2　児童会活動の評価規準

集団活動や生活への関心・意欲・態度	集団の一員としての思考・判断・実践	集団活動や生活についての知識・理解
楽しく豊かな学校生活をつくるための諸問題に関心をもち，他の児童と協力し，積極的に児童会の活動に取り組もうとしている。	楽しく豊かな学校生活をつくるために，児童会の一員としての役割や諸問題を解決する方法などについて考え，判断し，協同して実践している。	楽しく豊かな学校生活をつくる児童会活動の意義や組織，そのための活動内容，方法などについて理解している。

3　図書委員会の年間活動計画

	日常活動	創意工夫を生かした活動	指導上の留意点
一学期　二学期	○図書委員会の計画や運営 ・活動計画 ・役割分担 ○日常活動内容 ・昼休み，放課後 ・図書貸出・整頓 ○学期の振り返り	○紙芝居 ・昼のテレビ放送で月2回実施 ○絵本の読み聞かせ ・図書館で週に1回実施 ○秋の読書集会	・図書委員会のねらいを基に，活動計画を考えるように助言する。 ・図書委員会の日常活動を知らせ，児童が協力して取り組めるようにする。 ・計画や運営の仕方を理解させ，自分たちで主体的に委員会の仕事が進行できるようにする。 ・昨年度の実施例を基にしながら，新たに付け加える点や変える点は何か，どんな集会にするなど，児童の考えを十分引き出すようにする。 ・児童の活動状況をほめたり，反省点を話し合わせると共に，次の活動への意欲を高めるようにする。

	活動の流れ	めざす児童の姿と評価方法
準備	○話合い（活動計画の作成） 　・活動のめあて 　・集会の内容 　・役割分担 ○集会の準備・練習 　・準備物 　・運営の仕方	【関心・意欲・態度】 ・みんなと協力して計画や準備に意欲的に取り組もうとしている。 【思考・判断・実践】 ・集会のねらいに基づいた活動内容を考えている。 ・影絵の構成を考えたり，楽しい図書クイズを考えたり，協力したりして準備に取り組もうとしている。
集会活動	秋の読書集会 1．はじめの言葉 2．図書委員のあいさつ 3．貸出し数ベスト3学級発表・表彰 4．図書クイズ 5．影絵劇（『命のビザ』）と朗読 7．おわりの言葉	【知識・理解】 ・集会のめあてや活動内容に即した運営の仕方を理解している。 【関心・意欲・態度】 ・集会活動に自分から進んで楽しく参加している。 【思考・判断・実践】 ・影絵劇の話にあった影絵を考えたり，1年生にも分かりやすい言葉で朗読したりしている。 ・司会進行の仕事に熱心に取り組んでいる。 〈観察・振り返りカード〉
振り返り	○活動の成果や課題の確認 ・がんばったこと ・友達の努力 ・反省点	【思考・判断・実践】 ・活動を振り返り，自分の役割や参加の仕方，集会の課題についてまとめている。 〈観察・振り返りカード〉

② 各委員会活動

　委員会活動は，高学年の全児童が任意の委員会に所属しながら，学校全体の生活を楽しく豊かにするために活動するものである。設置する委員会の種類としては，たとえば，集会，新聞，放送，体育，図書，美化，飼育，栽培，保健，福祉などが考えられる。その際，学校全体の教育目標や学校経営方針と関連した委員会を設定することも少なくない。たとえば，環境を大切にする観点から環境美化に関する委員会，福祉の観点からボランティアに関する委員会などである。児童会活動では，ある児童集会の実施について代表委員会で話し合いが行われた後，特定の委員会が中心となって児童集会を行うことが少なくない。前頁に，図書委員会が中心となって「読書集会」を行った事例を紹介している。

　各種委員会活動では，上記の「秋の読書集会」のように「準備」，「集会活動」，「振り返り」の各段階で，「めざす児童の姿」を明確にして指導と評価をおこなうことが重要となる。そこで，次のような「委員会活動記録」を作成し，活動の反省として児童が自己評価（◎○△）と感想を記入できる記録を残すことも考えられる。各種委員会の担当者は，年度末に「めざす児童の姿」や「評価規準」に照らして，「十分満足できる活動の状況」であったかどうかを評価し，学級担任に資料として提供することが考えられる。

委員会活動記録

（図書）委員会活動記録　（5）年（1）組・名前（○○一郎）				
1学期のめあて	図書委員会の仕事を責任もってやりぬく			
月別の反省	4月	5月	6月	7月
進んで，協力的に活動する	◎	○	◎	◎
工夫して活動する	○	△	◎	◎
進め方を理解して活動する	◎	◎	◎	◎
《自己評価》 ◎ とてもよくできた ○ できた △ 努力が足りない	図書委員になれたので，みんなが本が大好きになるお手伝い…	今月は，みんなと協力できず，少し，自分勝手に仕事を…	少しずつ仕事にも慣れてきて今月は，全体的に…	あっという間に1学期がおわったが，図書委員会の…
1学期の振り返り	1学期は，全体的に自分の仕事を責任をもってできたと思う。特に，図書の貸し出し当番では……（以下略）			

③ 児童集会

　児童集会は，児童会主催で行われる集会活動で，その形態としては，全校集会で行われるもの，複数の学年集会で行われるもの，単一の学年集会で行われるもの等，多様である。その計画は，毎年，恒例で行う「入学集会」等では，前年度の活動を参考に児童会で詳細を決めることができるが，その際にも各学級や学年の「出し物」を事前に話し合う必要があることが多い。また，各委員会が協力し合って仕事を引き受けることも少なくない。放送委員会がお昼の放送で広報活動を，広報委員会が集会のポスター作りを，音楽委員会が入・退場曲や校歌の伴奏を引き受けたりすることなどが考えられる。

3　【中学校】　生徒会活動の内容

　生徒会活動の内容については，中学校学習指導要領第5章第2の〔生徒会活動〕の2「内容」には，前述した小学校の児童会活動と同様に3つの形態が示されている。

（1）生徒会の組織づくりと生徒会活動の計画や運営
　　生徒が主体的に組織をつくり，役割を分担し，計画を立て，学校生活の課題を見いだし解決するために話し合い，合意形成を図り実践すること。
（2）学校行事への協力
　　学校行事の特質に応じて，生徒会の組織を活用して，計画の一部を担当したり，運営に協力したりすること。
（3）ボランティア活動などの社会参画
　　地域・社会の課題を見いだし，具体的な対策を考え，実践し，地域や社会に参画できるようにすること。

（1）生徒会の組織づくりと計画や運営をする活動

　生徒会における組織等については，各学校の生徒の実態や特色をもって設置するものであるが，生徒全員で話合いを行う「生徒総会」を置くとともに，「生徒評議会（中央委員会）」などといった審議機関，「生徒会役員会（生徒会

執行部など）」や各種の「委員会（常設の委員会や特別に組織される実行委員会など）」などの組織から構成することが考えられる。特に，中学校においては，小学校での児童会活動などの経験を基礎にし，生徒の自主性，自発性をできるだけ尊重し，生徒自ら活動の計画を立て，協力し合って望ましい集団活動が進められるように指導することが大切である。

なお，生徒会長等の生徒会役員や各種委員会の委員長等の決定に当たっては，生徒会規則等に則って，公正な選挙等により選出されることが望まれる。生徒自らが，選挙管理規則等に従って役員選挙等を運営することにより，生徒会活動は，自治的な活動であるということを一層自覚することになるからである。

（2）学校行事への協力

学校行事への協力を通して，学校との連絡・調整の仕方や，学級や学年を越えた異年齢集団による交流，地域の人々や幼児，高齢者等多様な他者への配慮などに関わる資質・能力が身に付くばかりでなく，教師と生徒で一つの目標に向かって協働する中で，互いの信頼関係を高めたり，生徒一人一人が学校行事を創り上げていく主体者であるという意識を高めたりすることはできる。

（3）ボランティア活動などの社会参画

児童会活動においては，その内容が，「（1）組織づくりと計画・運営，（2）異年齢集団による交流，（3）学校行事の協力」であったのが，生徒会活動では，「（1）組織づくりと計画・運営，（2）学校行事への協力，（3）ボランティア活動などの社会参画」というように，「異年齢集団による交流」が「ボランティア活動などの社会参画」に差し替えられている。このことをもって，中学校段階においては，「異年齢集団による交流」が重視されていないと，とらえてはならない。同じく学習指導要領第5章の第3の2では，次のとおり示されている。

> （4）異年齢集団による交流を重視するとともに，幼児，高齢者，障害のある人々との交流や対話，障害のある幼児児童生徒との交流及び共同学習の機会を通して，

> 協働することや，他者の役に立ったり社会に貢献したりすることの喜びを得られる
> 活動を充実すること。

　すなわち，生徒会活動としては，すでに，校内において，生徒総会や各種委員会など，小学校以上に「異年齢集団による交流」を行うことが前提なっており，中学校の発達段階から見て，さらに，生徒の関心がより広く学校外の事象に向けられるようになることが大切なのである。特に，ボランティア活動や地域の人々の幅広い交流など社会貢献や社会参画に関する活動は，生徒が地域社会の形成者であるということの自覚と役割意識を深めるうえで，大切な活動である。

（4）生徒会の計画や運営と具体的活動

　ここでは，「『いじめ』について，共に学び，共に語り合おう！」の事例を紹介するものとする。生徒会活動は，「全校の生徒をもって組織する生徒会において」と示されているとおり，全校の生徒が協力し合って目標の達成を図り成果を生み出していく活動である。

　また，学級などに，いじめや暴力，差別などが少しでも見られる場合には，学級活動はもとより生徒会活動などでも適切に取り上げ，学校全体でその問題の解決に取り組むことが必要である。

　今回取り上げる事例は，「いじめ」の問題について，「仲間づくり」と言う視点から取り組んだ生徒会活動の実践である。

① 活動の手順

　「いじめ」について考えるとき，当事者だけの問題ではなく，「学校や学級が仲間を支え合える場になっているか？」という集団の課題としても，とらえられなければならない。そこで，主として，学級活動と全校集会を活用しながら，全校生徒が「いじめ」の問題について共に考え，共に語り合いながら，「いじめ」の問題を自分自身の問題としてとらえ，「仲間づくり」を進めることによって，「いじめ」を許さない意識を高揚させることをねらいとして，以下の

①〜③の手順で，活動を進めて行くものとする。

   ① 全校アンケートの実施・分析……「知」

   まず，全校一斉のアンケートを実施し，考察を加えることによって，知識としての「いじめ」の不合理さを学ぶ。

   ②「いじめ」解決劇の上演……「情」

   続いて，生徒会役員による「いじめ」を想定した劇を鑑賞することによって，感性，感情レベルで「いじめ」を許さない心を養う。

   ③ 生徒代表による意見発表……「意」

   そして，意見発表では，生徒一人ひとりが自らの問題として考えることによって，自らの強い意志で「いじめ」の問題を共に解決していこうとする態度を身につける。

② アンケート結果の分析

   アンケートは6つの設問から構成されている。

   それぞれの集計結果を分析することによって，以下のことが考察できた。

⑴ 自分の立場におきかえてみると（Q1〜3）

   「いじめ」の問題の解決を難しくしている原因の一つに，加害者やまわりの子どもたちが，自分たちの行為を「ふざけていただけ」「遊びの延長」などと軽微なことととらえ，相手に対する「重大な人権侵害である」という認識に欠けていることが挙げられる。

   そこで，Q1，2では，実際に起こりそうな具体例を挙げて，それを「見た場合」と「自分がされた場合」に分けて質問し，それぞれどのように感じるかを選んでもらうようにした。その結果，他人に対しては「ふざけ合っているだけで，いじめではない」と答えた数と，自分がされた場合には「嫌な思いがするのですぐやめてほしい」と答えた数が逆転している項目があった。

> 他人がされているのを見たときと自分がされたときの感じ方の違いが顕著な項目

> 1．足を掛けたり，頭を叩く　2．嫌なあだ名で呼ぶ　3．失敗すると大声で笑う

(2) 「いじめ」の定義（Q3）

　Q3は，「『いじめ』であると判断するのはどんなときですか？」という問いの答えから，全校生の「いじめ」に対する共通のとらえ方を探ろうというものである。一般的な定義や見解と比べてみても，あながち生徒が的外れな定義をしているとは思えない。むしろ，身近な問題だけに，より具体的でわかりやすいとはいえないだろうか？

K中学校全校生徒が考える「いじめ」とは？

1．強いものが弱いものをまたは大勢が，一人（少数）を，
2．しつこく（長期間にわたって），
3．暴力や嫌がらせなどを続けることによって，
4．相手の心や体をとても傷つけてしまうこと

（生徒会役員が全校生徒の意見を集約し，作成）

　全体の60％以上の生徒が，自分の学級内で「いじめと思えるようなこと」があれば，何とか解決したいと考えていることがわかった。一方，「止めたりはしないが，自分は加わらない」と答えた生徒が31％であった。その理由として「止める勇気がない」「関わりたくない」「いじめられている人が強くなればいい」などの回答があった。「親や先生に相談すると答えた生徒は九％に過ぎなかった。

　また，自分が「いじめ」にあった場合も，60％以上の生徒が相手に話したり，誰かに相談したりして解決したいと考えている。「親や先生に相談する」は，他人の場合の約2倍の15％であった。それに対して「いじめがなくなるまで，我慢する」が15％，「学校を休む」が六％もいた。

(3) 3つのパターンによる「いじめ解決劇」の上演（Q6）

　Q6で全校生徒が自由に記述した「いじめの解決方法」を生徒会役員会で集約して，次の3つのパターンに絞り込んでシナリオを作成し，「いじめ解決劇」

①「もっと強い人を呼んで来て，仕返しをする」
②「いじめられている人が強くなって反撃をする」
③「みんなで話し合う」

を上演した。

　「解決劇」の鑑賞後にそれぞれの解決方法の良い点や問題点などについて，学級で話し合いながら，さらに良い解決策について考えを深めることとした。

(4)　生徒代表による意見発表

　各クラスでの話し合いの後，それぞれの思いを綴った作文を全校生徒へのアピール文として集約し，発表することにした。そうした取り組みの末に決定した生徒会活動スローガンが以下のものである。

> 「支え合える仲間のいる学校をめざして」
> 　生徒一人ひとりが，自分を，仲間を振り返り，みんなが楽しい学校生活を送れるようにしていこう。

引用・参考文献

文部科学省（2017）「小学校学習指導要領」文部科学省 HP。
文部科学省（2017）「小学校学習指導要領解説　特別活動編」文部科学省 HP。
文部科学省（2017）「中学校学習指導要領」文部科学省 HP。
文部科学省（2017）「中学校学習指導要領　特別活動編」文部科学省 HP。

（島田和幸・杉中康平）

第9章

児童・生徒の自主的態度を育む
クラブ活動・部活動

クラブ活動は子どもが「楽しむ」ことをメインの内容にする“楽しい子どもの世界”である。これを護る一方，特別活動のねらう資質・能力や態度を身に付けさせていく。ここをどう考えるか。

クラブ活動指導の基本的な考え方は，「子どもの論理」と「指導の論理」の複線で進めることである。改訂学習指導要領では「学習過程」が示されているが，それが「子どもの論理」と「指導の論理」に対応していると考えることができる。「学習過程」では「話合い」が大切になる。人間関係や自発的，自治的に活動を進める力を育てるポイントを4点挙げ，説明した。次にクラブ活動の現状と課題を述べた。課題を4点挙げた。

部活動の指導では，現在の部活動に至る経緯を学習指導要領の変遷から概観して，今次改訂における注目点を述べた。さらに部活動の意義，本質について論じてみた。「夢中になって頑張る時間」と捉えるとわかりやすい。最後に部活動のリスクと課題を述べた。「ブラック部活」の問題，教師の過剰負担などを取り上げ，対応する動きを紹介した。部活動は曲がり角に立っている。

1 ほんもののクラブ活動

ある小学校教師の体験から。ある学校に転勤して「水泳クラブ」と季節限定課外活動の「水泳部」の両方を担当した。前日の水泳部初泳ぎで熱の入った練習ができたので，その日，クラブ活動初日も充実させようと，子どもたちに「ビート板をもってプールに入りなさい」と指示をした。すると前日練習した水泳部員でもある6年生の女子から「先生，待って！」と止められたのだ。

彼女は言う。「ここは水泳クラブです。水泳部ではありません。私たちがや

ります」さっと 6 年生が集まり打合せを始め，終わるや否や彼女が言う。「ま
ず，みんなで遊びます。プールに入りましょう。遊んでからいろいろ話し合い
ます。」教師はハッとする。これがほんもののクラブだ！　と思う。その教師
は，子どもからクラブ活動について 3 つガツンと目を開かせてもらったと自覚
している。

　ほんもののクラブ活動とは，

　　①「子どもの世界」である。やりたいことを子ども自らが決める時間。

　　②「楽しむ活動」である。存分に楽しんでいい。それがメインなのだ。*

　　③「同じ楽しみをもつ異年齢仲間」である。4，5 年生には 6 年生が「先
　　　生から楽しい時間を護ってくれた（？）」ように見えたらしい。6 年生を
　　　見る尊敬のまなざしと上・下級生間のひたひた感がまぶしかったと教師
　　　は言う。

　実はその教師は若い頃の筆者だが，そのとき私はこう思った。「①も②も③
も具体的な姿レベルで分かっていなかった。ほんものの力を付けた子どものふ

　*クラブ活動は「楽しむ」活動
　　2017 年改訂小学校学習指導要領の「クラブ活動の内容」を確認する。(2) に「ク
　ラブを楽しむ活動」とある。「楽しむ」がメイン内容だ。存分に楽しんでよい。

> ～（略）～主として第 4 学年以上の同好の児童を持って組織するクラブにおいて，
> 次の活動を通して，それぞれの活動の意義及び活動を行う上で必要となることに
> ついて理解し，主体的に考えて実践できるようにする。
> (1) クラブの組織づくりとクラブ活動の計画や運営
> 　児童が活動計画を立て，役割を分担し協力して運営に当たること。
> (2) クラブを楽しむ活動
> 　異なる学年の児童と協力し，創意工夫を生かしながら共通の興味・関心を追求
> すること　　（太字は筆者）
> (3) クラブの成果の発表
> 　活動の成果についてクラブの成員の発意・発想を生かし，協力して全校の児童
> や地域の人々に発表すること。

るまいで合点がいった。」以後，クラブ活動指導でブレることはなかった。

2　クラブ活動の指導

（1）指導の核心：「楽しむ」と「育てる」の複線

　クラブ活動が子どもたちにとってどれほどありがたく，うれしいものであるか。子どもにとってクラブ活動はまさに"特別"な時間，「楽しむ」時間だ。内容は教師でなく自分たちが決める。同じ楽しみをもつ仲間と一緒に楽しむ。そんな時間・空間が学校にあるのである。"楽しい子どもの世界"を大切に護って指導にあたりたい。クラブ活動指導には特に大切な基本的な考え方がある。それは特別活動指導の特質であり，クラブ活動指導に端的に表われている。

■クラブ活動指導（特別活動指導）の基本的な考え方

　まず，子どもが興味や関心を追求することを楽しむこと，その思いや願いを具現することを支え，充実させる。「楽しむ」ことを貫くができるようにする。子どもが思いや願いを具現していく「子どもの論理」を貫徹させるのである。それと同時進行で，ねらった資質・能力や態度を育てる指導を展開していく。「指導の論理」の展開である。この「楽しむ」と「指導する」を矛盾させない。「子どもの論理」と「指導の論理」が重なって複線になっているとする。これが基本となる考え方だ。子どもは単線，「子どもの論理」一本でよい。

　クラブ活動指導の核心は，子どもの論理と指導の論理の複線から成ること

（2）クラブ活動の目標と学習過程

　新しい小学校学習指導要領（2017年告示）で目標は次のように記されている。

> 　異年齢の児童同士で協力し，共通の興味・関心を追求する集団活動の計画を立てて運営することに自主的，実践的に取り組むことを通して，個性の伸長を図りながら，第1の目標*に掲げる資質・能力*を育成することを目指す。
>
> 　　　　　　　　　　　　　　　　　　　　*第1の目標の説明は省略する。

　この目標を受け，クラブ活動において育成することを目指すことが求められ

る資質・能力例として３点が挙げられている。２つ目に注目したい。

○同好の仲間で行う集団活動を通して興味・関心を追求することのよさや意義について理解するとともに，活動に必要なことを理解し活動の仕方を身に付けるようにする。

○**共通の興味・関心を追求する活動を楽しく豊かにするための課題を見いだし，解決するために話し合い，合意形成を図ったり，意思決定したり，人間関係をよりよく形成したりすることができるようにする。**　　　　　（太字は筆者）

○クラブ活動を通して身に付けたことを生かして，協力して目標を達成しようとしたり，現在や将来の生活に自分の良さや可能性を生かそうとしたりする態度を養う。

　２つ目の資質・能力は改訂学習指導要領の基本的な枠組みである「３つの柱」の１本「知っていること，できることをどう使うか（思考力，判断力，表現力）」に対応している。クラブ活動では，より楽しく豊かにしようと課題を見いだし，解決策を話し合い，合意したことや決めたことを協力して実行し，解決していくという流れを子どもたちがくぐることで，２つ目の資質・能力が育つとする。"課題を見いだし話し合って解決する"という流れは，教師側からすれば，ねらう資質・能力を育てる「学習過程」である。一方子ども側は，やること（活動内容，準備・実施計画，役割分担など）を話し合い，決めたことを役割や個性を発揮しながら協力して実行化する，つまり「楽しむ」ことをする。やりきったら達成感や連帯感等をもって振り返る，すると次の課題がみえてくる，というような一連の流れをくぐる。これも「学習過程」（図9-1）だ。「学習過程」が２つある。

■２つの学習過程
　「小学校学習指導要領解説　特別活動編」（文部科学省 2017）に１単位時間の「学習過程」（図9-1）として示されたものは，「子どもの論理」が表現されていると考えることができる。全過程において子どもたちは自主的，実践的に活動する。そのなかでは何と言っても『活動（楽しんだりする）』が生命線だ。
　教師は資質・能力を育てる「指導の論理」を同時進行で貫徹させるため，育

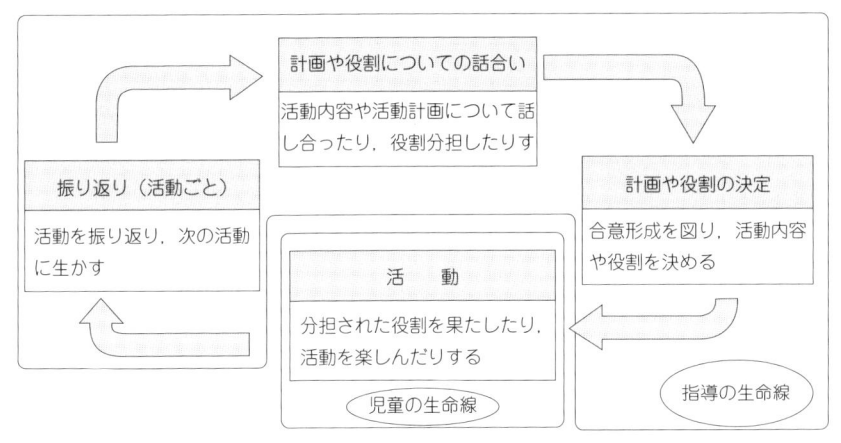

図9-1　クラブ活動の学習過程（例）

（出所）　文部科学省（2017）「小学校学習指導要領解説　特別活動編」。□と⬭は筆者。

てるための「学習過程」を，子どもの一連の「学習過程」（図9-1）に組み込み，重ねるのである。『計画や役割についての話合い』〜『計画や役割の決定』と『振り返り』に育てる「学習過程」を重ね，そこを指導の生命線とする。

　注目したいのは，生命線としたところが「話合い」の形態になっていることである。子どもたちが自身で進める「話合い」が指導のポイントになる。

（3）「話合い」で人間関係と自発的，自治的に進める力を育てる

　クラブ活動指導において「話合い」を育てるポイントを4点挙げる。

■ポイント①「話合い」の文化をつくる

　まず「クラブではみんなで話し合って決めていく」という文化，共有価値つまり"当たり前"をつくることである。初期の段階から効率が悪くても話合いで決めることを"当たり前"にする。話合いは人間関係を育てる最強ツールであるとともに，自発的，自治的に活動するための基礎的スキルである。

　次に，子どもたちが安心して声を出せること，互いの思いや願いをのびのびと出し合える雰囲気（これも文化だ）づくり，人間関係づくりを進めていく。クラブ活動の出発点から意識して，「居場所づくり」を心掛け，心を開いて思

いや願いを出し合える場をつくることに専心したいものである。

■ポイント② 「よりよく」をめざす高いゴールイメージづくりを

　話合いでは低きに流れる雰囲気になりやすい。「よりよく，より楽しく」の姿勢を醸し出したい。計画や運営についての話合いにおいて前向きな向上心をもたせたい。ゴールイメージを高めにすることである。困難や苦労，練習や努力がないと達成できないゴールをもたせることがポイントだ。いい場がある。

■「年間活動計画」作成の話合い

　出発時における年間活動計画づくりの話合いがチャンスである。クラブ活動の成果を発表し合う「クラブ発表会」を生かす。ゴールにする。適度に高いイメージを年間活動計画づくりの場で共有させるのである。楽しむ活動が，ハレ舞台での発表に向け「よりよく」をめざし努力する意味合いを帯びるようにする。「楽しむ」の内実に「努力する」を仕込み，話合いの基調をつくること。

■ポイント③ 「異年齢」を生かす

　異年齢構成による学年・発達の差，知識や技能の差，体験の違いなどはみなやりにくさになるが，意義は大きい。差や違いを大切にし，のり越えて合意をめざす話合いの仕方，協力の仕方・あり方などについて学び合う場となる。同じ楽しみをもつ者同士（同好の児童）の話合いなので無理がない。差や違いが前提のチームで競い合う，下級生がイニシアチブをとる逆転の発想をする，上・下級生がそれぞれよさを発揮できる共同制作をする等々，多様な工夫が生まれるだろう。というより，そうなるように適切に指導をすることである。

■ポイント④ 振り返りと課題解決，問題解決

　活動後の振り返りにおける話合いに３つのタイプがある。１つは自身との対話である。体験したことや学んだことを「活動記録カード」に書きながら自身をみつめ成長を感じ取る。その見つめた結果の共有がもう１つ。伝え合い，シェアリングする。他者とかかわって感じたよさや感謝，意欲などを交流し合

う。

　もう1つ，活動を振り返って見えてきた課題，改善の必要な事柄などを出し合うことである。ここがポイントだ。対応が必要であれば話合いをもつ。資質・能力を育てるチャンスだ。話合いによる解決に課題解決と問題解決がある。

■課題解決と問題解決

　課題解決と問題解決，どちらも子どもにとって適度な「壁」であることに注目したい。前に進むには，知恵や思いを交流し合意形成をめざす話合いをするしかない，というように「壁」を仕掛ける。それが「指導の論理」のやり方だ。

　課題解決は，計画や活動内容，運営などについて「もっと○○（「楽しく」「仲良く」など）したい」と改善，向上を思ったときなどに見えてくる課題を解決しようとするものだ。楽しむために課題を話合いで解決する力を磨くので「楽しむ」と「育てる（力をつける）」が重なることになる。成長点になる。

　問題解決は，活動に何か出来事があって，「○○に困っている人がいた」とか「○○を何とかしないともっと悪くなる」など対応策や解決策が必要な状況が生まれたときが典型である。いまある資質・能力や態度，人間関係，クラブを包む雰囲気（文化），実行力などがリアルに総合的に試練を受ける。大きな成長点になる場合がある。適切なトラブル（必ずある）はチャンスである。

3　クラブ活動の現状と課題

（1）クラブ活動の現状

■「子どもの世界」は護られているか

　注目すべきは1点。"楽しい子どもの世界"が護られているかだ。次の3点で現状をみる。〈活動内容を決めるのは自分たちだと思えるか。〉〈「楽しい」と思えるか。〉〈異学年の仲間と交流できていると思えるか。〉日本特別活動学会研究開発委員会がその視点で調査した（図9-2）。

　違う学年と積極的にかかわると肯定的に答えた子どもが76%，活動を自分で決めるは82.3%。仲間と協力して楽しむは実に91.5%だ。どうやら，子どもた

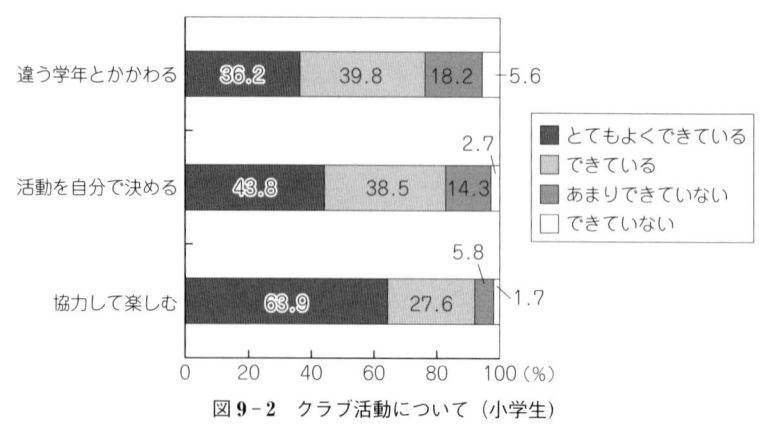

図 9-2 クラブ活動について（小学生）

（出所）　日本特別活動学会研究開発委員会「小学生用アンケート」（2013年 2 月）（日本
特別活動学会・第23回福岡大会配布資料）より。

ちの“楽しい子どもの世界”は護られているようだ。教師も子どもも頑張っていると言いたい。ただし，子どもの意識の上でのことだ。環境は厳しい。

（2）クラブ活動の課題

クラブ活動指導における課題を 4 点挙げる。

■課題①「実施時数」の確保

時数は,各学校が必要と思われる年間，学期ごと，月ごとなどに適切に設定するとされ，標準がない。現状は表 9-1 にあるように厳しい。年間10時間に満たない学校が43.6％。15時間以内で約80％だ。“楽しい子どもの世界”は厳しい現状の前に“夢の世界”になりそうだ。 1 回を45分＋15分とするなど維持に努力している学校も多いが，今後は時数確保がもっと厳しくなる。最大級の課題である。その中で子どもたちは楽しみ，頑張っているのである。

■課題②「外部講師，ボランティア」の活用

家庭や地域から外部講師，ボランティアを招聘する動きは大きなうねりとしてある。外部人材の活用により活動の専門性や多様性が高まり，地域との信頼

表9-1 クラブ活動の年間授業時数（小学校）（平成27年度）

授業時数	5以下	6～10	11～15	16～20	21～25	26～以上
学校数の割合（小学5年）%	3.2	40.4	35.2	18.1	2.6	1.1

（出所）　文部科学省（2016）。

関係構築に役立つ。伝統芸能や祭り・行事，地域の課題解決などに参加することは，子どもにも地域にとっても意義がある。そこで，ア）子どもが主人公であることの徹底，イ）育てたい資質・能力の共有が大切である。ここを課題として今後さらなる活用を工夫したい。

■課題③「自己実現，キャリア教育」「他教科，道徳科」との関連

　興味・関心の追求を楽しむ活動を自己理解や夢の追求，進路選択，自己実現などキャリア教育につなげること。あるいは教科や道徳科での学びとクラブ活動での学びとが双方向で好影響を生むようにすること。これらは大切なテーマではあるが，年間指導計画作成上の工夫レベルにされやすい。実質的な働きかけ，指導が課題である。

■課題④「この指止まれ方式」でクラブ設置

　大げさだが"21世紀型人間関係づくりスキル"を磨くやり方として注目している。クラブ設置の「この指止まれ方式」では，子どもが不特定多数に呼びかけ成員を集め，目的の集団を自分でつくる。一人も来ないリスクがある。"集団をつくる力"が鍛えられる。

　やり方（文部科学省・国立教育政策研究所・教育課程研究センター 2015：84）は〈1〉高学年の児童が年度末に設置したいクラブを考えて宣伝し，希望者を募る。〈2〉設置希望クラブ一覧表を掲示する。〈3〉希望する児童は自分の名前ラベルを表の希望クラブ欄内に貼る。〈4〉期限内で途中の変更を認める。〈5〉最終日，人数などの条件を満たしたクラブが成立する。適度に"市場原理"の働くところがおもしろい。このような新しい工夫が求められている。

4　部活動の指導

（1）部活動（中・高校）の変遷と改訂の注目点

① 部活動の学習指導要領上の変遷

　1947（昭和22）年に「自由研究」という教科の発展としてクラブ活動が生まれ，1951（昭和26）年には中学校「特別教育活動」で活動内容が明示され，高校でも週あたり1単位時間が望ましいとされた。1960（昭和35）年では中・高で「全生徒が参加することが望ましい」とされたが，時間数の規定はなかった。1969（昭和44）年の中学校，1970（昭和45）年の高等学校の学習指導要領改訂において初めて生徒が毎週1時間の活動を行う全員参加の「必修クラブ」となった。そして中・高では必修クラブと別に，教育課程外の時間（放課後）に「課外クラブ」いまの部活動が設置された。ここからクラブ活動と部活動が併存していく。約30年続くことになる。

　1989（平成元）年の中・高校学習指導要領で転機を迎える。教育課程外の部活動の参加をもって教育課程内のクラブ活動の履修に代替えできる「部活代え措置」が示されたのだ。多くの学校で代替え措置が実施され，時間割枠からクラブ活動の消える学校が増えていった。そして，1998（平成10）年の中学校，1999（平成11）年の高等学校の学習指導要領改訂において代替措置が廃止となる。これによって中・高校からクラブ活動が消える。なお，1998年には小学校で「必修クラブ」を維持しつつも，週1時間実施の規定が削除される。このことが先の実施時数確保の課題につながっている。

② 学習指導要領・総則の注目点

　1998年の改訂で代替措置廃止となり，中・高等学校学習指導要領でクラブ活動との関連で言及されていた部活動についての記述が消えてしまう。2009年，中央教育審議会答申が部活動に関して教育課程に関連する事項として，学習指導要領に記述することが必要だと指摘する。同年「総則」で記述が復活し，今次2017年の改訂でも趣旨は継続される。どう記述されているか，1998年の文章

を基に2017年版において加筆されたところを『　』で示す。末尾に注目点がある。

> 『教育課程外の学校教育活動と教育課程の関連が図られるように留意するものとする。特に，』生徒の自主的，自発的な参加により行われる部活動については，スポーツや文化及び科学等に親しませ，学習意欲の向上や責任感，連帯感の涵養等『，学校教育が目指す資質・能力の育成』に資するものであり，学校教育の一環として，教育課程との関連が図られるよう留意すること。その際，地域や学校の実態に応じ，地域の人々の協力，社会教育設や社会教育関係団体等の各種団体との連携などの運営上の工夫を行『い，**持続可能な運営体制が整えられるようにするものとする。**』
> （太字は筆者）
>
> （中学校学習指導要領，第5，1，ウ，2017）

外部との連携について「持続可能な運営体制」が新たに強調された。改訂の重要な注目点だ。中学校指導要領解説・総則編では，部活動は「一定規模の地域単位で運営を支える体制を構築していくことが長期的には不可欠」とされ，「教員の勤務負担軽減の観点も考慮しつつ～（略）～各種団体との連携などの運営上の工夫を行うこと」と規定している。現状の課題（後述）が反映している。

（2）部活動の意義と本質

部活動の意義について考える。それは，部活動は理念において人間性形成にどんな影響をもつか考えることにつながり，部活動本来の意味，「本質」を考えることに行き着く。このことについては筆者の論述（橋本 2010）があるので参照にする。

部活動の本質は，一言で強調すれば，「夢中になってがんばる時間」だと言い表すことができる。2つの「夢中」と2つの「がんばる」が統合されている。

①「夢中」

第一の「夢中」は，意欲を燃やす対象をもち，そこに全身全霊に打ち込むこと，エネルギーを集中させて取り組むことである。この自ら打ち込むところに

本質があると考える。「夢中」の時間は何ものにも替えがたい「今を生きる（＝青春を生きる）」時間になる。また，仲間と打ち込む時間を継続するなかで，個々人が個性を発見したり互いに理解し合ったりすることにより，学校生活を生きがいや潤いのある充実したものに感じる時間になる。かけがえのない時間だ。

　第二の「夢中」は，同じ興味・関心や目的，価値等を共有する集団として自発的，自治的に取り組むことに懸命になることである。あるいは人間関係を維持し強め，志気が高まるよう懸命に努めることである。練習や試合や対外的な発表やイベント・行事などについて計画・立案，運営・調整，実施・遂行など取り組むべき課題を自発的，自治的に，しかも部として盛り上がるように，こなしていかなければならない。一人一人の自覚と責任。そして人間関係と自治的な運営。これらのセットが不可欠である。ここに本質がある。

② 「がんばる」

　部活動は，興味・関心の追求をしながらも，個人としてあるいは集団として，技能等において少しでも向上・上達し，よい成果を示すことが最大の関心事となる。ここに本質がある。次の２つの「がんばる」の源泉である。

　第一の「がんばる」は，個々が自己の個性や能力を存分に発揮し，その集団の中で一定の地位を獲得しようと精一杯努めることである。同時に，集団としても目標を一つにして互いに切磋琢磨したり支え合ったりしながら精一杯の努力をすることである。勝利のために，めざす成績や表現のために，個々の生徒は苦しい練習に耐えていく。「がんばる」は人生，最大級レベルかもしれない。

　しかし，そのがんばりが思うような成果を上げるとは限らない。現実の重さ，厳しさにつぶされそうになるリスク（後述する）もある。逆に，そこからくる辛さ，苦痛があるからこそ，生き方・あり方にかかわる学びが進む。のり越えたときの感動や達成感，仲間との友情・絆などは終生忘れられないものになる。

　第二の「がんばる」は，所属した部に対して責任感と義務感をもち，その集団のルールや規範に準じて責任ある行動をとるよう努めることである。また，異年齢の先輩やコーチ，顧問教師，外部講師と礼節をわきまえた態度，行動を

とるように努めることである。自分勝手な行動は部内で規制を受ける。ここに本質がある。それ故に，部活動を通して人間形成にとって，また社会の一員として必要なルールや規範を習得することができるのである。

　このような「夢中になってがんばる時間」がもたらす影響力は，教育課程外ながら他の教育活動に比べて圧倒的な強さをもっている。多くの生徒にとって事実だ。これを認めた上で部活動の『負』，リスクと課題について考える。

（3）部活動のリスクと課題

　上記の部活動の意義や本質は，生徒にとってマイナスに働くリスクを生む場合がある。それが協調されて「ブラック部活」と言われたりしている。一方，昨今教師側にとっての課題も大きく取り上げられている。部活動指導の側面と『働き方』としての側面の両方から問題とされ，同じく「ブラック部活」問題と表現されている。

　部活動は曲がり角にある。もう曲がって，変化が始まっている。

① 部活動のリスク（生徒側）

　まず留意しなければならない常識レベルのリスクを3つ挙げる。ア）「学習と部活動の両立」が崩れること。イ）「怪我」が多いこと。ウ）「挫折」が内面に起こること。「夢中になってがんばる」の裏側にあるリスクに対し，細かな配慮や危機管理が求められる。

　ここで大きなリスクを2つ取り上げる。ひとつが「ブラック部活」といわれるパワハラと「体罰」。もうひとつが「いじめ」である。

　ブラック部活　顧問教師による人格を否定するような暴言や体調を崩すほどの長時間拘束など「部活動ハラスメント」が深刻化している。2016年8月1日の NHK「クローズアップ現代」で取り上げられ，「ブラック部活」が話題となった。エスカレートする暴言により不登校になるなど暴力，暴言で苦しみ傷付く切実な例がある。止めたくとも居場所を失うことを恐れ，SNS で「逃げた」とされ，逃げ場がない。

　暴力は表面化すると「体罰」になり，非違行為として処分対象となる。部活

動における体罰はしばしば報道されるなど後を絶たない。背景に勝利至上主義がある。また，顧問の指導力不足，人権感覚麻痺，卒業生がコーチになり繰り返す負の連鎖なども指摘されている。脱「ブラック部活」を図るために勝利至上主義や精神修業文化の名残を断ち切りたいが，まだ「曲がり角」は曲がっていない観がある。

　いじめ　先に述べたように，共に夢中になってがんばる仲間との濃い人間関係はしばしば「いじめ」を生むことがある。ルールや規範からはずれた，無責任だ，非礼な態度・行動が目立つ，自分勝手な行動をするなどに対して向けられる内部規制の圧力も「いじめ」を生み出しやすい。協議会やコンクールの勝敗や成績の責任を問う場合もそうである。また熱心な練習や熱い指導がしばしば度を超えて「いじめ」になることがある。リスクは常に存在する。

　部活動の担当教師は以上のようなリスクに備え，危機管理の考え方をもって指導や運営にあたることが求められる。そして，何かあれば指導力不足と人間性とりわけ人権感覚を問われる現状のなか，多くの教師は懸命にがんばっているのである。しかし，部活動をめぐって大きな課題が生じている。

② 部活動の課題（教師側）と対応
　部活動を指導する側の「ブラック部活」という課題である。制度上の問題として大きく取り上げられるようになった。問題は 3 つある。「教師の負担過剰」と「専門外の指導」と「手当なしのボランティア化」である。
　教師の負担過剰　土日返上。そして長時間労働，OECD 調査で課外活動が7.7時間と日本は突出して高い。授業準備や教材研究，その他の仕事が夜間にならざるを得ない。このような過剰負担を強いられ，過労状態だという実態がある（国立教育政策所 2014）。
　専門外の指導　校務分掌として当たり前に部活を担当する現状では，未経験で専門外の部活を担当することが起きる。運動部担当だが保健体育と関係なく競技経験のない教員の割合が中学校で45.9%，高校で40.9%と半数近い（日本体育協会 2014）。顧問は指導力不足の克服を求められる。辛い。

手当なしのボランティア化　平日の早朝，放課後の部活動指導に手当は付かない。休日に4時間程度指導すると日額3千円程度が支給される。ないようなものだ。「部活動はボランティアだと思えばよい」の声が広がっている。

　このような実態は従来から問題視されてきたが，うねりになっていなかった。昨今の「働き方改革」の波に押されて大きくクローズアップされてきた。負担軽減に向けた試みが始まった。曲がり角を曲がり始めた。

③ 課題への対応

(1) 地域のスポーツクラブなど各種団体と連携し，外部指導を常態化する，場合によって学校から完全移行するなどの動きが始まっている。「総則」の「持続可能な運営体制」や「教員の勤務負担軽減」はこのような動きを意味している。

　　部活動のイニシアチブは学校か，地域・外部か，どっちがとる？　という選択とバランスの時代になる。

(2) 「部活動指導員の制度化」が2017（平成29）年4月から始められている。部活動指導員は「校長の監督を受け，部活動の技術指導や大会への引率等を行うことを職務とする」。地域の外部指導者を活用する道が開いた。しかし，予算や人材確保の面で難しいところがあり，まだ負担軽減の効果の実感は広がってない。

(3) 「部活休養日」の設置が進み始めた。たとえば佐賀県は毎月第3日曜日を県下一斉に部活動休養日とすると通知した。このような自治体が長時間練習や土日練習などについて規制する動きが始まり，加速する観がある。

　今後も，部活動は人間性形成に大きな影響力をもつ。この意義を失うことなく活性化させるためにどうあればよいか。大いに議論が活性化してほしい。

引用・参考文献
日本体育協会（2014）「学校運動部活動指導者の実態に関する調査」
橋本定男（2010）「クラブ活動・部活動と人間形成」山口満・安井一郎編『特別活動

と人間形成』学文社。

文部科学省（2016）「平成27年度　公立小・中学校における教育課程の編成・実施状況調査の編成について」。

文部科学省（2017）「小学校学習指導要領」文部科学省 HP。

文部科学省（2017）「小学校学習指導要領解説　特別活動編」文部科学省 HP。

文部科学省（2017）「中学校学習指導要領」文部科学省 HP。

文部科学省（2017）「中学校学習指導要領　特別活動編」文部科学省 HP。

文部科学省・国立教育政策研究所・教育課程研究センター（2015）指導資料「楽しく豊かな学級・学校生活をつくる特別活動　小学校編」。

国立教育政策所編（2014）『教員環境の国際比較——OECD 国際教員指導環境調査（TALIS）2013年調査結果報告書』明石書店。

運動部活動の在り方に関する調査研究協力者会議（2013）「運動部活動の在り方に関する調査研究報告書」（運動部活動での指導のガイドライン）

（橋本定男）

第10章

児童・生徒の自主的態度を育む学校行事

　学校生活で印象に残っている出来事に，卒業式，文化祭，体育祭（運動会），修学旅行，職場体験などの学校行事を挙げる人は多い。それは，様々な学校行事での自主的な体験活動を通して，仲間と協働して課題を乗り越えた喜び，自己の成長を実感した嬉しさ，集団で活動した楽しさなどの感動が，忘れられない思い出となって甦るからであろう。

　学校行事は，学級活動や生徒会活動などと同様，よりよい学級・学校生活をめざした集団による自主的な実践活動である。児童・生徒（以下，生徒）の発意発想を大切にした活動である点においては性格を一にするが，学校行事は，あくまで学校が計画実施する行事に，生徒が積極的に参加する体験的な活動であるところにその特質を有する。言わば，教師と生徒の双方が共につくりあげるのが学校行事であると言える。学習指導要領の「生徒（児童）会活動」の項には，その内容の一つとして，「学校行事への協力」が明示されている。

　本章では，学校行事の5つの内容ごとに，各学校で行われている実際に即して具体的に述べる。

1　自主的態度を育む儀式的行事

（1）儀式的行事のねらいと内容例

　儀式的行事は，一般的に全校の生徒および全教職員が，一堂に会して行われる。たとえば，卒業式においても，卒業生と在校生と教職員の全員が式に臨むのが本来である。しかし，学校規模によっては，保護者や来賓などの参列のために，生徒全員が式場に入りきれないことが生じる。その場合，やむをえず上級学年が在校生代表として式に参列しているが，これは便宜的措置であって，あくまでも全員が一堂に会するのが儀式的行事である。

図 10 - 1　入学式「新入生代表　喜びの言葉」

　儀式的行事のねらいは，「学校生活に秩序と変化や，折り目をつける」「新しい生活への希望や意欲をもたせる」「厳かな機会を通して，規律や気品のある態度を育てる」などに集約される。

　行事の内容例としては，上記の卒業式をはじめ，入学式，始業式，終業式，修了式，周年儀式，離任式，着任式などがあり，ほぼすべての学校で実施されている。特別な例として閉校式，開校式，追悼式などが含まれる。

　入学式は，卒業式同様，式場に全生徒が入りきれない場合，新2年生が在校生を代表して参列することが多い。小学校では，その新2年生が歌や演奏や呼びかけで，場を和ませると同時に，新入生に，学校生活への夢や希望を抱かせる効果をあげている。

　各学期の初日に実施するのが始業式で，最後の日に実施するのが終業式である。が，3学期または後学期の最後の日は，その学期の終業と同時に1年間の学びの修了でもあるので，終業式とは呼ばず，修了式と称している。卒業生を除く全生徒が参列し，代表者が修了証書を学校長から受け取る。

　周年儀式は，学校の創立記念日を祝う行事ではあるが，毎年の創立記念日とは異なり，50周年，100周年など，創立来の節目となる歳を寿ぐ儀式である。生徒だけでなく，地域住民，保護者，旧職員が会して学校の歴史と伝統を慶び，学校のさらなる発展や自己の成長を決意する行事である。

　年度の始めに，当年度から勤めることになった新転任の教職員と生徒との顔

図 10 - 2　卒業式「卒業証書授与」

合わせが着任式で，年度の終わりに，転退職する教職員とのお別れが離任式である。年度の途中での教職員異動は，全校朝会や全校集会で紹介するのが，一般的となっている。なお，離任式を年度末に実施する場合は全生徒が，次年度の初めに行う場合は 1 年生を除く生徒が，参加対象となる。

（2）自主的態度を育む実際例

　儀式的行事には，学校生活に秩序と変化をもたらし，学校生活への充実と発展を期する思いを喚起させ，学校や学年集団への所属感と連帯感を味わわせるねらいがある。しかし，ともすれば学校側が主催設定する色彩が濃くなり，生徒にとって，やらされている感覚の行事になってしまい，そのねらいが十分達成できないことが生じる。そのために，一つ一つの儀式的行事の事前指導で，生徒にその意義やねらいを十分理解させ，自主的，積極的に意欲をもって参加できるような工夫が望まれる。

　たとえば，卒業式に向けて，生徒の手による卒業実行委員会を組織し，呼びかけに入れる言葉や，式で合唱する歌を生徒から募るのも，その手立てのひとつである。卒業式に向けての気運を教師と生徒が一緒になって盛り上げていくことが，ねらい達成の鍵を握ると言える。卒業式では，巣立つ喜びと別れの寂しさから，挙行中に涙する生徒が出たり，「旅立ちの日に」などの卒業ソングを情感込めて歌い上げたりする光景は，まさに卒業式の意義を理解したうえで，

自主的，実践的に式に臨んだ現れといえる。

　始業式や終業式で全校生の前に立ち，新学期への抱負を発表したり，自己の成長を振り返って語ったりする場面を設けるのも，生徒の自主的態度を引き出す工夫の例である。こういった工夫や手立ての積み重ねが，やらされる儀式的行事から，自ら取り組もうとする儀式的行事へ，意識の向上をもたらすことになる。

2　自主的態度を育む文化的行事

（1）文化的行事のねらいと内容例

　文化的行事は，文化的な活動を学級，学年，学校の仲間と協働して取り組むことによって，数々の感動を味わい，集団への所属感や連帯感を深める行事である。

　文化的行事のねらいは，ひとつには，「協力して美しいもの，よりよいものを作り出す」と，「互いに発表し合って，自他のよさを見つけ合う」であり，いまひとつは，「芸術的なものや伝統文化に触れ，豊かな情操を養う」である。そして，この両方が相まってのねらいが，「生涯にわたり，文化や芸術に親しむ態度・能力を育てる」ことである。

　前者は，日頃の学習や活動の成果の発表と相互鑑賞である。その内容例としては，文化祭（学園祭，学校祭），文化発表会（学習発表会），学芸会，音楽祭（合唱祭），作品展（展覧会），読書発表会などがあり，名称や時期，時数は，各学校の裁量に任せられている。

　後者は，外部の文化的な作品や催しの鑑賞などである。その内容例としては，音楽（合唱，演奏）鑑賞，映画・演劇鑑賞，伝統芸能の鑑賞，講演会，美術（絵画，工芸，書道）鑑賞などがあり，いわゆる本物の文化芸術に触れる活動である。校外へ出かけて鑑賞することもあれば，校内に招いて鑑賞することもある。

図10−3　文化祭「作品の相互鑑賞」

（2）自主的態度を育む実際例

　文化的行事のうち，文化祭や合唱祭などは，その事前・事後の活動も含めて，比較的長期にわたっての取り組みとなることが多い。学校行事の年間指導計画の作成にあたっては，同一月に文化祭や体育祭などの大きな行事が重ならない，複数の文化的行事が連続しないなど，生徒の負担が過度にならない配慮が必要である。

　文化的行事の中で，各学校の特色，校風，伝統が色濃く表れるのが，文化祭である。各校で，アイデアを凝らした取り組みが展開されるが，多くの場合，生徒会や文化祭実行委員会などが，企画の一部を委ねられ，その推進に中核的な役割を果たしている。生徒会や文化祭実行委員会のメンバーが，何度も話合いを重ね，学校の伝統を受け継ぎながらも，各学級・各学年の意向を確認して，その年の独自性を取り入れたプログラムを創り上げる。この過程の密度が濃いほど，文化祭に取り組む生徒の自主性，主体性が高まり，終了後の達成感，成就感をより味わわせることになる。

　文化祭は，各教科で学んだこと，身に付けたことなどの総合的な発表の場である。国語，社会，美術，技術家庭などの教科学習で仕上げた作品を展示したり，総合的な学習の時間で課題探究した成果や，修学旅行など学校行事での活動報告を掲示したり，舞台発表で披露したりする活動が中心となる。学年学級ごとの出しもの（たとえば，３年は劇，２年は研究発表，１年は創作作品な

図 10-4　合唱コンクール

　ど）, 各部活動の活動成果の発表（吹奏楽部, ダンス部, 演劇部, 合唱部などの舞台発表, 科学部, 美術部などの作品発表, 茶道部, 調理部などの出店発表）, 委員会活動の活動報告, 希望者によるパフォーマンス, モニュメントやオブジェの装飾など, 多種多彩の工夫ある取り組みで, 雰囲気を盛り上げる試みが生徒の発意発想によって展開される。

　指導者としては, この発意発想を尊重することが大切で, 指導は, 安全面や, 自治的活動の範囲の確認にとどめ, 温かく見守る姿勢に徹することが, 生徒の自主的態度を育むことになる。

　合唱祭（合唱コンクール）では, 自由曲を何にするのか, 指揮者やピアノ伴奏者は誰がするのか, パートの分担はどうするのか, 練習時間はいつにするのかなど, 生徒が話し合うことが続出する。加えて, 練習に参加したがらない仲間にどう声掛けするか, 如何にみんなの心を一つに結集するかなど, 本番に向けていくつものハードルがある。時には, もめごとや衝突も生じるが, ここでも, 人権に関する問題以外は, 生徒が自らの力で解決する過程を見守ることが, 自主的態度の育成につながる。結果として優勝できなくても, 生徒に達成感, 成就感, および連帯感, 一体感を抱かせることになる。

3　自主的態度を育む健康安全・体育的行事

（1）健康安全・体育的行事のねらいと内容例

　健康安全・体育的行事は，健康や安全に関する知識を高めるとともに，運動や体育の活動に，学級，学年，学校の仲間と協働して取り組むことによって，数々の感動を味わい，集団への所属感や連帯感を深める行事である。

　健康安全・体育的行事のねらいは，ひとつには，「自己の発育・発達や健康状態を把握する」と，「健康で安全な生活を送る意欲や態度を養う」であり，いまひとつは，「運動に親しむ資質や能力を育てる」に大別される。そしてこの両方が相まってのねらいが，「生涯にわたって，健康に関心を持ち，運動を実践する習慣の契機とする」ことである。

　前者は，健康安全に関する意識や態度を高める行事である。その内容例としては，健康診断，身体測定，避難訓練，防災訓練，防犯指導，薬物乱用防止指導，交通安全指導などがある。

　後者は，身体の健康発達を増進し，運動への関心を高める行事である。その内容例としては，体育祭（運動会），水泳大会，球技大会，駆け足大会（マラソン大会），スポーツテスト，他校との競技会などがある。

（2）自主的態度を育む実際例

　健康安全・体育的行事の代表的な行事は，体育祭（運動会）である。学校によっては，文化祭と合わせて学園祭（学校祭）として実施しているところもあるが，学校行事の中でも，最も大きな行事のひとつであることには違いない。5，6月ごろに実施している学校もあれば，9，10月ごろに実施している学校もある。学校行事ではあるが，地域を挙げての体育祭として根付き，地域の一大イベントとして定着している場合もある。

　ここでも，生徒会活動がその機能を発揮して，体育祭が円滑に進行するための一翼を担っている。まず，生徒会では全校生から体育祭のスローガンを募り，生徒全員が総力を挙げて，そのスローガンを意識した体育祭をつくり上げよう

図 10 - 5 体育祭「組み体操」

とする。さらには，生徒会の各委員会も，それぞれの性格を生かした活動で，体育祭の運営に携わっている。たとえば，運動委員会が準備係を，放送委員会が司会係を，保健委員会が救護係を，美化委員会が整美係を，掲示委員会が得点版係を担当するなどである。飼育委員会，図書委員会，栽培委員会など活動の性格が体育祭の係として馴染みにくい場合は，決勝審判，採点などの係を担当して遂行する。一人一人が責任をもって自主的に取り組むことによって，自己有用感を感じさせる効果がある。また，開閉会式での役割を生徒議会のメンバーが，分担して務めることも多い。

　体育祭のプログラムは，各学校で工夫された内容で構成される。一般的には，徒競走・障害走，団体競技，団体演技，リレーなどが盛り込まれる。個人競技であったり，学級対抗であったり，学年対抗であったりするが，各学年を縦割りにして色別の団を編成し，団対抗で競い合う形を採り入れている学校も多い。応援団を組織し，団別に応援の練習をしたり，応援旗を作成したりしながら，学級集団の，あるいは縦割り集団の一体感を感じさせるとともに，人間関係の形成力を育む。とりわけ，運動の得手不得手にかかわらず，励まし合い，助け合い，支え合いながら，仲間と協働する素晴らしさを体感することができる。

　なお，体育的行事は，勝敗を競ったり，美しく出来上がったものを披露したりすることを至上にするがあまり，安全面での指導，配慮がしばしば問題となって指摘されている。ムカデ競走や組体操での怪我や事故の多さは，統計が

示している。確かに，組体操は，生徒の団結力や連帯感を強め，成就感，達成感を味わわせるには最適の演技であり，保護者や地域からの期待や要望も強い。何よりも，生徒自身が意欲的でもあるし，出来上がった時の感動や一体感は何物にも代えがたい。しかし，体育祭で生徒の自主的態度を育むといえども，安全が最優先であるので，組体操の塔やピラミッドの高さについては，慎重な検討と配慮のもと，生徒との共通理解を図ることが望まれる。

4　自主的態度を育む旅行・集団宿泊的行事

（1）旅行・集団宿泊的行事のねらいと内容例

　中学校および高等学校の学習指導要領では，「旅行・集団宿泊的行事」という名称が用いられ，小学校の学習指導要領では，「遠足・集団宿泊的行事」という名称が用いられている。しかし，中高学校でも遠足を実施する学校はあるし，小学校でも修学旅行に代表されるように旅行は実施されている。そのため，学習指導要領では，その内容について，ほぼ同じ文言で記述されている。

　旅行・集団宿泊的行事のねらいは，「豊かな自然や文化に触れる体験をし，学習活動を充実・発展させる」「校外での集団活動を通して，相互の人間的なふれあいを深める」「社会生活上のルールや公衆道徳を身に付ける」などに集約される。

　内容例としては，遠足，修学旅行，自然体験教室，一泊移住，卒業遠足，野外活動，移動教室（社会見学，宿泊学習）などがある。校外に出かける学習でもあるので，各学校で創意工夫された特色のある行事が計画されている。名称，目的地，実施時期，所要日数，活動内容などは，各学校の裁量によるが，生徒の自主的な態度を引き出せるような内容で展開されている。

　なお，夏季休業日中に行われる林間指導（林間学校）や臨海指導（臨海学校）などは，長期休業日中の実施であることから，学校行事としては位置づけず，学校行事に準じる行事としている。全員参加が前提ではあるが，多くの場合，参加の希望を取る手順を踏んでいる。

図 10 - 6　自然体験教室「カッター漕艇」

（2）自主的態度を育む実際例

　旅行・集団宿泊的行事は，生徒にとってとても楽しみな行事である。とりわけ，修学旅行など泊を伴う行事には，嬉々として参加する生徒が多い。しかし，当然のことだが，修学旅行は，娯楽や遊びではないし，物見遊山気分の観光旅行でもない。教育活動の一環として設定されている行事であり，上記（1）に示した教育的なねらいを達成するための行事である。

　近年の交通機関の発達によって，修学旅行の行き先は多様化が進み，学校の所在地からかなりの遠方まで出掛けることもある。昨今では，海外への修学旅行も珍しくはなくなっている。実施時期は，3 年が対象の場合は 1 学期もしくは前学期に，2 年を対象とする場合は 3 学期もしくは後学期に実施するのが，一般的である。

　修学旅行はその成果を実りあるものにするために，事前活動－当面活動－事後活動の一連の流れとして取り組むことが必要である。一連の活動を生徒の側からも推進できるように，修学旅行実行委員会を組織することも多い。

　事前活動とは，修学旅行の目的や行程の確認，目的地に関する風土，歴史などの調べ学習，生活班・活動班の編成と役割分担，現地でのグループ行動の活動計画などである。これらは，できるだけ生徒の自主・自発的な発想を採り入れることが肝要である。しかし，班編成においては，ともすれば既成のなかよ

図 10 - 7　修学旅行「折り鶴の献納」

しグループで固まってしまうことがある。班のメンバーをアトランダムに編成することによって，友達の新たな一面を発見したり，ふれあいを深めたり，友達の輪が広まったりする機会にしたい。

　当面活動は，修学旅行本番での活動である。現地での自然や文化に触れたり見学したり，現地の人々との交流を図ったり，語り部の話を聞いたりして学びを深める。グループで行動したり，実地体験をしたりして見聞を広めると同時に，協力や折り合いの大切さを体感しながら，相互理解や人間関係を確かなものにする。

　全員が無事帰校してからが，事後活動となる。修学旅行で学んだこと，感じたこと，体験したことを言語活動で振り返り，体験の成果を全員で共有する。壁新聞を作成したり，発表会で報告し合ったりして，まとめ学習をする。これは，学校行事をやりっ放しで終わらせるのではなく，その経験を日常生活に生かすうえで，欠くことのできない有効な活動である。

　修学旅行に限らず，泊を伴う行事には，多大の教育効果が期待される。入学後の間もない時期に，一週間の無人島生活を伝統的に採り入れている学校の取り組みなどは，その代表的な例と言える。

5　自主的態度を育む勤労生産・奉仕的行事

（1）勤労生産・奉仕的行事のねらいと内容例

　勤労生産・奉仕的行事は，学校行事の5つの内容の中でも，特別の教科道徳・総合的な学習の時間との関連が最も強い性格を帯びている。特別の教科道徳との関連では，内容項目「社会参画，公共の精神」，および「勤労」での学びが，実践に生かされる。

　勤労生産・奉仕的行事のねらいは，「勤労の尊さや意義を理解する」，「職業や進路の選択や，勤労観・職業観を身に付ける」「共に助け合って生きる人間として必要な社会奉仕の精神を身に付ける」などに集約される。

　その内容には，職場体験，各種の生産活動，上級学校や職場の訪問・見学，校内の美化活動，地域社会への協力，ボランティア活動，公共施設の清掃活動，福祉施設との交流などがある。

　これらは，勤労生産・奉仕的行事として年間計画に位置づけて実施する場合と，実際は総合的な学習の時間を用いているが，学校行事と同様の成果があるため，勤労生産・奉仕的行事と読み替えて実施する場合とがある。

（2）自主的態度を育む実際例

　勤労生産・奉仕的行事では，他の行事にも増して，一つ一つの内容に対して，生徒が明確な目的意識をもって臨む必要がある。

　生徒の成長に多大の影響を与えている勤労学習は，職場体験である。ほとんどの公立中学校の2年で実施している。1998（平成10）年に兵庫県が始めた「トライやる・ウィーク」の取り組みが，全国に広まり，自治体や学校によって2～5日間の職場体験を実施している。

　中学校単位で，趣旨に賛同する施設や事業所，企業，店舗，関係機関などを地域から募り，受け入れに協力を取り付けている。生徒の希望で体験先を決め，生徒自身が依頼して開始する形を講じている。生徒は，職場体験を通して，地域の大人との人間関係の接点や，職業観，勤労観を身に付けるきっかけを学ぶ

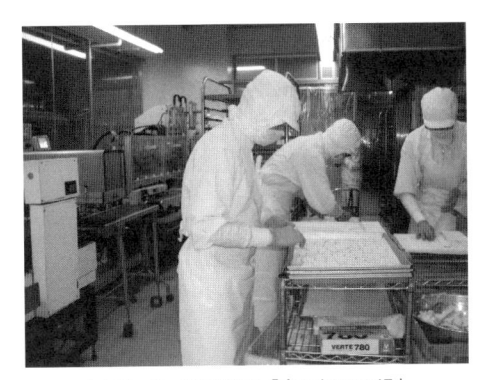

図 10 - 8　職場体験「食品加工工場」

ことになる。目的意識をしっかりもって，主体的に体験しようとする姿勢が，自主的な態度を育むことにつながる。

　生産活動では，学校や学年で取り組む栽培活動が考えられる。学習園でサツマイモの苗を植えて育て，収穫後に幼児を招いてお芋パーティをしたり，高齢者施設にプレゼントしたりするのが，その例に当たる。また，地域の人々の指導や協力を得て，借用した田畑で田植えや稲刈りを体験したり，農作物の生育を経験したりするのも，その活動のひとつである。四季折々に咲く花を育て，社会施設や公共施設を花で飾る活動を伝統にしている学校もある。いずれにしても，生産活動は，ただ単に栽培の苦労や収穫の喜びを感動的に体験するだけでなく，その活動を通して，地域との結びつきを深め，社会参画意識を高めるところに，勤労生産・奉仕的行事として位置づけられる意義があることを理解しておきたい。

　奉仕的行事には，ボランティア活動などの社会奉仕の精神を養う体験が得られるような活動が求められる。具体的には，地域の公園や駅などの公共施設，通学路や遊歩道，河川や海浜などの清掃活動が挙げられる。学校が単独で取り組むこともあるが，地域の人々と一緒に取り組んだり，近隣の小中学校と共に活動したりすることもある。学校と地域とを結びつける貴重な体験活動の機会になっている。ここでも，生徒会が活動の計画や推進の一部を担ったり，地域との連絡調整を学校担当者と共に行ったりすることによって，生徒が自主的，

図 10 - 9　地域清掃活動

　自発的な活動として取り組むことが可能となる。生徒会で清掃活動マップを作成したり，清掃個所の分担を協議したりして，生徒一人一人に，地域の一員としての自覚を抱かせることが肝要である。

　ボランティア活動で，地震や津波，豪雨などの災害時に，各学校が自主的に取り組む募金活動がある。予期せぬ災害に，社会の一員として何ができるかを考えて行動する尊い取り組みであるが，生徒の自発的，自治的活動であることから，生徒会活動として位置づけるのが妥当と考えられる。

6　学校行事の課題と展望

　学校行事は，学校生活を豊かな実りのあるものにする，非日常的な体験活動である。自然体験，文化体験，社会体験など様々な直接体験を集団で取り組むことによって，本物の感動を味わい，集団への所属感，連帯感を深めると共に，人間関係の形成力，自主的・実践的な態度，責任感・協調性を育成する極めて教育的価値の高い教育活動である。人間形成に与える影響も強い。

　しかし，その教育的価値が正しく評価されているかとなると，課題は多い。ここでは，代表的な課題を取り上げるとともに，今後の展望にも触れたい。

（1）学校行事精選の課題

　学習指導要領の改訂の都度，学校現場で取り沙汰されるのが，学校行事の精選の問題である。学校教育の主軸は教科学習であるというとらえ方から，教科外の教育活動が軽視されている傾向は否めない。生徒の学力向上を図るためには，もちろん教科学習が大切な教育活動であるのには違いない。しかし，教科の授業時数確保ばかりが優先されると，短絡的な発想で学校行事の精選に結びついてしまう。これでは，知徳体の調和のとれた生徒を育成するうえで危惧を禁じ得ない。

　一つ一つの学校行事の存廃や，ふさわしい授業時数を検討する場合の視点は，教育的価値や意義があるかないかである。教育的価値がない，もしくは少ない学校行事は，実施しなくてよいし，時数を減らせばよい。しかし，教育的価値の有る学校行事は，教科学習の時間確保が必要であるとしても，無くしてはいけないのである。

　かつて，ある自治体の教育委員会が，離任式を廃止する方向で，各学校に自粛を呼びかけ，多くの学校がそれに従ったことがあった。理由は，授業の確保や，経費の削減などであったが，生徒の成長を図るうえで，それは妥当だったと言えるのだろうか。

　極端にいえば，人生は出会いと別れの繰り返しで，そのたびに，人間は成長をしている。言わば，出会いと別れは，人生の機微である。多情多感で感受性の強い発達段階にある生徒の中には，お世話になった教職員との別れに涙を流す者もいる。生徒それぞれが，この時に抱く感慨や感情は，自己が大きく成長する瞬間であり，成長できる機会である。生徒が大きく成長する貴重な機会を奪ってしまっては，適切な教育とは言い難い。

　学校行事精選の視点は，あくまでも教育的価値，意義の有無にある。教科の授業時間数確保がどんなに難しい場合であっても，教育的価値，意義のある行事は削減してはならないのである。ちなみに，上記の自治体では，近年になって，離任式の教育的価値が再認識され，学校ごとに復活してきている。

（2）活動時間確保の課題

　学習指導要領によると，学校行事の時数については，生徒会活動と共に，内容に応じ，年間，学期ごと，月ごとなどに適切な授業時数を充てるとなっている。これは，学校行事で取り扱う内容は示すが，取り上げ方，具体的な中味，必要とする時数などは，各学校の裁量や工夫に任せるという意味である。それ故，学校によって学校行事に充てる時数に隔たりが生じている。さらに，脱ゆとり教育への転換以降，学校現場で取り組まなければならない教育活動が膨らんできていることが，その傾向に拍車をかける結果となっている。学校行事は，特色のある学校文化，校風，伝統づくりに直接的な効果があるので，各学校においては，生徒の実態などに即して，学校行事に必要とする時数の確保に努めなければならない。

　なお，総合的な学習の時間に取り組む活動で，学校行事と同様の成果が期待できる場合は，学校行事に読み替えることができるという，特例措置がある。この読み替えは，各学校の創意工夫によって，学校行事の時数確保に関してひとつの有効な手立てとなり得るかもしれない。しかし，本来，学校行事を含む特別活動と，総合的な学習の時間とは，往還的な関係にはあるものの，ねらい，意義，特質，内容はその性格を異にしている。このことをわきまえないと，両者の混同が生じ，それぞれの教育的なねらいが生かされない教育活動になってしまうので，留意する必要がある。

引用・参考文献

日本特別活動学会（2010）『新訂　キーワードで拓く新しい特別活動』東洋館出版社。
文部科学省（2016）『学級・学校文化を創る特別活動（中学校編）』東京書籍
文部科学省（2018）『中学校学習指導要領』東山書房。
文部科学省（2018）『中学校学習指導要領解説　特別活動編』東山書房。
文部科学省（2009）『高等学校学習指導要領』東山書房。
文部科学省（2009）『高等学校学習指導要領解説　特別活動編』海文堂。
渡部邦雄編（2009）『実践的指導力をはぐくむ特別活動指導法』日本文教出版。

（天野義美）

第11章

児童・生徒の自主的態度を育む
ボランティア活動

　この章では，まず，学校教育におけるボランティア活動の意義について考える。そのために，ボランティアという言葉そのものの語源にまで遡ってみたい。また，新学習指導要領で重視されている，カリキュラム・マネジメントを視野に入れた特別活動におけるボランティア活動について論じる。さらに，具体的なボランティア活動体験の事例などを通じて，児童・生徒の自主的な態度を育むボランティア活動について解説する。

　そして，具体的な事例をもとに，ボランティア活動の基本的な性格に則しながら，これからの特別活動におけるボランティア活動の課題について考察する。最後に，どうすれば，ボランティア活動が児童・生徒たちの自主的・主体的な活動となりうるのかを解説する。

1　学校教育におけるボランティア活動の意義

（1）学校教育，その特別活動におけるボランティア活動

　学校教育における特別活動では，体験的な学習，体験型学習が重視されている。ここでは，高等学校学習指導要領解説からみておこう。

> 　近年，ボランティア活動への参加，地域の文化団体やスポーツクラブなどへの参加など，人々の社会貢献や社会参加の機会が増えてきている。そのため，学校教育において社会貢献や社会参加を果たすために必要な知識や技能の習得，資質の育成が大切である。
> （高等学校学習指導要領解説　特別活動編，2009年〔以下，（特活編）と略す〕。）

　ここで提示されているように，学校でのボランティア活動は，「社会貢献や社会参加を果たすために必要な知識や技能の習得，資質の育成」であり，児

童・生徒の就学期間でのみ行われればよいという活動ではないことがわかる。むしろ、これからの時代は、生涯を通じて、小学生、中学生、高校生たちが連携して、ボランティア活動に携わっていくことがより一層求められる。

　児童・生徒一人一人が生涯にわたっての、何らかの社会貢献や社会参加を行いうるためにボランティア活動、奉仕活動に取り組んでいくことが、ますます大切となる。児童・生徒一人一人が、奉仕活動に取り組んでいこう、従事していこうとするための積極性・主体性・自発性を学校教育において育む必要があり、そのための教育が学校での特別活動における体験的学習であるということが理解できるであろう。

　児童・生徒が、ボランティア活動を一過性のものとして受けとめたりしないように、特別活動における体験的な学習によって、常にボランティア活動が継続的に行われるようにしなければならない。単に児童・生徒がボランティア活動のもっている本来的な意義を手段として獲得することのないようにするためにも、より深い学び、知識の習得、体験的な学びによる獲得が求められるのである。

　たとえば、地域での清掃活動としてのボランティア活動の取り組みは、継続的に定期的に行う必要があり、地域の人々との絆、信頼関係を深めていくためにも取り組んでいかなければならない活動である。

　このように地域での清掃活動に持続的に参加することによって、児童・生徒の心に「他人を思いやる心、互いを認め合い共に生きていく態度、自他の生命や人権を尊重する精神など」（特活編）が育まれるのであり、また、このような特別活動におけるボランティア活動を通じて、「よりよい社会づくりに主体的かつ積極的に参加・参画していく手段としても期待されている」（特活編）のである。

　しかしながら、学校におけるボランティア活動への取り組みが、児童・生徒たちにとっての一生涯につながっていくものであることを教師は常に自覚しなければならないが、その取り組みが、教師の児童・生徒への何らかの強制をともなった活動になっては意味がない。というのも、本来、ボランティア活動・奉仕活動は、自発的に、主体的に行われなければならないからである。

　次にそのことをボランティアという言葉の語源にまでさかのぼって考えてみよう。

（2）ボランティア活動という言葉，特別活動でのボランティア活動を考えるために

　ボランティア（volunteer）の語源は，ラテン語の「自由意志（Voluntas）」に由来したものである。そのことからフランス語では「喜びの精神（Voluntas）」，英語では「志願者，有志者（Volunteer）」という意味をもつに至った。志願するというのは，強制されない自発的な（voluntary）行いを含んでおり，ボランティア活動が，自発的な行為，あるいは，何らかの自発性に基づく社会的な行為とみなされるゆえんである。

　このことは，「ボランティア活動は，個人の自由意思を基本とし，自分の技能や時間等を進んで提供し，他人や社会に貢献する活動」（特活編）という言葉からもうかがい知ることができる。ボランティア活動は，日本語では「奉仕活動」と呼ばれたりするが，この奉仕の意味も自らが進んで，自発的に社会事業活動などに参加・参画していく人の活動を意味していることが多い。

2　カリキュラム・マネジメントを視野に入れた ボランティア活動

> 　ボランティア活動が，生徒会活動や学校行事，総合的な学習の時間などの活動や学習に発展していくことも考えられる。逆にそれらの体験や学習をきっかけにしてホームルーム活動として行うボランティア活動を自主的に企画・実行することも考えられる。
>
> 　　　　　　　　　　　　　　　　　　　　　　　　　　　　　（特活編）

　ここで示されているように，児童・生徒たちのボランティア活動の取り組みを「児童会活動」「生徒会活動」「学校行事（たとえば，遠足・集団宿泊的行事）」とし，その取り組みと「総合的な学習の時間」との関連を図るために，

カリキュラム・マネジメントによる年間計画が必要となる。

　さらに，学級活動やホームルーム活動などで「勤労生産・奉仕的行事に参加しての体験発表や話合い，生徒会活動の一環として行われるボランティア活動の取り組みをもとにした話合いなど」（特活編）を通じて，ボランティア活動が児童・生徒自身の主体的・自主的な活動，積極的な行為として自覚されることによって，児童・生徒自身の意識に刻まれていくのである。

　そして，児童・生徒がこのような話合いから，事後の振り返りによる体験の内面化や共有化・一般化を図ることによって，ボランティア活動そのものが生徒自身の在り方・生き方への指針となりうるような活動として認識されていくのである。

　このようなボランティア活動に対する児童・生徒たちの話合い，振り返りによって，次年度の学校におけるカリキュラム編成を含めた，学校行事や児童会活動や生徒会活動，総合的な時間などとの関連を十分図るために改善すべき課題が提示されるのである。

3　ボランティア活動体験から考える特別活動

（1）あるボランティア活動に携わった生徒の事例から

　一般的に，児童・生徒たちが具体的なボランティア活動としては，「社会福祉活動，環境保全・保護活動，災害援助活動，地域のコミュニティづくり，国際社会への貢献・協力など，ボランティア活動の様々な場面や実際について生徒自身が調べ紹介したり，ボランティアに携わっている人や生徒のボランティア体験談などをもとに話し合うなど，ボランティア活動の意義の理解や自己の在り方生き方についての自覚や認識を深めていくことなどが考えられる」（特活編）。

　そこで，これら具体的なボランティア活動の事例として，震災復興に清掃活動のボランティアに関わったある生徒（高校生）の活動体験から考えてみたい。この生徒の震災復興のためのボランティア体験での語りは，主に清掃活動に従事し，津波によって地面に埋もれてしまった家の基礎を掘り起こす作業から始

まった。この生徒も最初は土の中から日常用品が出てくることに戸惑い，驚いたということであった。

　しかし，何時間も作業に没頭していくうちに段々と意識が朦朧として，その驚きは薄れ，そのことを何も思わなくなっていったという。そんな中で，そこに住んでいた子どもが使っていたのではないかというキューピーの人形が出てきたそうである。その生徒は，最初は，その人形もなんとも思わずに自動的にごみとして投げ捨てたということだった。

　その人形を投げ捨てた直後，その生徒は，今は亡き自らの祖母が同じような人形を買ってくれたことを思い出したという。そのときから生徒は，その人形を使って遊んでいたのであろう子どものことや，それをあげた人はいったいどうなってしまったのだろうという思いが巡って，しばらく呆然と立ちすくんでしまったというのである。

　ドイツの哲学者ハイデガーの言葉を借りれば，このボランティアに携わった生徒の清掃作業という行為は，「ごみ」という物に対する配慮（配慮的気遣い（Besorge））としてのみ成立していたと思われていた奉仕活動が，実は，その「ごみ」という物を通して，他者への気遣い（Fürsorge）に連動し，そのことを強く，実感したということである。

（2）児童・生徒のボランティア体験談などをもとに話し合うために

　震災復興のためのボランティアの場合は，遠方の場合，学級の児童・生徒全員の参加が常に可能であるわけではないだろう。

　しかし，一人でも多くの児童・生徒が「ボランティア活動の様々な場面や実際について生徒自身が調べ紹介したり，ボランティアに携わっている人や，児童・生徒のボランティア体験談などをもとに話し合う」（特活編）ことによって，少しでもこの体験談から奉仕活動に関心をもつことができたならば，まさにボランティア活動の意義をしっかりと理解させることができるし，児童・生徒自らの在り方生き方についての自覚や認識を深めていくことにもつなげていくことができるであろう。

　そこで，このようなボランティア活動を実施していくに際しては，児童・生

徒一人一人が，「自発性」，「自主性」や「公共性」，「連帯性」，さらに「無償性」，「無給性」，「創造性」，「先駆性」等のボランティア活動の基本的性格について，どのように理解を深めることができるのかを考える必要がある。この理解の深まりを端緒として，児童・生徒たちのボランティア活動への実践意欲の喚起を促さなければならないのである。

　では，次に，児童・生徒たちが意識しておかなければならない，ボランティア活動の諸々の基本的な性格について考えてみよう。

4　ボランティア活動の課題──ボランティア活動の基本的性格に照らして

（1）自発性・自主性と創造性・先駆性，その基本的性格をみつめて

　震災復興ボランティアに携わった，前述の生徒は，最初は「してあげよう」という気持ちで被災地に入ったという。この相手に「してあげよう」という意識は，生徒の積極的な意識であるが，場合によっては，他者への気遣いを忘れた自己本位な自己中心的なものになってしまう可能性もある。当然のことであるが，児童・生徒は，最初からこの世界に自ら一人で出現したのではない。「してあげよう」という意識には，自らが存在する根拠が，自己原因に起因するような言い方が背後に潜んでいる。

　哲学者ハイデガーの語るように，児童自身，生徒自身がいったんは，「自分自身が自分自身である根拠を支配する力はけっしてもつにいたりうるものでは無い」ということを自覚する必要がある。教師は，ボランティア活動における事前学習において，このことを生徒たちに促さなければならないのではないだろうか。

　すなわち，児童・生徒たち一人一人は，ボランティア活動に携わる際には，ごくわずかの奉仕しかできないかもしれないが，それでもなお「実存しつつ，根拠であることを引き受けざるをえない」ということを自覚した上で，自発的・自主的に，そして創造的・先駆的にボランティア活動に従事していくということが大切なのである。

　さらに，児童・生徒たち一人一人が，自らの状況や立場を引き受け，「自ら

の非力さ」を自覚することで，「自発性」「自主性」という性格がボランティア活動の中でより一層積極的に発揮されるのである。

　たとえば，震災復興ボランティアに携わった，この生徒も，最初は「してあげよう」という気持ちで被災地に入ったのであるが，一緒にボランティア活動をした仲間や，現地の人々と関わっていくうちに自分の無力さに気づいた。そして「してあげたこと」の何倍ものことを被災された方々にしてもらっているのだ，ということに気づかされたという。

　この生徒の言葉からもわかるように，生徒自らが，この世界にただ唯一存在している者という「唯一者（l'unique）」（フランスの哲学者レヴィナスの言葉）としての自己への気づき，まさに，「自らの非力さ」に自己が気づくことにより「自発性」，「自主性」を発揮しうる自分というものをあらためて自覚するのである。

　このような自らの自覚により，児童・生徒たちは，他者に対して「してあげよう」という自己本位な態度を脱して，「他者への気遣い」をともなった，「自発性」，「自主性」に基づくボランティア活動に従事することができるようになるのである。そして，そのような自覚から，児童・生徒一人一人が，今この時点から，ボランティア活動では本当に何が必要とされ，要求されているのかを知り，その内容を考えながら，よりよい社会を築いていこうとする「創造性」をも発揮するのである。

（2）公共性・連帯性と無償性・無給性，その基本的性格をみつめて

　次に，人々との触れ合いを通して，お互い助け合い，お互い学びあっていくことができ，みんながともに明るく暮らせる社会を築こうという，ボランティア活動のもっている「公共性」「連帯性」「無償性」「無給性」という性格に，震災復興ボランティアに携わった生徒は，どのように触れることができたのかをみてみよう。

　この生徒が体感したボランティア活動の性質とは，まさに，現地の人からいただいた食事のおいしさにも象徴されている。そのおいしさは，人々の思い，生徒らの活動の達成感などが入り混じった感覚としてその生徒に提供された。

まさにボランティア活動とは，「生徒が自らも社会の一員であることと社会における自分の役割を自覚し，互いが支え合う社会の仕組みを実感する上で重要な意味をもつとともに，他の人々や社会のために役立つ体験をしながら，そのことを通して自尊感情を高め，自己実現を図り，自他が共に価値ある大切な存在として共生していることを実感し豊かな心情を培うことができる活動」（特活編）となりうるのである。

　最初，この生徒は，瓦礫撤去作業をしたときに食事を出していただいたという。そのときの食事のおいしさは，いわゆる，名シェフのこしらえた料理のおいしさとはまったく性質を異にするものなのである。この生徒にとって，このときの食事のおいしさは，ボランティア活動を通じて，「自分のほんの少しでも役に立てた」いう充実感や達成感，食事を提供して下さった被災地の人々への「ありがとう」という感謝の気持ち，そのような体験したいろいろな感情がみんな合わさって生み出されていたのだった。

　確かに，被災地の人々から食事を提供していただいたということは，「無償性」「無給性」に反しているように思われるであろう。

　だが，最初からこの生徒にとっても何らかの食事を提供してもらえると思っていたからボランティア活動を始めたわけではなく，偶然提供された食事という，予期しなかった心温まる出来事だったのであり，その食事は，ごく自然と体内に浸透していき，被災地の人々の温かな思い，この生徒と地域の人々との「連帯性」を象徴していたものと言えるのではないだろうか。

　そして，この生徒が被災地で一番強く感じたことは，現地の方々は自分もつらいはずなのに他人の気持ちを思いやって生活しているということだったという。そのことからもわかるように，ボランティア活動によって育まれる児童・生徒の在り方生き方とは，人々への感謝の気持ちをもって，思いやりをもって生きていく，そういう姿勢をもつということなのである。

　まさに，上記のボランティア体験の事例からわかるように，ボランティア活動に携わることによって，児童・生徒一人一人の自尊感情が高まり，自己実現を図ることができ，自他が共に価値ある大切な存在として共生し，社会生活を可能にしているという何らかの「公共性」を実感することができるのではない

だろうか。そして，このようなボランティア体験によって，児童・生徒一人一人の豊かな心情が培われると言えるのである。

5　自主的・主体的なボランティア活動のために

「学校内や地域等で可能なボランティア活動体験を企画し，ボランティア活動に必要な知識や技能を体験的・実践的に学ぶことも重要である。その際には，生徒の主体的な活動が行われるよう指導・助言することが大切」（特活編）であるとされている。そのことは，ボランティアなどに携わった児童・生徒が持ち帰った新たな課題を，学級全体・学校全体で考え，児童・生徒の自主的・主体的な活動として取り組んでいき，企画・計画していくことにより，さらに，充実したボランティア活動へとつなげていくということである。

ボランティア体験では普段の生活では得られないような様々な経験をして，人間として生きていく，成長していくためにもまた新たなことに気づかされる。そういう児童・生徒のボランティア体験での「成長のメッセージ」を教師は特別活動における学級での話し合い活動の場において，児童・生徒の自主的・主体的な活動として積極的に取り上げることで，普段の学校生活だけでは気づくことのなかった，ボランティア活動の重要さに気づかせることができるのである。

この気づきから，さらに特別活動におけるボランティア活動を持続的・継続的に進めていくことができるように，また，しっかりと立案・計画できるように，教師が児童・生徒たちを促していくということが大切なのである。

引用・参考文献

文部科学省国立教育政策研究所教育課程研究センター（2016）『学級・学校文化を創る特別活動　中学校編』東京書籍。

文部科学省（2009）『高等学校学習指導要領解説　特別活動編』海文堂出版。

髙旗正人・倉田侃司編著（2015）『新しい特別活動指導論　第2版』ミネルヴァ書房。

長沼豊著（2013）「子どもたちに委ねるボランティア活動」田中智志・橋本美保監修，犬塚文雄編著『新・教職課程シリーズ　特別活動論』一藝社。

佐藤光友（2014）「ケアの学び――埋もれたものからの問いかけ」『Communication Design』第10号。

M. Heidegger (1927 ; 1984) *Sein und Zeit, Tübingen.*

E. Lévinas (1971) *Totalité et Infini, Martinus Nijhoff.*（レヴィナス，合田正人訳（1998）『全体性と無限』国文社。）

（佐藤光友）

第12章

特別活動の実践　①：小学校

　　2017（平成29）年３月に告示された新学習指導要領には，小学校の特別活動の目標が，中学校の特別活動の目標と同じ内容で示されている。異なっているのは，中学校での「人間としての生き方」が，「自己の生き方」という文言に代わっているだけで，その他は，全く同じ文章で記述されている。このことは，特別活動のねらい・特質・意義や，育成をめざす資質・能力は，小学校，中学校とも同じであることを意味し，校種間の円滑な接続や関連を考慮した示し方になっている。換言すれば，特別活動は，義務教育９年間，さらには高等教育３年間を加えた，12年間の見通しをもった系統性のある教育活動でなければならないことが，より明確に打ち出されたものと言える。

　　学習指導要領の今回の改訂では，特別活動の目標が巻末資料にあるように整理，改善されて示された。しかし，「よりよい生活を目指した，集団による自主的な実践活動」という特質や，「なすことによって学ぶ」という指導原理などの趣旨は，従来から変わってはいない。

　　小学校の特別活動は，学級活動，児童会活動，クラブ活動，学校行事の４つの内容で構成されている。本章では，このそれぞれについて，特別活動の特質を踏まえた指導の実際について記述している。

1　学級活動の実践

（1）学級活動の目標と内容

学級活動の目標の要点は，

- 生活をよりよくするための課題をみんなで話し合って解決（合意形成）し，その実現に向けて役割を分担して実践する。
- 自己の課題や生き方について，話し合ったことを生かして解決（意思決

定）して実践する。

の2点であり，このことに，自主的，実践的に取り組むことを通して，生活や人間関係をよりよく形成する力を育成するねらいがある。

　合意形成とは，集団決定のことである。みんなに共同の課題を解決するために集団で話し合って，集団全体での取り組みをまとめることである。

　意志決定とは，自己決定のことである。みんなに共通の課題を解決するために話し合うが，一人一人が自律的に選択して行動することである。

　学級活動の内容は，

　　（1）学級や学校における生活づくりへの参画

　　（2）日常の生活や学習への適応と自己の成長及び健康安全

　　（3）一人一人のキャリア形成と自己実現

の3つである。今回の学習指導要領の改訂で，校種間の接続が図られるように整理された。その中でも，学級活動の最も根幹であり，特別活動全体の基盤になるのが（1）であるので，本節では（1）を中心に活動の実際を記述する。

　なお，学級活動の年間授業時数は35時間（1年のみ34時間）である。したがって，校時表（週の時間割表）に位置づけるが，ハッピーマンデーや学校行事の代休となることの多い月曜日は避ける必要がある。学級活動は，学級経営と関連が強い教育活動であるので，35時間確保が不可欠である。

（2）発達段階に即した活動内容

　学級活動（1）の時間は，児童がよりよい学級や学校生活を目指して，集団で話し合ったり，取り組んだり，活動したりする時間である。低学年では「仲良く助け合い学級生活を楽しくする活動」であり，中学年では「協力し合って楽しい学級生活をつくる活動」であり，高学年では「信頼し支え合って楽しく豊かな学級や学校の生活をつくる活動」である。これらの活動に，児童が自主的，実践的に取り組むことを通して，自らの人間関係形成，社会参画，自己実現の力や態度を育むことになる。

　しかし，小学生の発達段階には開きがある。当然，低学年と高学年とでは，自主的，実践的に取り組む態度にも開きがある。したがって，児童の自主的な

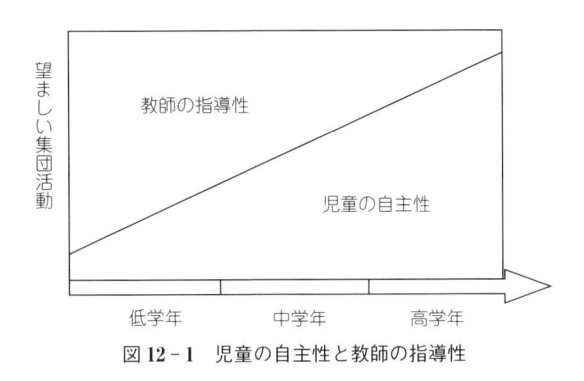

図 12 - 1　児童の自主性と教師の指導性

活動であっても，学年の発達段階に即した形で，教師による適切な指導・援助が必要である。児童の自主的な活動と，教師の指導・援助との兼ね合いは，一般的に，図 12 - 1 のようにとらえることができる。すなわち，低学年では教師の指導が多く，学年が進むにつれて，教師の関わりが少なくなり，児童の自主的な活動が多くなる。

（3）話合い活動の実際

よりよい学級生活を目指す諸活動は，まず話合いから始まる。ここでは，学級活動（1）の効果的な話合いについて，活動過程に沿って述べる。

① 話合いの運営

学級活動（1）の話合い活動を円滑に運営するには，司会や進行を誰が担当するのがふさわしいのか。議題や題材にもよるだろうが，現実的には，担任教師，学級委員長，学級活動の係，日直，議題の提案者，希望者などの場合が考えられる。しかし，教師や特定の児童が司会進行を担当するのではなく，ここで求められるのは，全員の児童が交代でその経験をすることである。交代で経験すると，全児童がリーダーシップとフォロアーシップの両方を経験することになり，それぞれの立場が理解しやすくなって，話合いに協力的に関わる態度が育成される。

そのためには，年度の始めに，学級全員を男女混合5～6人ずつに分けた司

会グループを編成する。この司会グループが，学級活動（1）の話合いの都度，輪番で司会進行を担う。司会グループは，司会（議長），副司会（副議長），黒板書記（黒板記録），ノート書記（ノート記録）等の役割を担当する。この役割も固定するのではなく，司会グループが回ってくるたびにローテーションする。こうすることによって，誰もが司会の経験を，あるいは少なくとも司会グループの経験をすることができる。

② 議 題 集 め

　よりよい生活に向けた話し合いの議題は，どこから出てくるのがふさわしいのか。ここでも，現実的には，教師からの提示，児童会からの案件，学校行事への取り組み，朝の会や終わりの会で出てきた問題，学級日誌や日直日誌などから出た問題などが考えられる。しかし，特別活動の特質「集団による自主的な実践活動」の趣旨に基づくならば，学級活動（1）の議題は，トップダウンで降りてくるのではなく，ボトムアップで児童の側から上がってくることが望まれる。

　そのためには，教室の一隅に提案（議題）箱と，提案（議題）カードを常置しておき，よりよい学級生活を目指して，話し合ってほしいこと，取り組みたいこと，解決してほしいことなどを誰からも出せるようにしておくことが必要となる。

③ 議題の選定

　司会グループは，一定期間に提案箱に集まった提案カードの中から，次の学級活動で取り上げる議題を選定する。選定のポイントは，学級目標実現への議題であり，自治的範囲の議題であるかどうかである。具体的には，「生活をより楽しく，より充実させることか」「学級のみんなに関係することか」「自分たちで決めた方がよいことか」「決めたことを実行できることか」「今すぐに話し合った方がよいことか」などが視点になる。

　決定した議題は提案理由と共に，司会グループが全員に知らせる。集会活動に関すること（お楽しみ会，お誕生会，友達のよいとこ見つけ会など），係活

図 12 - 2　話合い活動（顔が見えやすい机配置）

動に関すること（係活動の工夫，係活動発表会など），学級文化に関すること（学級目標，学級旗，学級歌など），諸問題の解決に関すること（男女なかよく，みんな遊びなど）などが議題に上ることが多い。

　議題が決定したら，司会グループと提案者と担任教師とで，計画委員会を組織して，話合いに向けての準備をする。計画委員会では，話合いの時間の前に予め決めておくべきことを明確にしたり，1時間の話合いの活動計画を立てたりする。担任教師の指導性が求められるのが，この段階である。

④　話合い活動

　児童は，自分の考えをもって話合いに臨む。計画委員会が作成した活動計画に沿いながら，学級目標や提案理由を意識して話合いを進める。いろいろな意見を交えながら，出し合う－比べ合う（わかり合う）－まとめ合うという流れで，それぞれの思いや考えを理解し合ったり，生かし合ったりして，学級としての考えを一つにまとめていく。みんなの思いや考えを繋ぎ合わせ，学級にとって最もふさわしいものに練り上げていく。

　学級活動の話合いは，まとめる話合いである。児童は，多様な考えの存在を知り，それをまとめていくには，すり合わせの大切さを学び，折り合いの難しさと，難しいからこその尊さを学ぶ。

　児童が話合いを行うとき，「賛成」「反対」という言葉を極力用いない取り組

みをしている研究会の実践がある。「〜に賛成」は「〜と同じ」に,「〜に反対」は「〜と違って」に言葉を代えて表現するようにしている。「賛成」と「同じ」も,「反対」と「違う」も同義であるのだが,「賛成」「反対」よりも,「同じ」「違う」を用いる方が,自己の考えへのこだわりが少なく,まとめる話し合いに進みやすいと考えられるからである。

すなわち,学級活動は,I am OK → You are OK too → We are all OK の過程を大切にした話合いである。この過程は,自己の考えを高めたり,相互理解を深めたり,実践への意欲を強めたりして,問題解決能力や,人間関係形成能力の育成を図ることになる。

⑤ 議決・採決

1時間（45分）の終末は,学級としてどうするかを決める場面である。そのためには,十分な話合い（熟議）がなされなければならない。そのうえでの,議決・採決ということになる。

日本は民主主義国家であり,世の中のほとんどは,多数決の原理に基づいて動いている。しかし,前述したとおり,学級活動は,まとめる話合いなので,安易に多数決を導入することは避けたい。どちらがよいかではなく,どうすればよいかであり,みんなにとってどうなればよいかを話し合ってまとめる終末につなげたい。多数決で押し切るのではなく,少数意見も尊重したうえで,多数納得で合意形成を図るまとめ方が望まれる。

このようなまとめ方は,学級成員の相互の結びつきを深め,温かい雰囲気の学級づくりが推進されることになる。

⑥ 決めたことの実践

話合いでまとまったこと,決まったことは,みんなの力を合わせて,それを実践する。集会活動に関しては,実践に向けて,どのような係や役割が必要かを児童が考え,全員が何らかの係や役割を分担して準備に当たれるようにする。一人一人に自己有用感を味わわせ,自己実現が図れるようにするため,できるだけ数多くの係や役割を設定し,それぞれの係や役割には,できるだけ少ない

図 12 - 3　学級集会活動「係活動発表会」

人数を割り当てるようにする。

　全員が支え合い，協力し合いながら実践を展開するなかで，児童は集団活動の楽しさや喜びを体得し，学級への所属感，連帯感，一体感を味わう。学級集団のまとまり，凝集に向けてのステップになる。

　実践終了後は，実践を振り返って，反省と評価をする。がんばったところ，よかったところに着目した振り返りを行うことにより，達成感，成就感，満足感を味わわせる。この振り返りは，次の活動への意欲付けになると同時に，実践した経験を日常生活に生かすためにも有効である。

2　児童会活動の実践

（1）児童会活動の目標と内容

　児童会活動の目標の要点は，「学校生活の充実と向上を図るための諸問題の解決に向けて，計画を立て役割を分担し，協力して運営する」ことである，これを異学年児童が力を合わせ，自主的，実践的に取り組むことを通して，学校生活や人間関係をよりよく形成する力を育成したり，社会性や自治的精神を培ったりするねらいがある。

　児童会活動とは，学校生活を楽しく，豊かで，よりよいものにするために，みんなで思いや考えを出し合い，工夫し，協力して，問題を解決したり，願い

を実現したりする活動である。教師の適切な指導・援助のもとで，自分たちの力で自分たちの生活をよりよいものにしていく活動である。

　児童会活動の内容は，

　　　(1)　児童会の組織づくりと児童会活動の計画や運営

　　　(2)　異年齢集団による交流

　　　(3)　学校行事への協力

の3つである。

（2）児童会の組織

　児童会は，全校児童で組織をするが，活動の企画運営は，主として高学年の児童が担当する。その組織や名称は，学校の実態や児童数によって様々だが，代表委員会と各委員会とによって構成されていることが多い。

■代表委員会の活動

　児童会の役員と，各学級や各委員会の代表によって構成される。児童会活動の企画運営を担当する中心組織であり，一般的には，この代表委員会を児童会と称しているが，役員に相当するメンバーの組織を児童会と呼んでいることもある。

　児童会の役員は，選挙によって選出される場合もあれば，各学級の代表の中から互選によって選ばれる場合もある。その呼称は，会長，副会長，書記と言った名称を用いている学校もあれば，運営委員長，代表委員長，計画委員長などといった名称を用いる学校など，様々である。

　代表委員会は，高学年の代表によって，学校生活の諸問題について，全校児童の意向を反映させながら，話し合って解決を図る場である。学校生活を児童の側からより向上発展させるための取り組みについて，自主的，自治的に推進している。その中核となるのが運営委員会（児童会役員会）で，児童会活動の活動計画を作成したり，代表委員会での話合いの計画・準備・運営に当たったり，代表委員会で話し合うこと決まったことなどを全校児童に知らせたりしている。

■委員会の活動

　委員会活動は，学校をより楽しく豊かな生活にするための仕事に，5・6年の児童が，発意を生かし，創意工夫して分担処理する活動である。5・6年の児童全員が，いずれかの委員会に所属して活動するが，委員会の種類は，学校の規模や実態によって様々である。前期と後期の二期制で編成している学校が多い。児童は，自分にふさわしい委員会を選んで所属を決めるが，人数枠があるので，委員会の活動内容，各自の特性などを踏まえて，互いが納得できる話合いが必要となる。

　委員会の種類例では，集会，新聞，放送，図書，美化，文化，飼育，栽培，運動，福祉，ボランティア，掲示，保健，給食などが考えられる。各活動は，月1回程度の定例委員会での話合い活動と，始業前・放課後・休憩時間などに取り組む常時活動とがある。

　定例委員会では，役割分担や班編成，活動内容のめあて，活動計画の作成，活動の検討・報告・振り返りなどを話し合う。常時活動では，自分たちの学校をより楽しく豊かなものにすることをめざして，創意工夫した活動に取り組む。児童が協力し合って自主的に活動できるように，励ましと称賛の言葉掛けが大切である。

　なお，活動の見通しをもちやすくするために，上記の代表委員会や，定例委員会の時間は，月中行事に位置づけておく必要がある。たとえば，毎月水曜日6校時の，第1週が委員会活動，第3週が代表委員会，第2と第4週がクラブ活動というような設定が考えられる。

（3）異年齢集団による交流

　児童会活動の特色ある活動として，学年の枠を超えた児童相互や，多様な世代の人々との交流活動がある。

　校内的には，縦割り班などを編成して，異学年の児童同士が共に協力して取り組む活動である。児童集会活動や縦割り活動などがそれにあたる。

　校外的には，地域に根ざした，幅広い年齢層の人々との交流活動である。異種校や幼稚（保育）園，地域の高齢者との交流などがそれにあたる。

図12-4　児童集会活動「卒業を祝う会」　　　図12-5　縦割り班でのゲーム集会

　児童は，児童同士，或いは地域の人々との密接な関わりを通して，人間関係について気付いたり，学んだりする。その代表的な活動の一つが，児童集会活動である。

■児童集会活動

　児童会が企画運営する1時間以上のロングタイムの集会活動には，全校児童集会や学年児童集会などがある。学期ごとに1～2回程度がめやすである。例としては，1年生を迎える会，○○小フェステバル，七夕集会，全校オリエンテーリング，球技大会，ジャンボかるた会，卒業生を祝う会などがある。

　委員会が中心となって運営する，特定曜日の朝の時間帯に行うショートタイムの集会活動には，音楽集会，ゲーム集会，運動集会，クラブや委員の活動報告，児童会からの連絡などがある。

　これらの児童集会活動には，学級単位で活動したり，縦割り班で活動したりする。あるいは，地域の人を招いて一緒に活動する場合もある。いずれの集会活動も，教師の適切な指導の下に，児童の自発的・自主的な活動を効果的に展開することになる。そのためには，活動のねらいや，一定の条件，制限，範囲を明確に示したうえで，児童の発意発想を大切にした活動計画を作成させることが必要である。

　縦割り班の活動では，上学年はリーダーシップを体験し，下学年への思いやりや，いたわりの心を育み，下学年はフォロアーシップを体験し，上学年への

あこがれや，尊敬の念を抱く。学年を超えて仲良く協力し，信頼し，支え合える仲間づくりが進み，楽しく豊かな学校生活をめざすうえで，とても有効な活動となる。

3　クラブ活動の実践

（1）クラブ活動の目標と内容

　特別活動の中でも，クラブ活動は小学校だけに位置づく。その目標の要点は，「異学年の児童が，共通の興味・関心を追求する集団活動の計画を立てて協力して運営する」ことである。これを学年・学級が異なる同好の児童が力を合わせて，自主的，実践的に取り組むことを通して，学校生活や人間関係をよりよく形成する力を育成したり，個性の伸長を図ったりするねらいがある。

　クラブ活動で育てたい人間関係は，発達段階や経験の差を互いに理解し，それぞれのよさに着目して励まし合い，協力し，信頼し支え合おうとする人間関係である。また，クラブ活動で育つ個性の伸長とは，各自の興味・関心にかかるよさ，可能性を認め合い，伸ばし合う活動を通して，自分への自信をもち，自己のよさや可能性を現在，将来の生活に生かすことである。

　クラブ活動は，児童が最も楽しみにしている教育活動で，その内容は，

　　（1）クラブの組織づくりとクラブ活動の計画や運営

　　（2）クラブを楽しむ活動

　　（3）クラブの成果の発表

の3つである。

（2）クラブの組織と活動

　クラブ活動は，主として4年以上の同好の児童で組織する。児童は，全員いずれかのクラブを選択して所属する。児童が活動計画を立て，役割を分担し，協力して，その運営にあたる。学年が異なる児童が協力し合い，工夫し合って，共通の興味・関心を楽しく追求する活動である。異学年の仲間と仲良く活動する喜びや，学校生活の楽しさ，満足感を味わう。

図12-6　クラブ発表会「リズムダンスクラブ」

　クラブの種類や数は，児童や学校の実態によって，また，年度によっても異なるが，運動系と文化系に大別される。運動系のクラブには，バスケットボール，バドミントン，卓球，ドッジボール，サッカー，バトン，バレーボール，ソフトボール，キックベースボール，一輪車，陸上などがある。文化系クラブには，合唱，絵画，工作，科学，漫画，手芸，器楽，料理，書道，演劇，手話，茶華道，パソコン，人形劇，囲碁，将棋，伝統芸能などがある。児童の希望を基にした，学校の独自性のある活動なので，多種多様のクラブが存在している。

　児童は，希望するクラブを選択する。希望通りのクラブに入部できることが，意欲的・主体的な活動につながるのだが，各クラブには人数枠がある。そこで，事前の希望調査では，第1希望，第2希望という記入方法ではなく，希望クラブを複数列記する方法にすると，希望クラブのいずれかに入部できやすくなり，活動意欲を低下させることが少なくなる。

　入部したクラブは，基本的に，年間を通して活動する。かつては，毎週1単位時間が充てられ，時間割上にクラブ活動を位置づけて実施していたが，現在は，学校ごとに適切な授業時数を充てることになっている。児童が楽しみにしている時間であり，活動の継続性を考慮すると，少なくとも隔週実施で，年間20〜25時間程度の時間確保が望まれる。

　活動を通して得た成果は，年間のまとめをクラブ発表会という形で全校生に披露する。それぞれのクラブの特質に応じて，舞台での発表，展示や掲示での

発表，映像での発表などがある。児童の発意発想による計画で発表することで，さらなる活動意欲が高まる。クラブ発表会以外にも，地域の人たちと交流する児童集会活動や，運動会などの学校行事，朝の全校集会，3年生のクラブ見学などで，発表の機会が設けられることもある。

（3）クラブ活動と部活動

　クラブ活動と部活動とは，しばしば混同されることがある。確かに，同好の異年齢集団による自主的，自発的，自治的活動であるなど，共通する性格がないわけではないが，両者の相違については，把握しておく必要がある。

表 12-1　クラブ活動と部活動

	位置づけ	構成員	活動時間	対外交流	課　題
クラブ活動	教育課程内の教育活動（特別活動）	小4～6年の全児童	毎週ないしは隔週の1時間	少ない，もしくは無い	年間20～25時間の確保
部活動	教育課程外の教育活動	中高の希望者による自由参加	放課後や始業前など，ほぼ毎日	活動内容によっては多い	持続可能な運営体制の確保

※備考　かつては，中学校でも週1時間，全員参加のクラブ活動が特別活動に位置づいていた時期があったが，現在は，中学校でのクラブ活動はない。
　　　新学習指導要領の総則では，部活動について，「学校教育の一環として教育課程との関連が図られるように留意すること」と，明記されている。

4　学校行事の実践

（1）学校行事の目標と内容

　学校行事の目標や内容は，小中高とも同じである（第10章参照）。本節では，小学校の発達段階に即した学校行事の実際について述べる。

　学校行事は，学校が意図的・計画的に設定する行事の一つ一つについて，児童が，目的，意義，内容を理解したうえで，自主的，実践的に取り組む体験活動である。児童は，その体験活動を通して，本物の感動を味わい，学年や学校集団への所属感や連帯感を強める。

自主的，実践的な取り組みを助長するには，児童の発意発想を大切にする必要がある。しかし，発意発想は，先行経験に基づいて生まれ出るものなので，経験の乏しい低学年の段階では，教師の指導・援助の場面が多くなるのは必然で，学年が進むとともに，児童の自主的，自発的な活動の場面が増えることになる。そのため，発達段階に即して，如何に系統的，継続的に経験を積ませるかが学校行事の留意事項となる。

　儀式的行事では，意味もわからず参列し，何となく雰囲気を感じる程度の段階から，徐々に目的や意義を踏まえられるようになり，自ら学校生活の折り目を自覚して参列できるようになる。

　学芸会や学習発表会などの文化的行事では，「させられている活動」から，少しずつ活動内容に創意工夫を加えられるようになり，「する活動」に進化し，協働の喜びを感じられるようになる。

　健康安全・体育的行事の運動会では，上級生のリーダーシップ，力強い競技，一体感のある演技，係での活躍の様を目の当たりにして，その姿にあこがれを感じ，自ら近づこうとする向上心が芽生える。

　教師に言われるままに，男女が手をつないで歩行していた遠足・集団宿泊的行事も，次第にグループ活動ができるようになり，目的意識をもって体験や見学をし，進んで公共の精神を身に付けられるようになる。

　勤労生産・奉仕的行事では，教師の指示通りにしかできなかった栽培活動や，上学年の見よう見まねのボランティア活動だったのが，感動の積み重ねと共に意義の理解が深まり，能動的，意欲的に取り組めるようになる。

（2）学校行事の年間指導計画

　他の教育活動と同様，年間指導計画の作成は，PDCA サイクル（Plan-Do-Check-Action）に沿って，絶えず修正，見直し，改善を図る。特に，教育的価値が生かされ，教育効果が高まるように，弾力性，融通性に富むものであることと，児童に過度な負担とならないことに留意して作成することが求められる。学校行事の内容は，儀式的行事，文化的行事，健康安全・体育的行事，遠足・集団宿泊的行事，勤労生産・奉仕的行事の5つであるので，これらの行事が偏

図12-7　学芸会「ライオンキング」　　図12-8　平和学習を目的とした修学旅行

りなく計画に位置づくことにも配慮したい。

　なお，学習参観，家庭訪問，個人懇談，学級懇談，学力テストなどは，「学校が設定している行事」であり，「学校の行事」ではあるが，特別活動の学校行事ではない。混同して位置づけられる誤りがあるので，留意しておきたい。

引用・参考文献

安部恭子（2017）「学習指導要領改訂のポイント　特別活動」『初等教育資料』955：50-61，東洋館出版社。

今村信哉（2010）『COMPACT64　学級会早わかり』小学館。

杉田洋（2009）『よりよい人間関係を築く特別活動』図書文化。

特別活動研究書籍編集委員会（2006）『特別活動の指導ハンドブック Q&A』大阪市小学校教育研究会。

中園大三郎（2015）『特別活動の理論と実践』学術研究出版。

日本特別活動学会（2010）『新訂　キーワードで拓く新しい特別活動』東洋館出版社。

文部科学省（2014）『楽しく豊かな学級・学校生活をつくる特別活動（小学校編）』文渓堂。

文部科学省（2018）『小学校学習指導要領』東洋館出版社。

文部科学省（2018）『小学校学習指導要領解説　特別活動編』東洋館出版社。

（天野義美）

第13章

特別活動の実践 ②：中学校・高等学校

　現場にはとにかく「時間」がない。忙しい。そして，その限られた「時間」のなかで，学級生活の充実・健全な生活態度の育成・進路指導等を行わなければならないので，教師たちは混乱している。

　「いつもドタバタしているけど，結局何をやったかよくわからない。成果もさほど上がっていない。"生きる力"なんてとんでもない！」という。

　どうすればいいのか。―まずは，やはり，捨てていくことである。

　「あってもなくてもいいものは，ないほうがいい。捨てるから美しい」

　相田みつをの言葉であるが，この考えに基づき，捨てて捨てて，「美しい特別活動」を作らねばならない。そこからすべてが始まる。

1　美しい特別活動——スリム化させ，よりアクティブに

　教科の授業や給食時間，朝の会・帰りの会などで指導できることは，どんどんカットしていく。たとえば，学級活動に関しては，以下のような題材はカットできる。

　　◇中学生活の出発（それぞれの学習の中で行える）

　　◇中学生の自覚と生活のきまり（入学式や始業式の中で行える）

　　◇余暇の生かし方（雑談で行うが，基本的に家庭に任せる）

　　◇中学生の勉強（各教科の時間にできる）

　　◇家庭学習の仕方（家庭訪問の時に話すことで十分。後は家庭に任せる）

　　◇定期テストの受け方（テスト前，5〜10分あればできる）

　　◇家族との対話・家族の一員としての役割（道徳科の中でできる）

　　◇学校行事への積極的参加（学校行事そのものの中で指導できる）

こうやって見直してみると，

　　○とにかく，教科・道徳との重なりが多い。それに，本来，家庭教育で行
　　　うべきことまでやっている。

　　○5～10分で指導できることを，1時間も2時間もかけて行っていたこと
　　　が多々あった。しかも，そういう活動に限って，「夢」のない，楽しく
　　　ない題材が多かった。

　　○結論は見えているのに，「ああだ，こうだ」とダラダラ言わせる話合い
　　　活動が多すぎた。話合い活動は大切であるが，もっと効率よくテキパキ
　　　とやっていくべきであった。

　この点を素直に振り返り，大胆にカットしていこう。生徒会活動も学校行事
も，今一度見直し，捨てて捨てて美しくしていく。そして，その中で，「発
表・表現力」「責任感・役割遂行力・問題解決力」「協調性・協力する力・忍耐
力」「リーダーシップ」「人間関係・社会的スキル」「規律・マナー」「創造・企
画力」等を養えるようにしよう。

2　生きる力を育むための各月のテーマ設定

　毎年行っている特別活動だからと踏襲し，ただその教育活動をこなしていく
のではなく，原点に立ち戻って，「何のために行うのか」「ねらいはこれでよい
のか」などの確認と検討をしながら，学校全体で指導計画を能動的に練り上げ
ていく必要がある。

　たとえば，各月に様々なことをねらうのではなく，「生きる力を育むために，
この月にはこれを」というものを一つ決め，そのテーマのもとに特別活動の実
践を行っていくとよい。

　たとえば，表13‐1のように各月のテーマを設定し，意図的・計画的に指
導・支援していくと，生徒の生きる力を育んでいくことができるであろう。

　要点は以下の2つである。

　　①「生きる力を育む」という大テーマのもとに，各月の「特別活動のねら

表 13-1　各月のテーマの例

月	テーマ	具体的な指導・支援
4 月	出会う	新しい先生・友との出会いを大切にしようとする。
5 月	ふれあう	友・先生とふれあう。体だけでなく，心もふれあう。
6 月	感じる	先達の言葉等に出会い，「人間の在り方」を感じる。
7 月	夢みる	自分はどう生きるか，考え，自他に表明する。
8 月	味わう	学校ではできない "体験を，夏休みに大いに味わう。
9 月	燃える	体育会で「汗まみれ没頭体験」を教師と共にする。
10 月	謳う	合唱コン・文化祭で，我々を高らかに主張する。
11 月	尽くす	交流活動・ボランティア学習などで他者に尽くす。
12 月	省みる	一年間を振り返り，自省自戒の機会とする。
1 月	志す	新年の抱負発表会などで，今年の志を表明する。
2 月	鍛える	マラソン・掃除などで，心と体を鍛える。
3 月	立つ	学級お別れ集会などを経て，感謝して巣立つ。

　い」を意図的に定める。学級活動を基底とし，学校行事や生徒会活動と
バラバラでない特別活動を構想すること。
　② 話合い活動に必要以上に時間を取られることなく，学級集会活動など，
　実際に仲間と共に「創る」活動・「汗する活動」を重視すること。

では，具体的にどのような実践が可能なのか。実践例を示す。

3　生きる力を育む特別活動の実践

（1）6月「感じる」

① 学級講演会

　「はい，今日の学活，5分後に校長先生が見えられます」

　「エッー！」

　「いいじゃないか。校長先生，お忙しいのに，わざわざ来て下さるんだ
ぞぉ」

　「う，うん。そ，それで，校長先生，何をされるんですか？」

　「それは，ヒ・ミ・ツ！　ただ，スゴイこと3つ言われるから，それを聞
き逃すんじゃないよ！」

　校長先生を講師に迎えての学級講演会。クラスにピーンと張りつめた緊張感が広がり，学級全員の腰骨がビシッと立つ。

> 　「……いいかい，赤坂学級の君たちよ。〈責任はすべて我に有り〉。怠けていたら，怠けただけの結果がかえってくる。自分の怠け心に負けるなよ！」

　講演会後，休憩時間に「３つの大事なことって，"責任は我に有り"と"怠け心に負けるな"と，あと一つ何かなぁ？」と語りあっている生徒がいる。

　校長先生を学級にお招きするのは，いい。学級担任がいくら背伸びしてもできない何かが校長先生にはある。校長先生の「よさ」を生徒のために生かさなくては。校長先生を校長室に閉じこめておくのは，もったいない。

② 【相田みつを】読書会

> 　「ところで，この前の学活で，校長先生，黒板に何て書かれた？」
> 　「責任はすべて我に有り——」
> 　「そうそう。じゃあ，今日は，各班（４人組）に，相田みつをさんの本を一冊ずつ配るから，その本の中から，校長先生のお考えと似ているものを１つ選んでくれませんか」
> 　「あっ，これよ，これ」
> 　「いや，違う。こっちちゃ。〈いいことはおかげさま。わるいことは身から出たさび〉」

　生徒は顔を寄せ合い，楽しみながら先の言葉を見いだしていく。そして，「校長先生は，この相田さんのお言葉の後半部分を言いたかったのだろう。悪いことが起こった場合，それは人のせいではなく，自分のせいなんだ。普段ちゃんとしておくことが大切なんだ」と校長先生の考えを深く理解し，受けとめる。

　私は，この日の放課後，コッソリ教室に行き，相田みつをの本を学級文庫の中に入れておく。

③【涙ボロボロ】番組鑑賞会

　「先生，明日の学活は何するんですか？　ずっーと雨だし，面白くないな……」

　「ウン，そうだね。でも雨の日には，雨の日の生き方がありますよ。楽しいこと考えてくるから期待してて」

　……「今日も雨。もう，うんざり？　ハッハッハッ。明るくいこうよ！よし，今日はね，この列に聞きましょう。突然ですが，先生が感動して，涙ボロボロになったアニメ番組は何と思います？」

　「うー，サザエさん」

　「やっぱり，ドラえもん」

　「ゲゲゲの鬼太郎」

はちきれんばかりの笑顔のなか，授業が進む。

　「実はね，『天国からのビデオレター』なんです。見たことある人もいるかもしれないけど，このアニメから人の在り方や人間としての生き方を学ぶことができるんです。今日はこれを見てみましょう」（山場で終わるようにセットしておく）

　……（キンコンカン）「はい，じゃあ，終わり。」

　「エッー！　もっと見たーい！　一番いいとこなのに。先生，この後どうなるの？」

　「フフフ，ヒ・ミ・ツ。あっ，これ，ビデオショップに置いてあったよ。それと，この次の学活は，『これは，心が震えるよ。涙ボロボロ番組紹介』集会をしましょうか。各グループ10分以内でお薦めの番組を紹介してくれませんか。……」

④「善」の憧れを

　「チャイムが鳴っても教室に入らない」「教師の発問や指示に応えない」「本は読まない」「考えない」「校長先生のお話さえ聞かない」「全体の場で，

自分の考えを発表することを極端に嫌がる」

　このような〈自分勝手〉が横行し，紹介した【講師招聘の学級講演会】や【相田みつを読書会】など，実践困難になっている学校も多いことと思う。

　現在の中・高校生は，いつでもどこでも欲しい物を手に入れることができる時代に育った。兄弟数も少なく，幼児期に群れて遊ぶこともなく，その結果，相手を思いやることやルールを守ること，我慢することをあまり学ぶことなく育ち，慎み深さがなくなっている。今の子どもの多くが年齢相応の精神性・社会性を発達させきらないまま大きくなっているため，教師にとって，実践が極めて困難な時代にある。

　しかし，教壇に立てば，くじけず，笑顔で，「生徒の心は決して腐ってはいない。どの子も，本当は，立派な人間になりたいと思っているのだ」と信じ，「人間としての在り方・生き方を考えさせる実践」を行う必要がある。

　音楽や美術，演劇などの文化活動に触れる経験は，家庭環境に左右されやすい。たとえば，子どもの頃に読み聞かせをしてもらった経験や，自宅の蔵書数，博物館や美術館に行った経験などは，母親の学歴が高いほど多くなる。そうであればなおさら，学校のカリキュラムの中で，すべての子どもが様々な文化活動に参加する機会を用意することが重要となる。

　人は，「ほんもの」と出会い，感動し，「私もこの人のようになりたい！」と心からの憧れをもつことができると，自ら努力を始める。自分で自分を前進させようとする。

　教師が，いくら「規則を守ろう！　人に迷惑をかけないように！」と声を大にして叫んでも，効果はたかがしれている。生徒一人ひとりが本心からの憧れを見いだし，自分で自分を律し，自ら憧れに向かって前進しようとしないかぎり，本当は，何も良くなっていかない。何としてでも「善」の憧れをもたせたい。そこに，教育困難な時代の活路がある。

（2）7月「夢みる」

① 「希望への道」進路説明集会

　「人間が生きていくうえで大切なものと言えば？」

　質問から切り出した集会。生徒だけでなく，保護者も参加している。

「食料」「水」「友情」「愛」……。固い雰囲気は解け，生徒がグッと集中してくる。

　　「はい，先生はね，それら以外に"夢"というものが大切だと思うんです。"夢"というものがないと，人間はたった一度の人生を充実して生きることができません。もし，まだ，自分の本心からの"夢"を発見していない人がいたら，自分をじっくり見つめて，早く発見して下さい。

　　　そして次に，その"夢"を実現させるためにはどうしたらいいかを自分で調べてもらいたいと思います。

　　　もちろん先生たちもいろんな形で応援しますよ。たとえば，こういう本が図書館にあるんだけれど……」

　　　持ち出す本にサッと生徒の目が集まる。集中力は途切れない。

「……以上の①"夢"を発見する②"夢"を実現させるためにどうしたらいいのか調べる③"夢"の実現につながる高校のことを調べる・・を順に行って，志望校をしぼっていくのです。自分の本心からの"夢"に基づいて志望校を選ぶのです。制服で高校を選ぶんじゃないんですよ。」

私の言葉に，生徒も保護者も真剣に耳を傾けている。

「あとは，8月から体験入学を行い……。こうやって1年の流れを見ると，確かに激動の1年ですね。しかし，先生たちがついているからね。お家の方もいるからね。安心してください。大丈夫です。

　　　それに，大変な1年だけど，これは〈希望へ続く道〉なんです。

　　　険しくつらい道ですが，これを乗り越えると，みなさんの輝く未来が待っているのです。頑張りましょう。」

教室を出る生徒の目は輝き，顔はキリッと引き締まっている。

② 【"夢"発見】学習会

「今日はまず，自分の好きなもの，好きなことをノートに20個以上書きましょう」

「バイク」「探偵ドラマ」「いちご大福」……。

「うーん，じゃあ，それを仕事につなげると何になる？」

「バイク会社に勤める」「警察」「お饅頭やさん」……。

「次に，それらの中で，1番自分がやってみたいなぁーと思うものを1つ選んで」

「エッー，難しいなぁ。うーん，やっぱ警察かなぁ」

「警察かぁ。いいねぇー。ところで，どんな警察になりたいの？」

「……悪を見逃さない警察官」。

一人ひとり，この流れの中で，自分の"夢"を発見していく。

〈環境保護を訴えかける画家〉〈清貧の思想をもった政治家〉〈人類に役立つ考古学者〉

生徒の心は，本来清く美しい。決して濁ってはいない。まっすぐに伸びたいと願っている。そのまっすぐな心をいかに引き出すか。それが，学級担任の腕である。

③ 【夢を実現させるために】発表集会

「僕はソフトバンクの応援団長になろうと思ってたけど，調べたら，それはボランティアで，給料がないということがわかった。それで困っています。応援団長もしたいけど，もう一度"夢"を考え直します。最後に一言。頑張れ頑張れ，ソフトバンク！　フレフレ，自分！」

一人ひとりの発表を保護者授業参観で行う。保護者の我が子を見る目が温かく優しい。学年主任や副担任の先生も駆けつけ，励ましてくださる。

……この発表会後，生徒は，

〈"夢"の実現につながる高校調査発表集会〉

〈"これで弱点克服"勉強方法発表集会〉

を行い，自分の"夢"にまっしぐらに突き進んでいく。

自分の考えをもち，それを他者に伝えることや，他者の考えを受けとめることは，社会で生きていく上で欠かせない力であるが，これらの力は，机上で教条的に習得できるものではない。子ども自らが，これらの集会活動に参画する中で，体験的に学んでいく。

　併せて，これらの集会活動の中で，「望ましい学習観の形成」も図られていく。

④ 15分学活でも可能

　以上は，中学3年生の実践例であるが，中学1年でも2年でも，基本は同じ。

　6月に「あこがれ」を感じる授業を多く行い，それを受けて，7月に「なりたい理想の自分」を表明させていく。言語化し，どんどん発言させていく。

　学ぶことをあきらめ，学ぶことを放棄する中学生が増えている。夢もなく，希望もなく，教室を抜け出し，ただ「今」を享楽する。確かに，全体から見ると一部であるが，とんでもないこと，悲しいことである。

　何としてでも，生徒一人ひとりが，本心からの「夢」をもてるようにしたい。そして，それが，やがて「志」になるように導いてあげたい。

　大がかりな進路学習でなくても，15分程度の短時間の学級活動でも，その指導は可能である。彼らが，「アッ！」「へぇー？」と言いたくなり，彼らの心がキュッとくる写真を用いて，彼らの心に「夢」をもたせる，そういう実践ができる。「先輩の後ろ姿」の写真を用いた授業など効果的である。

「あっ，○先輩！」
「どこ？」
「いつ？」
「何してるの？」
「休んでて，ダンスを学べなかった人に，○○さんが放課後残って，ビデオを見ながら

いっしょに踊って教えてあげてたんだよ。先生，いいものを見たよ。」

　生徒は，先輩の後ろ姿から，「優しさ」や「思いやり」「友情」の美しさをストレートに感じてくれる。そして，「私も〇〇先輩のように，友達に優しい，人の心がわかる人間になりたい」となりたい自分を表明していく。

（3）3月「立つ」

① ファイナルトライ

　　「あと16日で，お別れ。生徒にとっては，義務教育9年間が終わる。はたして，このまま終わっていいのだろうか。私は，『魂』を注ぎ込む仕事ができたのだろうか……」
　猛烈な不安に襲われる。
　〈夢をつかむ者たちよー。君だけの花を咲かせようー〉（「旅立ちの時」久石譲 作）音楽室から，合唱コンクールで歌ったあの懐かしいメロディが聞こえてくる。
　　「私が子どもたちに伝えたかったことは一体何だったのか？　教えたいことは何だったのか？　……そうだ，"一生懸命生きること"。ただそれだけだ。たった一度の人生を感謝の心をもって一生懸命生きる。そして，自分の花を咲かせ，ほんの少しでいいから人様の役に立つ。そんな人間になってほしい。そう願って，私は様々な実践に取り組んできたのだ」。
　　己の心を再確認し，私は「ファイナルトライ」を始める。

【あったかチャンポン】

　「長崎にいる貧しく懸命に勉強している留学生に，なんとかして，安くて，おいしくて，栄養があるあったかい食べ物を食べさせてあげたい。そう願って考え出されたもの，それがチャンポン」ということを学んだ後，実際に調理室でつくる。
　　「せ，先生，こ，このチャンポン考えた調理師は，やっぱ偉いね。本当の優しい人やね」

ホクホク口をほおばらせ，そう言ってくれる生徒がいる。

クラスのなかには，高校に行くことをあきらめ，かつ，卒業後の目標を何ら見いだせず，自暴自棄になっている生徒もいる。

（"あぁ，どの子も，自分もこんな人間になりたい"という【あこがれ】をもってほしい。卒業までに，なんとしてでも）

そう願い，〈ほんもの〉を最後の最後まで，生徒にぶつけていく。

【未来予想図】

「よーし，今日の学活は，20歳の自分を予想して，20歳の自画像を描いてみよう。何をめざし，どんなことをしているかな？」

生徒は静かに自己を見つめ，そして，笑顔で活動を始める。

【20歳の自己へ】

「この時間は，20歳の自分へ手紙を書くよ。"どう，あの夢に向かって頑張っている？"という感じで。未来予想図とともに，タイムカプセルに入れて，20歳の同窓会の時に開けて読むことにしよう。楽しみだなー」

【あなたのおかげで】

「今でも心に残っているのは…うれしかったのは……あなたがいてくれたおかげで……」という文章を10分で完成してもらう。

「運動が大の苦手な私。そんな私が大切なことを学んだ場，それが，運動会。ブロック長として，1・2年生をリードするあなたの姿を見て，私も私にできることでガンバロウと思えることができました。あなたの頑張る姿から何か勇気をもらいました。そのことを今でも感謝しています。……」

1年間を振り返りながら，「ありがとう」の気持ちがわき起こってくる。

【お別れ学級集会】

卒業1週間前。授業や部活動でお世話になった先生方を招待して，お別れ集

会を開く。受験前で忙しい時ではあるが，３割以上の手助けはしない。企画も準備も，残り７割は，生徒自らが行わなければならないようにする。生徒は，昼休みや放課後などに話合い，自分たちによる自分たちのための集会を創りあげていく。

　「人生は100でできている。悲しい時は，4×9（シク）＝36。楽しい時は，8×8（ハッハ）＝64。人生は楽しいことが多いんだ。1193（イイ組）つくろう赤坂学級。誰が書いたのか，あの後ろ黒板が今でも心に残っています。受験の苦しい時も，誰かが書いたあの言葉で支えられてきました。ありがとう」

発表の後，これでお別れではないのに，静かに涙を流す子がいる。

【学級卒業式】

　「卒業式後の学級での最後の学活，30分。先生に５分ください。残りの25分間，何をどのようにするか君たちにすべて任せます」。

卒業式後，教室での最後の授業の大半をこのように生徒に任せる。１年間の〈成果〉が，すべて表れる。

20代の頃は，私は，５分間の中で，ギターを持って，紙風船の歌をうたっていた。

〈落ちてきたら，今度はもっと，高く，高く，打ち上げようよ〉

　「これからの君たちの人生，思うようにいくことばかりじゃありません。むしろ，うまくいかないことや負けることの方が多いかもしれません。しかし，そこでくじけないこと。落ちてきたら打ち上げるのです。高く，高く，打ち上げるのです。高く，高く」

そういうラストメッセージを贈っていた。

2007年度は，相田みつをさんの言葉「一生勉強　一生青春」を，その場で筆で書き，「学び続けることが君の人生を充実させる」というメッセージを贈っ

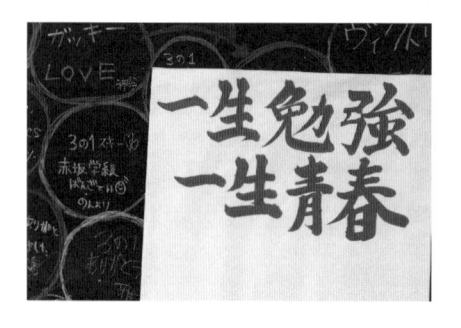

た。

② 〈感謝〉の心から立つ

　３月―「立つ」にあたり，学級活動の内容は，生徒の実態に応じ，柔軟に変えるべきでしょう。ただ，３月の学級活動の中心は「感謝」に関わるものでありたい。

　「今までの日本では，欠乏＝充足による努力向上心が人の成長を促した。これからの日本では，感謝＝報恩による努力向上の心が人の成長を促すべき」（片岡徳雄）と考えるからである。

　以上のような集団活動の中で，お互いのよさや可能性を発揮しながら，集団や自己の課題を解決していくことを通して，子どもたちは，「人間関係形成」「社会参画」「自己実現」に関わる資質・能力を高め，生きる力を育んでいく。

　最後に，特別活動実践における指導の原則を示しておく。

① 生徒の実態や「願い」を，担任が的確にとらえることができている
　「オレもやっぱりやってみたい」「オレはこの部分で活躍したい」という学級の生徒一人ひとりのほんとうの願いをとらえることができているか。
② 一人ひとりの居場所・活躍場所を用意している
　そして，生徒がそれぞれの自分を思いっきり発揮できるように「場」を用意しているか。その活躍を生徒が相互に認めあい，励まし合うように支援しているか。
③ 生徒が取り組むにふさわしい集団学習活動の内容を創り出し，構成することができている
　自分が指導している生徒たちの現実を見据えて，題材を創造し，内容を巧みに構成することができているか。
④ 生徒が気づき，生徒自身が活動をはじめ，答えを生徒自身がつくり出

すように発問を考え，待つべき時は辛抱強く待っている

　生徒たち自身が，学びの主体者として生き生きと自主的に取り組むような活動を導き出す働きかけを行うことができているか。

⑤　方向を与えた後は，生徒の自主性を大いに認め，細かいくどくどとした注意はしない。

⑥　生徒への要求を下げず，生徒を誉めながら生徒が問題解決できるように指導する

　その結果，生徒一人ひとりの能力をできる限り延ばすことができる。

引用・参考文献

赤坂雅裕（2014）『心躍る特別活動』文教大学出版事業部。
児島邦宏（1998）『「生きる力」を育てる教育過程』明治図書。

（赤坂雅裕）

第14章

特別活動の評価

　特別活動は「自由研究」の時代を除けば，教科ではなく領域であり，数値による評価は到底なじまない。特別活動は「なすことによって学ぶ」（デューイ）ことを基本としているため，結果よりも過程における児童・生徒一人一人の成長を評価する個人内評価が重要になってくる。本章では，学習指導要領を手がかりに，特別活動の評価の特色について説明したうえで，特別活動における評価の観点と規準，評価方法について紹介する。また，学習指導要領の改訂に伴う指導要録への記載の変遷を概観し，新学習指導要領における特別活動の評価のあり方について考察してみたい。

1　特別活動における評価の特色

　小・中・高等学校の現行学習指導要領を手がかりとして，特別活動における評価の特色についてみてみたい。小・中・高等学校の現行学習指導要領では，評価について次のように示されている。

> 小学校学習指導要領（2008年3月）第1章総則第4の2の(11)
> 児童のよい点や進歩の状況などを積極的に評価するとともに，指導の過程や成果を評価し，指導の改善を行い学習意欲の向上に生かすようにすること。

> 中学校学習指導要領（2008年3月）第1章総則第4の2の(12)
> 高等学校学習指導要領（2009年3月）第1章の第5款の5の(12)
> 生徒のよい点や進歩の状況などを積極的に評価するとともに，指導の過程や成果を評価し，指導の改善を行い学習意欲の向上に生かすようにすること。

　ここでは，「中学校学習指導要領解説　特別活動編」を基にして，特別活動

の評価の特色についてさらなる分析を試みてみたい。

　まず，解説では，「このことは，個性の伸長を目指し，実践的な活動を特質とする特別活動において，特に配慮すべきことであり，指導計画の作成，計画に基づく活動，活動後の反省という一連の過程のそれぞれの段階で評価する必要がある」と述べている。これは，診断的評価，形成的評価，総括的評価の重要性について言及していると考えられる。診断的評価とは，活動前にアンケート等で児童・生徒の実態を把握し，それに合わせた指導計画を立てるための評価である。また，形成的評価とは，活動中に学級活動カード等で目標の達成状況を把握し，その結果に基づき指導を軌道修正したり，補充的な指導や児童・生徒への学習課題を提示したりするための評価である。そして，総括的評価とは，活動終了後に振り返りカード等でその成果を検証するために行う評価であり，この評価によって，児童・生徒が自己の活動を自ら振り返り，新たな目標や課題を見出すことができると同時に，教師も次の活動に対する改善点などの情報を得ることができる。つまり，特別活動の評価においては，活動前の診断的評価，活動中の形成的評価，活動後の総括的評価が重要になってくるのである。

　次に，「特別活動の評価において，最も大切なことは，生徒一人一人のよさや可能性を積極的に認めるようにするとともに，自ら学び自ら考える力や，自らを律しつつ他人とともに協調できる豊かな人間性や社会性など生きる力を育成するという視点から評価を進めていくということである。そのためには，生徒が自己の活動を振り返り，新たな目標や課題をもてるような評価を進めるため，活動の結果だけでなく活動の過程における生徒の努力や意欲などを積極的に認めたり，生徒のよさを多面的・総合的に評価したりすることが大切である。その際，集団活動や自らの実践のよさを知り，自信を深め，課題を見出し，それらを自らの実践の向上に生かすなど，生徒の活動意欲を喚起する評価にするよう，生徒自身の自己評価や集団の成員相互による評価などの方法について，一層工夫することが求められる」と解説がある。特別活動の目標を達成しようとするとき，児童・生徒の自尊感情を高めることが重要になってくる。自尊感情がベースとなり，「集団や社会の一員としてよりよい生活や人間関係を築こ

うとする」のであり，「自己を生か」そうと考えるのである。自尊感情が低いと，「いやといえない」「相手が自分と違う意見だったら，自分の意見を撤回する」など自己主張ができない傾向がある。しかし，自尊感情が高まると，人とのかかわりのなかで主張的な自分を打ち出すことができるようになる。自尊感情は他者から認められることによって高められていく。だからこそ，特別活動においては，活動の結果よりもむしろ，活動の過程における児童・生徒の努力や意欲などを積極的に認めたり，児童・生徒のよさを多面的・総合的に評価したりすることが大切である。教師が児童・生徒の不十分な点を指摘することは，特別活動においてふさわしい評価ではない。集団活動における教師のこのような行為が，時には教室内のいじめにつながったりすることもある。不十分な点があったとしても，児童・生徒自身が成長し，気づいていけるように指導していくことが重要である。

　さらに，解説では，「また，評価については，指導の改善に生かすという視点を重視することが重要である。評価を通じて教師が指導の過程や方法について反省し，より効果的な指導が行えるような工夫や改善を図っていくことが大切である。その際，集団活動を特質とする特別活動においては，児童・生徒一人一人の評価のみならず，集団の発達や変容についての評価も重要であり，この評価の結果を適切に指導に生かすことが重要である」と述べている。誰かから必要とされているという満足感である自己有用感の獲得は自尊感情を高めることにつながる。他者の存在を前提としない自己評価は，特別活動に必要な社会性を育むとは限らないので，自己有用感に裏づけられた自尊感情を育てていくことが重要なのである。そのためには，集団の成員が相互にその存在を必要とする協同的な集団づくりが必要になってくる。教師は，集団の発達や変容について評価し，この評価の結果を生かし，協同的な集団をつくるよう指導する必要がある。

　最後に，「こうした特別活動の評価に当たっては，各活動・学校行事について具体的な評価の観点を設定し，評価の場や時期，方法を明らかにする必要がある。その際，特に活動過程についての評価を大切にするとともに，学級担任や当該学年の教師はもとより，全教師の共通理解と連携を十分に図って適切に

表 14 - 1　評価の内容及びその趣旨（2001年）

〈小学校〉

学級活動	話合いや係の活動などを進んで行い，学級生活の向上やよりよい生活を目指し，諸問題の解決に努めている。
児童会活動	委員会の活動を進んで行ったり集会などに進んで参加したりして，学校生活の向上や他のためを考え，自己の役割を果たしている。
クラブ活動	自己の興味・関心を意欲的に追求し，他と協力して課題に向けて創意工夫して活動している。
学校行事	全校や学年の一員としての自覚をもち，集団における自己の役割を考え，望ましい行動をしている。

〈中学校〉

学級活動	話合いや係の活動などを進んで行い，学級生活の向上やよりよい生活を目指し，諸問題の解決に努めるとともに，現在及び将来の生き方を幅広く考え，積極的に自己を生かしている。
生徒会活動	委員会の活動などを進んで行い，全校的な視野に立って，学校生活の向上や他のためを考え，自己の役割を果たしている。
学校行事	全校や学年の一員としての自覚をもち，集団や社会における自己の役割を考え，望ましい行動をしている。

評価できるようにすることが必要である。」と解説している。特別活動は活動内容に重点が置かれる傾向にあるが，まずは特別活動を通して育てたい力を明確にしなければならない。そのため，各学校においては具体的な評価の観点を定め，各活動・学校行事ごとに評価する必要がある。また，特別活動では，全校または学年を単位として行う活動があり，学級担任以外の教師が指導することも多いので，評価に当たっては，評価体制を確立し，学校全体で組織的に取り組む必要がある。

2　特別活動の評価の観点と規準

　2001（平成13）年，「小学校児童指導要録，中学校生徒指導要録，高等学校生徒指導要録，中等教育学校生徒指導要録並びに盲学校，聾学校及び養護学校の小学部児童指導要録，中学部生徒要録及び高等部生徒指導要録の改善等につ

特　別　活　動　の　記　録						
内　容　　　　　学　年	1	2	3	4	5	6
学級活動						
児童会活動						
クラブ活動						
学校行事						

図14-1　小学校指導要録（2001年参考様式）

特別活動の記録			
内容　　学年	学　級活　動	生徒会活　動	学　校行　事
1			
2			
3			

図14-2　中学校指導要録（2001年参考様式）

いて」（初等中等教育局長通知）の中で，「評価の内容及びその趣旨」が表14-1のように示されている。「特別活動の記録」については，各内容ごとにその趣旨に照らして十分満足できる状況にあると判断される場合には欄内に○印を記入することが求められている（図14-1，図14-2）。しかし，実際の評価に関しては，各学校に合うように評価の観点と規準を作成し，それらに基づいて評価を行うべきであろう。

2010（平成22）年には，文部科学省初等中等教育局長より「小学校，中学校，高等学校及び特別支援学校等における児童生徒の学習評価及び指導要録の改善等について」が通知され，「評価の観点及び趣旨」が例示された（表14-2）。「特別活動の記録」については，「各学校が自ら定めた特別活動全体に係る評価の観点を記入した上で，各活動・学校行事ごとに，評価の観点に照らして十分満足できる活動の状況にあると判断される場合に○印を記入する」ことが求められた（図14-3，図14-4）。

2011（平成23）年には国立教育政策研究所教育課程研究センターより「評価規準の作成，評価方法等の工夫改善のための参考資料」が出され，特別活動の内容のまとまりごとに，評価の観点「関心・意欲・態度」「思考・判断・実践」「知識・理解」が設定され，そのまとまりごとに評価の規準が作成された。こ

表14-2　評価の観点及び趣旨（2010年）

〈小学校〉

観点	集団活動や生活への関心・意欲・態度	集団の一員としての思考・判断・実践	集団活動や生活についての知識・理解
趣旨	学級や学校の集団や自己の生活に関心をもち，望ましい人間関係を築きながら，積極的に集団活動や自己の生活の充実と向上に取り組もうとする。	集団の一員としての役割を自覚し，望ましい人間関係を築きながら，集団活動や自己の生活の充実と向上について考え，判断し，自己を生かして実践している。	集団活動の意義，よりよい生活を築くために集団として意見をまとめる話合い活動の仕方，自己の健全な生活の在り方などについて理解している。

〈中学校〉

観点	集団活動や生活への関心・意欲・態度	集団や社会の一員としての思考・判断・実践	集団活動や生活についての知識・理解
趣旨	学級や学校の集団や自己の生活に関心をもち，望ましい人間関係を築きながら，積極的に集団活動や自己の生活の充実と向上に取り組もうとする。	集団や社会の一員としての役割を自覚し，望ましい人間関係を築きながら，集団活動や自己の生活の充実と向上について考え，判断し，自己を生かして実践している。	集団活動の意義，よりよい生活を築くために集団として意見をまとめる話合い活動の仕方，自己の健全な生活の在り方などについて理解している。

特　別　活　動　の　記　録							
内　容　　　観　点　　　　　　　　　　学　年	1	2	3	4	5	6
学級活動						
児童会活動						
クラブ活動						
学校行事						

図14-3　小学校指導要録（2010年参考様式）

こでは，小・中学校の「学級活動」の「(1)学級や学校の生活づくり」を表
14-3に示す。各学校では，これらを参考にして，児童・生徒の発達段階に合
わせた一貫性のある評価規準を作成することが必要になってくる。

特 別 活 動 の 記 録						
内　容	観　点　　　　　　　　　　　　　学　年			1	2	3
学級活動						
生徒会活動						
学校行事						

図 14-4　中学校指導要録（2010年参考様式）

表 14-3　小・中学校〔学級活動(1)「学級や学校の生活づくり」の評価規準に盛り込むべき事項〕

観点	集団活動や生活への関心・意欲・態度	集団(や社会)の一員としての思考・判断・実践　※(　)は中学校の記述	集団活動や生活についての知識・理解
1・2年	学級の身の回りの問題に関心をもち，他の児童と協力して進んで集団活動に取り組もうとしている。	学級生活を楽しくするために話し合い，自己の役割や集団としてのよりよい方法などについて考え，判断し，仲良く助け合って実践している。	みんなで学級生活を楽しくすることの大切さや，学級集団としての意見をまとめる話合い活動の基本的な進め方などについて理解している。
3・4年	学級の生活上の問題に関心をもち，他の児童と協力して意欲的に集団活動に取り組もうとしている。	楽しい学級生活をつくるために話し合い，自己の役割や集団としてのよりよい方法などについて考え，判断し，協力し合って実践している。	みんなで楽しい学級生活をつくることの大切さや，学級集団としての意見をまとめる話合い活動の計画的な進め方などについて理解している。
5・6年	学級や学校の生活の充実と向上にかかわる問題に関心をもち，他の児童と協力して自主的に集団活動に取り組もうとしている。	楽しく豊かな学級や学校の生活をつくるために話し合い，自己の役割や責任，集団としてのよりよい方法などについて考え，判断し，信頼し支え合って実践している。	みんなで楽しく豊かな学級や学校の生活をつくることの意義や，学級集団としての意見をまとめる話合い活動の効率的な進め方などについて理解している。
中学校	学級や学校の生活の充実と向上に関わる問題に関心をもち，他の生徒と協力して，自主的，自律的に集団活動に取り組もうとしている。	学級や学校の一員としての自己の役割と責任を自覚し，他の生徒の意見を尊重しながら，集団におけるよりよい生活作りなどについて考え，判断し，信頼し支え合って実践している。	充実した集団生活を築くことの意義や，学級や学校の生活づくりへの参画の仕方，学級集団として意見をまとめる話合い活動の仕方などについて理解している。

3　特別活動におけるさまざまな評価方法

　特別活動における評価の方法を考えるとき，各教科の学習の際によく用いられる筆記テストはなじまない。以下，特別活動の評価として活用できる評価方法として，観察による評価，質問紙による評価，ポートフォリオによる評価，パフォーマンスによる評価を取り上げる。特別活動においては，これらの評価方法を組み合わせて，教師による評価だけではなく，児童・生徒自身による自己評価，仲間どうしの相互評価，地域住民等による他者評価といった多様な視点から評価を行い，教師の視点からだけでは気づかない児童・生徒のよさを多面的・総合的に評価することが重要である。

（1）観察による評価

　発表や話し合いの様子，学習や活動の状況などを観察に基づき評価する方法である。児童・生徒の行動や発言，表情や動作，エピソードなどを評価資料とするには，観察記録簿（観察票やチェックリスト等）を用い，情報を蓄積しておくことが重要である。観察による評価については，① 記述シートや完成した作品では汲み取れない学習状況を見取ることができる，② 過程での評価に適している，③ 即座に指導に生かすことができる，といった利点がある。観察による評価を用いるとき，教師自身が児童・生徒の活動の様子を見取る目を磨くとともに，評価を行う際の視点を明確にしたり，児童・生徒の行動を総合的に理解し，その状況を観点に照らして分析したりするなどの工夫が求められる。

（2）質問紙による評価

　児童・生徒や保護者等に質問紙を渡して，その回答を求める評価方法である。質問紙による評価については，①「関心・意欲・態度」などの子どもたちの内面を見取るのに効果的である，② 一人一人の児童・生徒の評価だけでなく，学校や学級全体の傾向をつかみ，指導改善に生かすことができる，③ 同じ項目について時期を変えて質問し，その変化を見取ることによって，「個の変容」

や「集団の変容」をつかむことができる，といった利点がある。質問紙による評価を用いるとき，各活動，学校行事の目標やその指導のねらいなどを踏まえ，質問の目的，内容，方法，回答の仕方，実施時期，処理の仕方などについて検討しなければならない。

（3）ポートフォリオによる評価

　学習活動の過程や成果などの記録や作品を児童・生徒が主体的・計画的に集積したポートフォリオによる評価方法のことである。ここでは，活動計画表や学級活動カード，自己評価の記録，取材メモや感想，教師・友達・保護者・地域の人のコメント，写真や報告書などを資料として集積する。ポートフォリオによる評価については，① 継続的に資料をファイルに蓄積することから，学習の過程を詳しく把握することができる，② 振り返りの機会を設ければ，生徒が思いや考えを整理することができる，③ 保護者等への説明にも活用できる，といった利点がある。ポートフォリオによる評価を用いるとき，ただの集積物にならないよう，資料の並べ替えや取捨選択などをして整理する方法とともに，自己の学習を見通し，振り返るための活用の仕方を指導することが重要である。

（4）パフォーマンスによる評価

　一定の課題の中で身に付けた力を用いて活動することを通して，その力を評価する方法のことである。課題解決の場面において，身に付けた力を複合的に活用する姿を見取る評価ともいえる。パフォーマンス評価については，① 成果をまとめたレポートやポスター，口頭発表やロールプレイなど実際に発揮している力を総合的に見取ることができる，② 生徒が自分で導き出した考え方，作り出した作品の姿などから，個性や独創性を評価し，認めることができる，といった利点がある。パフォーマンスによる評価を用いるとき，身に付けた力を発揮し学習活動に取り組む生徒の姿について，おおよそ満足できる状況を具体的にイメージしておく必要がある。そのため，評価基準であるルーブリックを設定し，用いることになる。

4　指導要録への記載の変遷

　1947（昭和22）年，文部省は，学習指導要領（試案）を提出し，その中に特別活動の前身である「自由研究」を教育課程の中に教科の一つとして位置づけた。その後，「特別教育活動」「教科以外の活動」「各教科以外の教育活動」と名称を変え，小・中・高等学校とも「特別活動」という名称に統一されていく。まず，「自由研究」の評価について，1948（昭和23）年11月12日に文部省学校教育局長名で出された「小学校学籍簿について」をみてみたい。「小学校学籍簿」は，「（一）在籍状況」「（二）出欠状況」「（三）身体の記録」「（四）標準検査の記録」「（五）行動の記録」「（六）学習の記録」「（七）全体についての指導経過」「（八）担任者職氏名」から構成されている。「（六）学習の記録」において，他の教科が5段階相対評価でなされるなか，「自由研究」については，「題目，活動の内容等その事実を具体的に記入することとし，他の教科のような判定は行わない」とされている。

（1）小・中・高：第1次改訂

　1951（昭和26）年，文部省は学習指導要領の第1次改訂を行った。小学校については，「自由研究」に代わり「教科以外の活動」が新設され，正規の教育活動として教育課程に位置づけられた。中・高等学校については1949（昭和24）年の通達で「自由研究」が廃止され，「特別教育活動」とされたが，第1次改訂においても引き続き「特別教育活動」の名称が用いられた。1949年8月25日，初等中等教育局長名で「中学校・高等学校生徒指導要録について」が，9月12日には「学籍簿の名称並びにその取扱いについて」が出され，小学校の「学籍簿」の名称が「児童指導要録」に改められることになった。1955（昭和30）年，初等中等教育局長と大学学術局長の連名により「小学校，中学校および高等学校の指導要録の改訂について」が通達された。この通達では，小・中学校の「学習の記録」の「評定」欄については，引き続き5段階相対評価で示すこととされ，高等学校においては5段階絶対評価が採用されることになった。「教

科以外の活動の記録」「特別教育活動の記録」欄は，学級会，児童会等，また
ホームルーム，学級会，クラブ活動等について，指導時間数および出席時間
数・役職・所属等の事実，児童・生徒の活動について，特に顕著な事項などを
記入することとされた。

（2）小・中：第2次改訂／高：第2次・第3次改訂

　1958（昭和33）年には小・中学校の学習指導要領の第2次改訂が行われた。
この改訂では「試案」の文字が削除され，文部省の告示として学習指導要領が
示された。これに先立ち高等学校では，1955（昭和30）年に第2次改訂が行わ
れ，「試案」の文字が削除された。さらに1960（昭和35）年に第3次改訂が行わ
れた。この改訂以降，文部省は，学習指導要領には法的拘束力があるとして，
各学校は学習指導要領に基づき教育活動を行うことを強調するようになった。
この改訂により，小学校についても，「教科以外の活動」が「特別教育活動」
となり，小・中・高等学校の名称が統一された。またこの改訂で，それまで明
確には教育課程に位置づけられていなかった学校行事が，特別教育活動とは別
に教育課程に位置づけられた。ただし，現行学習指導要領では学校行事は特別
活動の一領域となっているが，この時は，各教科，道徳，特別教育活動と並列
するかたちで教育課程に位置づけられている。1961（昭和36）年，文部省の初
等中等教育局長と大学学術局長の連盟により「小学校児童指導要録および中学
校生徒指導要録の改訂について」が通達された。また，1963（昭和38）年には，
文部省初等中等教育局長名で「高等学校生徒指導要録の改訂について」が出さ
れることになった。この通達では，小・中学校の「各教科の学習の記録」の
「評定」欄については，絶対評価を加味した5段階相対評価が採用された。「特
別教育活動」については，「特別教育活動」に特化した欄は設けられず，「行動
および性格の記録」の欄において，各教科，道徳，特別教育活動，学校行事等
その他学校生活全般にわたって認められる児童・生徒の行動および性格につい
て記録することとされた。

（3）小・中：第3次改訂／高：第4次改訂

　1968（昭和43）年に小学校，1969（昭和44）年には中学校の学習指導要領の第3次改訂が行われた。また，1970（昭和45）年には，高等学校の学習指導要領の第4次改訂が行われた。1960年代は高度経済成長のもと，科学技術の進展と日本経済の国際競争力を高めるため，科学技術教育が重視されるようになり，「現代化カリキュラム」と呼ばれる高度な内容を学校教育に求めるようになった。小・中学校の「特別教育活動」は，学校行事と統合され「特別活動」に，高等学校の「特別教育活動」も学校行事と統合され，「各教科以外の教育活動」に名称が変更された。1971（昭和46）年，文部省の初等中等教育局長より「小学校児童指導要録および中学校生徒指導要録の改訂について」が通知された。この通知では，小・中学校の「各教科の学習の記録」の「評定」欄について，1961年の改訂と同様，絶対評価を加味した5段階相対評価で示すこととされた。特別活動については，新たに「特別活動の記録」欄が独立して設けられた。小学校の「特別活動の記録」欄では，児童活動，学校行事，学級指導への参加態度，児童会・学級会の委員経験，クラブ活動などについて記入することが求められている。中学校の「特別活動の記録」欄では，生徒活動，学級指導，学校行事への参加態度，生徒会・学級会の委員経験，クラブ活動などについて記入することが求められている。これらの評価については，いずれも個人内評価が求められている。

（4）小・中：第4次改訂／高：第5次改訂

　1977（昭和52）年に小・中学校の学習指導要領の第4次改訂が，1978（昭和53）年に高等学校の学習指導要領の第5次改訂が行われた。1970年代に入ると，受験競争の過熱化に伴い，学校が知識の詰め込みに走った結果，「落ちこぼれ」など授業についていけない児童・生徒が増加した。このような状況を受けて，第4次改訂では，「ゆとり」「弾力化」が主要なキーワードとして挙げられ，教育内容・授業時数が削減された。高等学校の「各教科以外の教育活動」は「特別活動」に変更され，特別活動という名称が小・中・高等学校を通して使われるようになり，現在に至っている。この改訂に伴って，1980（昭和55）年，文

部省初等中等教育局長より「小学校児童指導要録及び中学校生徒指導要録の改訂について」が通知された。この通知では，小・中学校の「各教科の学習の記録」の「評定」欄について，小学校低学年では3段階で示すこととされ，中・高学年から中学校では，従来通り5段階評定を行うこととされた。また，従来の「所見」欄を「観点別学習状況」と改め，各教科ごとに観点別絶対評価を行うことが提案された。「特別活動の記録」については，「特別活動の重要性にかんがみ，児童・生徒の活動状況に関する所見の記入が一層適切に行われるよう配慮」され，次のように示されている。

> 特別活動における児童（生徒）の活動状況について主な事実及び所見を記入すること（たとえば，特別活動への参加態度，学級会・児童会（生徒会）の係や委員の経験，クラブや学校行事における活動状況などについて記入すること。）。更に，児童（生徒）の活動状況を総合的にみて次に示す観点の趣旨に該当する場合には，欄内の観点の番号を〇印で囲むこと。1　活動の意欲…意欲をもって集団活動に参加し，熱心に自己の役割を果たした。2　集団への寄与…所属集団の活動の発展・向上に大いに寄与した。

（5）小・中：第5次改訂／高：第6次改訂

　1989（平成元）年に小・中学校の学習指導要領の第5次改訂及び高等学校の学習指導要領の第6次改訂が行われた。この改訂の根底にある教育観が「新しい学力観」である。「新しい学力観」は，知識・理解・技能の習得以上に，児童・生徒の関心・意欲・態度を重視し，思考力・判断力・表現力に裏づけられた自己教育力を獲得する学力観である。1991（平成3）年，文部省初等中等教育局長により「小学校児童指導要録，中学校生徒指導要録並びに盲学校，聾学校及び養護学校の小学部児童指導要録及び中学部生徒指導要録の改訂について」が通知された。この通知では，「各教科の学習の記録」において，「観点別学習状況」を「評定」等よりも前に設け，「観点別学習状況」欄は新学習指導要領に示す各教科の目標や内容を踏まえ，自ら学ぶ意欲の育成や思考力，判断力などの育成に重点を置くことが明確になるよう配慮し，観点等を改めた。具体的には，「観点別学習状況」に設定されていた4つの観点の記載順序が，従

来の「知識・理解」「技能」「思考」「関心・態度」から，「関心・意欲・態度」
「思考・判断」「技能・表現」「知識・理解」へと逆転した。「評定」については，
従来小学校低学年で３段階，それ以上で５段階の評定を行っていたが，この時
小学校低学年ではこれを廃止し，小学校中・高学年では３段階，中学校の必修
教科と外国語で５段階の評定を行うこととした。なお，中学校の選択教科につ
いては，この教科の特性を考慮して設定された目標に照らして３段階で評定す
ることとした。「特別活動の記録」については，「活動の状況」欄と「事実及び
所見」欄に分け，「活動の状況」欄については学級活動，児童（生徒）会活動，
クラブ活動，学校行事という項目ごとに「十分満足できる状況にあると判断さ
れる」場合に〇印を記入することとなった。「事実及び所見」については，特
別活動における児童・生徒の活動の状況について，主な事実及び総合的に見た
場合の所見を記入することや，児童・生徒の長所を取り上げることが基本とな
るよう留意することが求められている。

（6）小・中：第６次改訂／高：第７次改訂

　1998（平成10）年，小・中学校の学習指導要領の第６次改訂及び高等学校の
学習指導要領の第７次改訂が行われた。この改訂では，ゆとりのなかで「生き
る力」を育成することを目的とし，完全学校週５日制と「総合的な学習の時
間」を実施するために，教科の授業時数と教育内容が大幅に削減された。特別
活動では，教育課程に組み込まれていた中・高等学校のクラブ活動が廃止され
ることになり，自主的・自発的な活動である放課後の部活動がより一層活発化
することが期待された。2001（平成13）年，文部科学省初等中等教育局長によ
り，「小学校児童指導要録，中学校生徒指導要録，高等学校生徒指導要録，中
等教育学校生徒指導要録並びに盲学校，聾学校及び養護学校の小学部児童指導
要録，中学部生徒要録及び高等部生徒指導要録の改善等について」が通知され
た。この通知では，「これからの評価においては，各学校において，観点別学
習状況の評価を基本とした現行の評価方法を発展させ，学習指導要領に示す目
標に照らしてその実現状況を見る評価が一層重視されるとともに，児童・生徒
一人一人のよい点や可能性，進歩の状況などを評価するため，個人内評価が工

夫されるようお願いします」とあり，絶対評価と個人内評価の充実を求めている。その結果，「各教科の学習の記録」の「評定」については，絶対評価を加味した相対評価から絶対評価一本になった。「特別活動の記録」については，「特別活動における児童（生徒）の活動について，各内容ごとにその趣旨に照らして十分満足できる状況にあると判断される場合には欄内に○印を記入する」こととされ，個人内評価が求められている。

（7）小・中：第 7 次改訂／高：第 8 次改訂

　2008（平成20）年に小・中学校の学習指導要領の第 7 次改訂が，2009（平成21）年には高等学校の学習指導要領の第 8 次改訂が行われた。この改訂では，学力低下批判を受けて，「確かな学力の確立」がめざされることになった。各学年の年間総授業時数が，35〜70時間程度増加し，教育内容も増加した。授業時数の変化としては，国語・数学・英語などの教科は増加し，総合的な学習の時間は減少した。特別活動の授業時数について変更はなかったが，子どもたちが人間関係に課題を抱えているという現状を踏まえ，全体の目標に「人間関係」が加えられた。2010（平成22）年，文部科学省初等中等教育局長より「小学校，中学校，高等学校及び特別支援学校等における児童・生徒の学習評価及び指導要録の改善等について」が通知された。この通知では，2001年通知を踏襲し，学習の評価における評定について絶対評価を求めている。学習の評価における観点については，新しい学習指導要領を踏まえ，「関心・意欲・態度」「思考・判断・表現」「技能」および「知識・理解」に整理し，各教科等の特性に応じて観点を示した上で，「設置者や学校においては，これに基づく適切な観点を設定する必要がある」としている。「特別活動の記録」では，「各学校が自ら定めた特別活動全体に係る評価の観点を記入した上で，各活動・学校行事ごとに，評価の観点に照らして十分満足できる活動の状況にあると判断される場合に○印を記入する」とされ，評価の観点は，「特別活動の目標を踏まえ，各学校において別紙 5 を参考に定める」とされている。別紙 5 では，「集団活動や生活への関心・意欲・態度」「集団（や社会）の一員としての思考・判断・実践　※（　）は中学校の記述」「集団活動や生活についての知識・理解」の

観点が例示されている。

5　新学習指導要領と特別活動の評価

　2017（平成29）年3月に，新学習指導要領が告示された。ここでは，紙面の関係上，中学校を例に取り上げてみたい。

> 中学校学習指導要領（2017年3月）第1章第3の2の(1)
> 　生徒のよい点や進歩の状況などを積極的に評価し，学習したことの意義や価値を実感できるようにすること。また，各教科等の目標の実現に向けた学習状況を把握する観点から，単元や題材など内容や時間のまとまりを見通しながら評価の場面や方法を工夫して，学習の過程や成果を評価し，指導の改善や学習意欲の向上を図り，資質・能力の育成に生かすようにすること。

　また，2017年7月に示された「中学校学習指導要領　解説編」では以下のように述べられている。

> 　特別活動の評価において，最も大切なことは，生徒一人一人のよさや可能性を生徒の学習過程から積極的に認めるようにするとともに，特別活動で育成を目指す資質・能力がどのように成長しているかということについて，各個人の活動状況を基に，評価を進めていくということである。そのためには，生徒が自己の活動を振り返り，新たな目標や課題をもてるようにするために，活動の結果だけでなく活動の過程における生徒の努力や意欲などを積極的に認めたり，生徒のよさを多面的・総合的に評価したりすることが大切である。そのため，生徒一人一人が，自らの学習状況やキャリア形成を見通したり，振り返ったりできるようにすることができるようなポートフォリオ的な教材などを活用して，自己評価や相互評価するなどの工夫が求められる。なお，生徒の自己評価や相互評価は学習活動であり，それをそのまま学習評価とすることは適切ではないが，学習評価の参考資料として適切に活用することにより，生徒の学習意欲の向上につなげることができる。自己評価の活動としては，学習指導要領第6章第2の3の(2)において，学級活動の内容(3)について，「学校，家庭及び地域における学習や生活の見通しを立て，学んだことを振り返りながら，新たな学習や生活への意欲につなげたり，将来の生き方を考えたりする活動を行うこと。その際，生徒が活動を記録し蓄積する教材等を活用すること。」とされたことを活用することが考えられる。

また，評価については，指導の改善に生かすという視点を重視することが重要である。評価を通して教師が指導の過程や方法について反省し，より効果的な指導が行えるような工夫や改善を図っていくことが大切である。
　　また，特別活動の評価に当たっては，各活動・学校行事について具体的な評価の観点を設定し，評価の場や時期，方法を明らかにする必要がある。その際，特に学習過程についての評価を大切にするとともに，生徒会活動や学校行事における生徒の姿を学級担任以外の教師とも共通理解を図って適切に評価できるようにすることが大切である。　　　　　　　　　　　　　　　　　　　　　（下線は筆者による）

　　自らの将来を展望しつつ学習に積極的に取り組もうとする意識が国際的にみて低く，働くことへの不安を抱えたまま職業に就き，適応に難しさを感じている状況を踏まえて，新学習指導要領では，キャリア教育の必要性が強調されている。特別活動については，学校教育全体で行うキャリア教育の中核的な役割を果たすことが明確化されている。各教科等の学びと特別活動における学びが往還し，さらには小学校から中学校，高等学校へと系統的なキャリア教育を進めていくためには，解説にもあるポートフォリオによる評価が重要になってくる。ポートフォリオによる評価を活用すれば，発達の段階に応じた系統的なキャリア教育を充実させることになると考えられる。このような長期にわたるポートフォリオによる評価を実現させるためには，閲覧が容易で，資料の保存や並べ替え，取捨選択に優れたデジタルポートフォリオの活用が有効である。
　　ただ，特別活動はその前身である「自由研究」の時代から結果よりも過程における児童・生徒一人一人の成長を評価する個人内評価を大切にしてきた。新学習指導要領においては，「人間関係形成」「社会参画」「自己実現」の3つの視点を踏まえて目標及び内容を整理し，各活動及び学校行事で育成する資質・能力を明確化している。現行学習指導要領においてもこれら3つの視点に関わる資質・能力を育成するための評価を行ってきたため，評価の方向性については大きな変更をする必要はないと考える。新学習指導要領においても，個人内評価を大切にして，評価のための評価になることがないよう児童・生徒が自己有用感に裏づけられた自尊感情を高めることができる評価をすることが重要であることにかわりはない。

引用・参考文献

佐藤淑子（2009）『日本の子どもと自尊心――自己主張をどう育むか』中央公論新社。

高浦勝義（2011）『指導要録のあゆみと教育評価』黎明書房。

杉田洋監修（2011）『教育技術 MOOK 特別活動で子どもが変わる！　新しい評価と指導のモデル集』小学館。

林尚示編著（2012）『教職シリーズ5　特別活動』培風館。

西岡加名恵ほか編（2015）『新しい教育評価入門――人を育てる評価のために』有斐閣。

広岡義之編著（2015）『新しい特別活動――理論と実践』ミネルヴァ書房。

林尚示編著（2016）『教師のための教育学シリーズ9　特別活動――理論と方法』学文社。

原田恵理子ほか（2016）『基礎基本シリーズ③　最新特別活動論』大学教育出版。

（奥野浩之）

第15章

これからの特別活動の課題

　本章では，これからの特別活動の課題について，教育改革，生徒指導，各教科との関係，カリキュラム・マネジメント，それぞれのテーマに沿って解説する。まず，教育改革の観点から特別活動も変化の時代を生きる個々人の育成に焦点を当てないといけないことを解説し，これからの特別活動では時代に対応した学習理論・手法を用いることを説明する。次に個々人の育成という観点が従来の生徒指導のあり方を変容させることを解説し，特別活動が予防・開発的な生徒指導を担うことを説明する。さらに，「主体的対話的で深い学び」の観点から特別活動の特性を解説し，「対話的な学び」が特別活動と各教科との関係性を考える上で重要であることを説明する。最後にカリキュラム・マネジメントの観点から，特別活動が総合的な学習の時間や道徳科とともにカリキュラムの「コア」となることを解説し，カリキュラム・デザインを意識した特別活動のあり方を説明する。

1　教育改革と特別活動

（1）資質・能力を育成する特別活動

　2018（平成30）年現在，「社会に開かれた教育課程」と銘打った学習指導要領の改訂・周知・移行が進んでおり，2020年度からは高大接続改革による新センター試験（大学入学共通テスト）が実施される運びである。「2030年の社会」を構想する学習指導要領が発表され，戦後詰め込み教育の権化であった知識重視の大学入試が変化を迎えようとしている。ここでは「ゆとり教育」でも示された知識の活用や社会性を培う新しい学びが全面に押し出される。特別活動についても一連の教育改革の中で様々な問題点が指摘されている。学習指導要領

改訂に向けた議論をまとめた「次期学習指導要領等に向けたこれまでの審議の
まとめ」（以下「審議のまとめ」）では，現状の特別活動に関して複数の問題点
が示されている。

　1つは学習指導要領における内容の示し方であり，従来は「各活動の内容や
指導のプロセスについて構造的な整理が必ずしもなされておらず，各活動等の
関係性や意義，役割の整理が十分でないまま実践が行われてきたという実態」
があったという。この点は学習指導要領自体の問題であるが，現場が体系的に
特別活動を実施していないという認識が示されていることに注意したい。

　現場の観点で重要なことは，次の指摘である。「審議のまとめ」では，現状
の特別活動では各学校の特色ある取り組みがなされている一方で，「各活動に
おいて身に付けるべき資質・能力は何なのか，どのような学習過程を経ること
により資質・能力の向上につながるのかということが必ずしも意識されないま
ま指導が行われてきた実態」もあるとされる。「審議のまとめ」では，特別活
動において育成される資質・能力は「複雑で変化の激しい社会の中で求められ
る能力」であるとされ，自治的能力の育成やキャリア教育への貢献，防災を含
む安全教育，体験活動など，「社会の変化や要請も視野に入れ，各教科等の学
習と関連付けながら，特別活動において育成を目指す資質・能力を示す必要が
ある」としている。「社会に開かれた教育課程」をテーマに改訂作業が進んで
いる学習指導要領において，「特別活動」は「資質・能力」を育成する学習活
動として意識的にデザインされるよう要請されているのである。

　これまでの学習指導要領でも特別活動の学習目標は明示されていた。しかし，
元来，特別活動となると，資質・能力の育成という個人的なテーマではなく，
学級集団や学年集団の経営や成長という観点が重視されてきていたのではない
か。たとえば，4月に結成された新しいクラスが5月頃の遠足を通じて仲良く
なり，初夏から秋にかけての運動会や文化祭を通じて集団としてまとまってい
くプロセスは，私たちも体験的になじみがある。また，各行事でクラスの団結
が呼びかけられ，賞状やトロフィーが団結の証として教室に飾られるのもよく
見る光景だろう。このような学校行事のシークエンスは習慣化されていること
が大半であり，「複雑で変化の激しい社会の中で求められる能力」の育成のた

めに、「各教科等の学習と関連付けながら」体系だったカリキュラムとして昇華されていることが一般的であるとは言えないのではないだろうか。今回の学習指導要領改訂は「特別活動」のあり方・とらえ方に変化を求めていると考えられるのである。

（2）1980年代からの教育改革

　このような個人の資質・能力の育成をめざす学校・教育改革は1980年代の臨時教育審議会（以下、臨教審）から始まったといえる（臨教審については渡部(2006)。臨教審が文部省に与えた影響については寺脇(2013)）。臨教審では「教育の個性主義」とともに「生涯学習」という概念が提示された。この概念は、教育を「学校」に在籍しているおよそ10数年間に限定されるものととらえるのではなく、一生涯を通じた学びと成長として考えることを促す。この概念は同時に、科学技術の高度化や情報化・国際化に伴い、知識や技術体系が発展・再編成される中でそのような変化に対応できるよう、常に新しい技術・情報を獲得し変化に対応できる人材育成を念頭に示されたものである。

　期せずして、1980年代の終わりには東欧革命が起こり、社会主義諸国において体制転換が続いていった。そして、事態はソビエト連邦解体へと至り、冷戦構造が終焉を迎えた。同じくして、インターネットが民間でも利用されるようになるとともに、Windows95に代表されるパーソナルコンピューターの普及が進み、IT・ネットワークが世界中に広まっていった。1970年代には『成長の限界』（ローマクラブ、1972）など、従来型の社会が限界に来ていることが国際的に指摘されるようになり、臨教審の議論は変化する国際情勢の中で日本の教育のあり方についての大きな指針を示したものだった。この指針とともに知識詰め込み型の学校教育によって限界を迎えた現場からの声も相まって、いわゆる「ゆとり教育」として1998・1999年度学習指導要領において最初の教育改革が大きく形を成した。「授業時間数の削減」とともに、新しい学力である「生きる力」（現在で言う育成すべき資質・能力）が示され、それと関連した「総合的な学習の時間」が創設された。2007・2008年度学習指導要領では授業時間の削減は撤廃されたものの、「生きる力」は堅持されており、その後の文

科行政でも「どのような知識をどれだけ身に付けるのか」ではく,「変化する時代に対応する資質・能力がどのようなものであり,それに基づいた教育はどのようにすれば可能か」が問われていることに変わりはない。

（3）新しい学力と○○教育

　世界の変化は激しさを増している。冷戦構造終焉後,BRICs など新興諸国の台頭により多極化の時代が訪れる一方で冷戦構造の中で生まれたイスラム諸国との軋轢は,テロリズムという新たな脅威として国際社会を悩ませている。パーソナルコンピューターはスマートホンやタブレットととともに一般化されていき,インターネットもブロードバンド時代へと突入,Wikipedia やYouTube に代表される知識が「即座」に,「無料で」,「大量に」入手できる状況が到来した。また,これらの技術により国境を越えたオンライン取引が活発化されるとともに,EU（ヨーロッパ連合）をはじめとする自由主義経済の枠組みにより,ヒト・モノ・カネの自由な移動を可能にするリアルな経済圏が誕生した。昨今では AI（人工知能）の開発も進んできており,IoT（モノのインターネット化）と合わさって,「第4の産業革命」が叫ばれている。

　このような世界の変化は同時に新しい課題・危機を生み出している。国境を越えたヒト・モノ・カネの移動や多極化はグローバル化を加速させ,先進国と発展途上国の間での折り合わぬ環境規制の問題やグローバル企業による租税回避などの問題,西欧近代主義的な価値観とそれぞれの地域の価値観の衝突による反グローバル運動の活発化,さらには国際分業による産業構造の変化や第4の産業革命によるホワイトカラーの失業脅威など,課題・危機は様々である。日本の場合は少子高齢化・人口減少やそれに伴う過疎化・地方自治体の消滅問題（日本創成会議「ストップ少子化・地方元気戦略」,2014）,2011（平成23）年3月11日の東日本大震災以来,自然災害に対する警戒など,固有の問題意識も高まっている。

　これらの課題・危機に対応する資質・能力の育成が喫緊の課題として立ち上がっている。実際,世界中で現代の課題に対応する普遍的な資質・能力＝新しい学力の提唱がなされており（OECD「キー・コンピテンシー」,ATC21s の

「21世紀型スキル」など），日本でも「生きる力」を代表とする新しい学力が様々な機関から提示されてきている（経済産業省「社会人基礎力」，国立教育研究所「21世紀型能力」など）。さらにこのような新しい学力と連動して昨今の教育学・教育実践においては，「持続可能な開発のための教育」「主権者教育」「プログラミング教育」「防災教育」「キャリア教育」など，様々な「○○教育」という学習理論・手法が提示されるようになっており，学習指導要領改訂作業においても議論の俎上に登っていた。これらを特別活動に取り入れることが「審議のまとめ」でも求められており，年間指導計画などカリキュラムに活用することも提案されている（国立教育政策研究所教育課程研究センター 2014）。

　以上のように特別活動をはじめとする学校教育においては，変化する時代を児童・生徒が生き抜くための資質・能力育成を念頭に様々な学習理論・方法を用いることが求められているのである。

2　生徒指導と特別活動

（1）個性重視の教育への転換

　特別活動における資質・能力の育成が喫緊の課題であるということは先に示した時代の変化と強く結びついている。ただ，特別活動が従来の学級集団作りから個人の資質・能力の育成へと変化を求められている背景には，また別の論点が必要となる。

　戦後日本社会は，先の世界大戦により破壊された産業や都市インフラの復興からの出発を余儀なくされたものの，ベビーブームにおける人口増加や朝鮮戦争における特需，アメリカの庇護の下の経済発展などの好条件が重なり，飛躍的な経済成長を果たした。工業を中心とした右肩上がりの成長期においては，同一の作業工程を磨き上げ，製品の精度を高めること（いわゆる「カイゼン」），そして，そのための均質的な人材育成が求められた。これは結果的に知識詰め込み型の教育を促進させ，そこから溢れた児童・生徒に対する規律重視の管理主義型生徒指導を学校に根付かせていった。このような人材育成は近代工業社会一般で見られる現象であり，それに対する批判も生じていた。スイスの教育

学者で実践家であったイエッゲは1979年に子どもたちが「小さな歯車になること」を求められ苦痛を与えられていると述べている。イエッゲによれば，産業社会という１つの工場の歯車として隙間にピッタリとはめられて，快調に回転するために子どもたちは切断され，研磨されている。この一連の過程を人々は「教育」ないしは「１人前の人間になる」と呼んでいる（イエッゲ 1991：21）。

　しかしながら，このような教育のあり方は，産業や社会が比較的安定した状況における有効なアプローチでしかない。現代，つまり，ポスト近代工業社会においてはかつての均質性重視の人材育成よりも，流動的な時代の中で適応可能な多様な人材育成が求められている。このような変化を察知して1980年代の臨教審では「生涯学習」とともに「個性重視」の教育が提示された。この「個性重視」は社会の許容範囲から超える奇抜な生き方を強要するものではなく，個々人に合った社会への適応と参画を意味するのである。

　以上のことを念頭に2016年度に告示された小学校・中学校の新学習指導要領に目を向けたい。そこでは「特別活動」の学習目標として大きく３つ，「人間関係の形成」「社会参画」「自己実現」が示されている。人間関係の形成は他者との関係を構築する基本的な資質・能力の育成であり，社会参画は社会生活を営む上での集団参画の仕方を学ぶものである。最後の自己実現は単一の進路指導ではなく，自分自身が何をしたいのか，何に向いているのかという個々人の多様な特性に合ったキャリア意識を培っていく社会適応の基盤になるものである。このような資質・能力の育成は，個人の多様な適応の問題ととらえることができ，ポスト近代工業社会における教育，そして，臨教審以降の個性重視の教育が現代教育の中心主題であることを示している。それは同時に，新学習指導要領における特別活動は，これからの時代を生きる子どもたちに必要な中心的な資質・能力を育成する個性重視の重要な学習活動であることを示す。

　それでは個性を重視した特別活動とはどのようなものか。

　ゼロ年代以降，発達科学が進歩する中で児童・生徒のみならず大人を含む，人間一般において発達の凸凹が存在することが強調されている（大人の発達障害については加藤（2012），発達の凸凹については杉山（2011））。個々人の発達に凸凹があるなら，当然ながら社会への適応の仕方は人それぞれであり，各人

の個性（個人差）を見極めた教育が必要となるのは必然となる。個性重視の教育はこのような各人の個人差ある特性に合った教育を意味し，特別活動にもこのようなことが求められるのである。すなわち，特別活動においては学級集団が1つになり団結することではなく，学級集団に対して個々人が適応的な形で参画できているかということが重要であると考えられるのである。

（2）生徒指導の変容

　個性重視の観点からみると，特別活動と生徒指導の関係性がクリアになってくる。従来型の生徒指導では校内規律の維持という側面が強調されるが，これは起きた問題に対処するだけの受動的なアプローチでしかない。前述の個人にフォーカスを当てた教育のあり方から考えれば，児童・生徒の問題行動＝不適応行動を封じ込めるのではなく，よりよい児童・生徒の集団への適応をめざす能動的なアプローチが求められるのである。

　このような生徒指導の質的転換は，これまでも提案されてきている。たとえば，春日井は近年，個人重視の「教育相談」と集団重視の「生徒指導」が近づいていると指摘している。それまで治療的カウンセリング重視であった教育相談が予防・開発的なものになり，従来集団を対象にした問題行動への対応を行っていた生徒指導が発達課題を踏まえて個に寄り添う指導へと変化してきているというのである（春日井 2002：17-18）。つまり，問題行動を起こした個人を治療する教育相談が問題への予防・開発のためのアプローチへ，集団から逸脱する児童・生徒への対応という集団重視型の生徒指導が個人の発達課題に寄り添う個人重視型へと転換したと読み取れ，ここに不適応行動以前の個々人の発達を促す予防的アプローチとして教育相談・生徒指導が連動することが見えてくる。

　このような生徒指導における予防・開発的な役割が特別活動に求められているのである。特別活動での学習目標として示された「人間関係の形成」に資する様々な学習手法が既に存在する。感情の表現方法を学んだり，他者の話を傾聴したりする「コミュニケーション・トレーニング」（沖・林 2010）や「エンカウンターグループ」（國分・國分 2004）など学校心理学の文脈で蓄積されたノ

ウハウ，さらに「ストレス・マネジメント」や「アンガー・マネジメント」などの大人も対象となる心理教育に裾野を広げれば，活用可能な学習理論・手法は非常に膨大なものとなる。これらは春日井が指摘している予防・開発的な教育相談・生徒指導の中で実践されたものもあり，生徒指導での先駆的な実践・議論が現在に活かされると考えられる。

　児童・生徒は，「学校」という特殊な空間において1日の大半を過ごし，非常に限られた人間関係の中で様々な体験をしている。学校での体験と社会での体験は大きくかけ離れているわけではない。しかし，学校という空間の特殊性の中で無軌道に体験し，習得したコミュニケーションの態度・認識にはある種のバイアスがかかる可能性がある。コミュニケーションに絶対的な基準を設定するのは難しいものの，一般的な対処法に関しては標準化されたグループ・トレーニングを通じて習得することが望ましい。このようなワークに関しては不適応に対する予防教育としての位置づけとともに，社会性のトレーニングとして「発達的ソーシャル・スキル・トレーニング」（前田 2013）などと呼ばれることがある。

　以上に見てきたように特別活動は生徒指導における予防・開発的役割を担うことが示された。このような予防・発達的アプローチを取り入れる際には類似した学習目標を標榜し，学級単位で活動することが多い，総合的な学習の時間や道徳科と連携することも求められる。たとえば，特別活動とあわせて，予防教育的な発達的ソーシャル・スキル・トレーニングを授業に導入する際，道徳科では社会集団で必要な相互理解や寛容を学ぶグループ・トレーニングを，総合的な学習の時間では問題解決能力を育成するためのグループ学習を行うということである。このとき，重要なのは類似した内容であっても各教科の学習目標と照らし合わせたカリキュラムの運用をしないといけないということである。

3　各教科と特別活動

（1）特別活動における主体的な学び
　これまで特別活動が個人の資質・能力を育成すること，それによって生徒指

導が質的に変化することを示した。一方で，特別活動は従来通り学級集団を変容させる，つまり，集団の成長を促す側面も持ち合わせている。この点は「学び」を通じて個人の成長に貢献する。

「主体的・対話的で深い学び」が2016・2017年学習指導要領においてキーワードとして取り上げられた。改訂作業の中では「アクティブ・ラーニング」と称され，学習者の能動的な学習への参加を取り入れた学習方法という2012年に中央教育審議会が出した「新たな未来を築くための大学教育の質的転換に向けて（答申）用語解説」での定義がよく利用されていた。実際の改訂においては「主体的な学び」「対話的な学び」「深い学び」と3つの軸によってアクティブ・ラーニングの要諦が示された。

主体的・対話的で深い学びという観点から特別活動を考える際，まず，「主体的な学び」に注目したい。特別活動における児童・生徒の主体的な学びとなると学級活動や各種行事への積極的な参加をイメージされるだろう。しかし，このときの指導は「文化祭の出し物を考えましょう。さぁ，皆さん主体的に考えてください」と担任教員が声掛けやお説教をすることではない。

特別活動における主体的な学びは，活発なホームルームを可能にするスキル開発と密接に結びついている。たとえば，課題を発見する柔軟な思考のための「ブレインストーミング」や意見を整理・集約するための「KJ 法」などの手法（川喜田 1967），課題解決のために計画を立て実施，それを自己評価する「PDCA サイクル」の習得，会議をどのように実施するのか，基本的な段取りやスケジュール管理などを学級活動の中で意識的に学ぶ必要がある。これらのスキルを学ぶことで児童・生徒が自分たちで話合いの段取りを組み，課題解決に主体的に向かっていくことができるのである。

他方，特別活動での主体的な学びは，児童・生徒が日頃の学びを自分自身の人生と結びつけ，自ら形作っていく「キャリア教育」の側面も持っている。この点は，先の項で検討した個人重視型の生徒指導と深く関連している。児童・生徒がどのように成長していきたいのか，何をロールモデルとし，そのロールモデルに向かうためにどのような段階を自ら設計していくことができるのか，意識化する適切なトレーニングが必要となる。

（2）特別活動における対話的な学び

　次に特別活動における「対話的な学び」を考えたいが，これは先に示した特別活動での主体的な学びとも関わるものでもある。たとえば，児童・生徒が学級の課題を解決するために主体的に議論する「話合い活動」は対話的な学びとも理解できる。

　話合い活動などの対話的な学びで培われる資質・能力は，各教科の学びにも関わっている。選択授業や特別授業を除いては，基本となる学習集団は学級集団である。そのため，学級集団における対話が何らかの理由で妨げられるなら，個々人の学習にも支障をきたす恐れがある。先述の各種グループ・トレーニングは教科教育での対話的な学びの基礎となる資質・能力を育成し，各教科での学びを促進することが期待される。

　こう考えると，特別活動が各教科の基礎として位置づくように感じるかもしれないが，特別活動と各教科の関係は相補的なもの，つまり，各教科の学びも特別活動における学習活動に貢献すると考えられる。

　たとえば，対話的な学びの一種に協同学習という学習理論・手法がある。日本では佐藤学が提唱する「学びの共同体」や西川純の「学び合い」が定式化されているが，海外の実践であり日本でも東京大学大学発教育支援コンソーシアム推進機構が「知識構成型ジグソー法」として導入・普及している「ジグソー法」もこれにあたる。ジグソー法は，ある課題を解決するために必要なバラバラの知識を分担して読み解き，持ち寄った知識を，対話を通して再構成，課題解決に挑戦するという学習方法である。もともとアメリカで開発された学習方法であり，学校力伸長のためというよりも学級集団のあり方と深く関連した手法であった（友野 2015）。移民国家であるアメリカでは様々なエスニシティー（民族）の児童・生徒が1つの教室にいる。肌の色や文化的な帰属集団が異なることは教室内に様々な不和を生じさせやすい。近代学校システムにおいては，児童・生徒が教師の話を静かに聞くことが求められ，児童・生徒同士の交流が疎かになる危険が常にある。ジグソー法は児童・生徒同士の学び合いを促し，自分たちは1つの学習集団であるという自覚を高めるのに役立つ手法であった。このように各教科の対話的な学びは学級集団の形成にも大いに資するものがあ

ると理解できる。

　さて，ここまでの議論を受けて，特別活動における学級活動には2つの側面があると考えられるだろう。ひとつはここまで議論してきたように主体的・対話的で深い学びの基礎としての部分である。各教科において対話的学びを可能にする学級集団を特別活動では形成できる。

　一方，各教科で培われた資質・能力を統合する実地演習の場面として，特別活動が存在するとも考えられる。ジグソー法の説明でも触れたが，学級集団（ないしは学校そのもの）は「社会の縮図」と言うことができる。同一年齢集団である点など，実際の社会の実態とかけ離れた側面もあるものの，児童・生徒の振る舞いや価値観はその地域の特性を反映したものであり，大人社会が教室に色濃く反映される。たとえば，ブルーカラーの多い地域の子どもたちがホワイトカラー文化の縮図である学校に反発するなどの現象は，以前より報告されている（ウィリス1996）。このような学級集団の特性を利用して，学級・学校を「社会の縮図」と見立て，学級活動や学校行事を学級・学校という社会への参画プロジェクトとしてデザインすれば，資質・能力を育成することが旨である各教科での学びを統合する実地演習として学級活動が役立つことになる。

　以上のように特別活動には各教科の「基礎」であり，各教科の「統合」であるという両側面が見られる。このような特性は総合的な学習の時間や道徳科にも考えられる。これらが学校全体のカリキュラムにおいてコアを担うのであるが，このことを次節で説明したい。

4　カリキュラム・マネジメントと特別活動

（1）カリキュラムの「コア」としての特別活動

　学習指導要領改訂において主体的・対話的で深い学びが強く打ち出された一方で，「カリキュラム・マネジメント」も要求され始めている。カリキュラム・マネジメントとは，児童・生徒の学びを学校全体で保障するためにカリキュラムを整備し，管理するものであるが（実際はこれ以上に広がりをもつ概念である。詳しくは，田村ほか（2016）），これは学校経営において明確な学習

目標のもと各教科，各学年でどのような資質・能力を育てていくのかを明示し，関連付けることを意味する。

　日本において「コア・カリキュラム」というカリキュラム・マネジメントの先駆的な取り組みがある（梅根 1977）。これはカリキュラムの中心に問題解決型の授業を配置し，そこで必要な知識や技能を習得するために各教科を周囲に配置するというものである。このコア・カリキュラムをもとに現在の学校教育におけるカリキュラム・マネジメントをイメージするなら，「コア」にあたる授業科目はどのようなものになるか。ここでは特別活動や総合的な学習の時間，道徳科がこのコアに該当するのではないかと考えたい。このことはこれらの学習活動の特性から理解できる。これらの教科は，特定の知識や技能を習得するために体系化された教科というよりも，育成すべき資質・能力を中心に形作られる教科であり，教科の体系が希薄である代わりに，教員は学習目標を明示し授業をデザインしなくてはいけないのである。

　これらの教科は各学校の特色を出せる自由度の高いものである。他方で，ある程度，学校任せであるために現場の力量に左右される。学習指導要領においては特別活動や総合的な学習の時間，道徳科に関連性をもたせることが強調されるが，このことは，たとえば，総合的な学習の時間をホームルームに読み替えても良いということでは決してない。各学校の特色を示すことのできる，自由度が高く，児童・生徒の資質・能力の育成において重要な役割を担う教科のまとまりに関して，学校が主体的にカリキュラムを作成し，管理運営していかなければならないということなのである。

（2）時代に呼応した教育現実の創成

　このように考えればカリキュラム・マネジメントのもとで求められているのは，特別活動や総合的な学習の時間，道徳科の中心主題を学校が設定し，その周囲に各教科を適切に配置すること，カリキュラムをデザインすることである。そこでは学習指導要領を参考にすることになるが，このとき，先に示した児童・生徒が生きていく時代の特色が重要な導き糸になる。目の前の子どもたちの未来に資する教育こそ，学校が行うべきものであり，育成される資質・能力

が直接的に意識される特別活動や総合的な学習の時間，道徳科はダイレクトに子どもたちの未来を想起した内容となるはずである。たとえば，学習指導要領の改訂に向けた議論の中で取り上げられている「防災教育」や「キャリア教育」「持続可能な開発のための教育」「主権者教育」などは先に示した変化の時代を生き抜くために必要な教育である。これらすべての教育活動を学校の中心に置いては総花的になる。とくに重視する主題を設定し，その他の要素も適宜散りばめながら，それぞれの学校の実情や児童・生徒の実態に合わせたカリキュラムを策定していく必要がある。

　まずは学校全体の教育目標を明示しながら，特別活動や総合的な学習の時間，道徳科における学習目標を示し，それをコアとして各教科の学習目標を設定し，結びつけていく。この通時的なカリキュラムに対して，経時的なカリキュラムとして，小学校なら6年間の，中高なら3年間の連続したカリキュラムの作成が必要となる。たとえば，小学校で「持続可能な開発のための教育」を中心主題とするカリキュラムを作ろうとする。「持続可能な開発のための教育」に必要な資質・能力はいくつか提案されており（トランスファー21 2012），それを参考にしながら学習指導要領と併せて，各学年や教科でどのような学習目標を立てるか考える。その際，特別活動や総合的な学習の時間，道徳科を中心に据えてプランを立てる。総合的な学習の時間において地域の環境保護についての調べ学習をグループで行う。特別活動ではグループ活動で必要な様々なスキルを学びながら，学校内における環境保護のための活動プランを立て実行する。道徳科では，自然環境に関する読み物やワークを通じてどのように環境と関わっていけばいいのか考えを巡らす。これらのコアに対応させ各教科でも関連した事項を学ぶ。理科の授業では，環境に関する知識（植物や昆虫の共生関係など）を，社会科では各国の環境対策について学ぶ。このような学習活動を学年が上がるにつれ深めていき，その中で，中学校や高等学校での学習についての意識付け，将来的な展望を切り開いていく。

　このように考えると案外オーソドックスなカリキュラム・デザインの姿が見えてくる。カリキュラムのコアに特別活動を位置づけるといっても真っ当な学校経営・学級経営を行う限りにおいては大きな負担や問題も生じない。ただし，

重要なことは，このようなカリキュラムを学級単位ではなく，学年単位，学校単位で有機的に連携しながら実施することである。日本の学校，小学校はとくに担任の裁量が強い「学級王国」と揶揄されることが多い。カリキュラム・マネジメントの発想は，学校全体で児童・生徒の学びを保障するものであり，担任は計画の実行者であるとともに，計画をうまく行うための調整者の側面をもつ。

　この点は本章での重要な論点となる。特別活動においては個性重視の教育が必要であることは既に示した。しかし，カリキュラム・マネジメントの観点からは学校単位・学年単位での授業実施が望ましい。そうなると全校統一のカリキュラムであるからと特定の学習活動を子どもに強いることになりそうである。

　重要なことは議論の冒頭で示した資質・能力の育成という観点である。変化する時代を生きていけるようにすることが教育の使命である。カリキュラムはあくまでも方法でしかなく，資質・能力の育成という目的のために現場レベルで柔軟に変更することも必要である。そのためには常に教員が個性豊かな児童・生徒を（特定の型にはめるのではなく），どの方向に導けばいいのか考える際，時代に応じた大まかな方向性を理解する必要がある。教員は「時代」の現実と児童・生徒の「個性」との間を「資質・能力」で媒介させながら，その資質・能力を育成させる「カリキュラム」という方法をもって，教育現実を常に創成し続けなければならないのである。このとき，教員はカリキュラムに対して従属的であるというよりも，カリキュラムを現場で常に調整し目の前の児童・生徒にあわせて教育現実を創造する主体となるのである。

引用・参考文献

イエッゲ，ユルク（1991）『学校は工場ではない』みすず書房。

ウィリス，ポール・E.，熊沢誠・山田潤訳（1996）『ハマータウンの野郎ども』筑摩書房。

梅根悟（1977）『梅根智教育著作選集（6）コア・カリキュラム』明治図書。

沖裕貴・林徳治編著（2010）『必携！　相互理解を深めるコミュニケーション実践学――改訂版』ぎょうせい。

春日井敏之（2002）『希望としての教育――親・子ども・教師の出会い直し』三学出版。

加藤進昌（2012）『大人のアスペルガー症候群』講談社。

川喜田二郎（1967）『発想法──創造性開発のために』中央公論新社。

國分康孝・國分久子総編集（2004）『構成的グループエンカウンター事典』図書文化社。

国立教育政策研究所教育課程研究センター（2014）『楽しく豊かな学級・学校生活をつくる特別活動（小学校編）──特別活動指導資料』文溪堂。
　　＊本章で示された「課題」は本書を参考にしている。2017年現在，書籍の入手は困難であるが国教研 HP にも同様の内容が PDF として掲載されている（2017年9月20日確認）。

国立教育政策研究所教育課程研究センター（2016）『学級・学校文化を創る特別活動（中学校編）』東京書籍。

杉山登志郎（2011）『発達障害のいま』講談社。

田村知子・村川雅弘・吉冨芳正・西岡加名恵編著（2016）『カリキュラムマネジメント・ハンドブック』ぎょうせい。

寺脇研（2013）『文部科学省──「三流官庁」の知られざる素顔』中央公論新社。

友野清文（2015）「ジグソー法の背景と思想──学校文化の変容のために」『學苑』（895）：1-14。

トランスファー21編著，由井義通・卜部匡司監修・翻訳（2012）『ESD コンピテンシー──学校の質的向上と形成能力の育成のための指導方針』明石書店。

前田ケイ（2013）『基本から学ぶ SST—精神の病からの回復を支援する』星和書店。

渡部蓊（2006）『臨時教育審議会──その提言と教育改革の展開』学術出版会。

（蒲生諒太）

第1　目　標

　集団や社会の形成者としての見方・考え方を
働かせ，様々な集団活動に自主的，実践的に取
り組み，互いのよさや可能性を発揮しながら集
団や自己の生活上の課題を解決することを通し
て，次のとおり資質・能力を育成することを目
指す。

(1) 多様な他者と協働する様々な集団活動の意
義や活動を行う上で必要となることについて理
解し，行動の仕方を身に付けるようにする。

(2) 集団や自己の生活，人間関係の課題を見い
だし，解決するために話し合い，合意形成を
図ったり，意思決定したりすることができるよ
うにする。

(3) 自主的，実践的な集団活動を通して身に付
けたことを生かして，集団や社会における生活
及び人間関係をよりよく形成するとともに，自
己の生き方についての考えを深め，自己実現を
図ろうとする態度を養う。

第2　各活動・学校行事の目標及び内容

〔学級活動〕

1　目　標

　学級や学校での生活をよりよくするための課
題を見いだし，解決するために話し合い，合意
形成し，役割を分担して協力して実践したり，
学級での話合いを生かして自己の課題の解決及
び将来の生き方を描くために意思決定し
て実践したりすることに，自主的，実践的に取
り組むことを通して，第1の目標に掲げる資
質・能力を育成することを目指す。

2　内　容

　1の資質・能力を育成するため，全ての学年
において，次の各活動を通して，それぞれの活
動の意義及び活動を行う上で必要となることに
ついて理解し，主体的に考えて実践できるよう
指導する。

(1) 学級や学校における生活づくりへの参画

ア　学級や学校における生活上の諸問題の解決

　学級や学校における生活をよりよくするための

課題を見いだし，解決するために話し合い，合
意形成を図り，実践すること。

イ　学級内の組織づくりや役割の自覚

　学級生活の充実や向上のため，児童が主体的
に組織をつくり，役割を自覚しながら仕事を分
担して，協力し合い実践すること。

ウ　学校における多様な集団の生活の向上

　児童会など学級の枠を超えた多様な集団にお
ける活動や学校行事を通して学校生活の向上を
図るため，学級としての提案や取組を話し合っ
て決めること。

(2) 日常の生活や学習への適応と自己の成長及
び健康安全

ア　基本的な生活習慣の形成

　身の回りの整理や挨拶などの基本的な生活習
慣を身に付け，節度ある生活にすること。

イ　よりよい人間関係の形成

　学級や学校の生活において互いのよさを見付
け，違いを尊重し合い，仲よくしたり信頼し
合ったりして生活すること。

ウ　心身ともに健康で安全な生活態度の形成

　現在及び生涯にわたって心身の健康を保持増
進することや，事件や事故，災害等から身を守
り安全に行動すること。

エ　食育の観点を踏まえた学校給食と望ましい
食習慣の形成

　給食の時間を中心としながら，健康によい食
事のとり方など，望ましい食習慣の形成を図る
とともに，食事を通して人間関係をよりよくす
ること。

(3) 一人一人のキャリア形成と自己実現

ア　現在や将来に希望や目標をもって生きる意
欲や態度の形成

　学級や学校での生活づくりに主体的に関わり，
自己を生かそうとするとともに，希望や目標を
もち，その実現に向けて日常の生活をよりよく
しようとすること。

イ　社会参画意識の醸成や働くことの意義の理
解

　清掃などの当番活動や係活動等の自己の役割
を自覚して協働することの意義を理解し，社会
の一員として役割を果たすために必要となるこ
とについて主体的に考えて行動すること。

ウ　主体的な学習態度の形成と学校図書館等の活用

　学ぶことの意義や現在及び将来の学習と自己実現とのつながりを考えたり，自主的に学習する場としての学校図書館等を活用したりしながら，学習の見通しを立て，振り返ること。

3　内容の取扱い

(1) 指導に当たっては，各学年段階で特に次の事項に配慮すること。

〔第1学年及び第2学年〕

　話合いの進め方に沿って，自分の意見を発表したり，他者の意見をよく聞いたりして，合意形成して実践することのよさを理解すること。基本的な生活習慣や，約束やきまりを守ることの大切さを理解して行動し，生活をよくするための目標を決めて実行すること。

〔第3学年及び第4学年〕

　理由を明確にして考えを伝えたり，自分と異なる意見も受け入れたりしながら，集団としての目標や活動内容について合意形成を図り，実践すること。自分のよさや役割を自覚し，よく考えて行動するなど節度ある生活を送ること。

〔第5学年及び第6学年〕

　相手の思いを受け止めて聞いたり，相手の立場や考え方を理解したりして，多様な意見のよさを積極的に生かして合意形成を図り，実践すること。高い目標をもって粘り強く努力し，自他のよさを伸ばし合うようにすること。

(2) 2の(3)の指導に当たっては，学校，家庭及び地域における学習や生活の見通しを立て，学んだことを振り返りながら，新たな学習や生活への意欲につなげたり，将来の生き方を考えたりする活動を行うこと。その際，児童が活動を記録し蓄積する教材等を活用すること。

〔児童会活動〕

1　目　標

　異年齢の児童同士で協力し，学校生活の充実と向上を図るための諸問題の解決に向けて，計画を立て役割を分担し，協力して運営することに自主的，実践的に取り組むことを通して，第1の目標に掲げる資質・能力を育成することを目指す。

2　内容

　1の資質・能力を育成するため，学校の全児童をもって組織する児童会において，次の各活動を通して，それぞれの活動の意義及び活動を行う上で必要となることについて理解し，主体的に考えて実践できるよう指導する。

(1) 児童会の組織づくりと児童会活動の計画や運営

　児童が主体的に組織をつくり，役割を分担し，計画を立て，学校生活の課題を見いだし解決するために話し合い，合意形成を図り実践すること。

(2) 異年齢集団による交流

　児童会が計画や運営を行う集会等の活動において，学年や学級が異なる児童と共に楽しく触れ合い，交流を図ること。

(3) 学校行事への協力

　学校行事の特質に応じて，児童会の組織を活用して，計画の一部を担当したり，運営に協力したりすること。

3　内容の取扱い

(1) 児童会の計画や運営は，主として高学年の児童が行うこと。その際，学校の全児童が主体的に活動に参加できるものとなるよう配慮すること。

〔クラブ活動〕

1　目　標

　異年齢の児童同士で協力し，共通の興味・関心を追求する集団活動の計画を立てて運営することに自主的，実践的に取り組むことを通して，個性の伸長を図りながら，第1の目標に掲げる資質・能力を育成することを目指す。

2　内　容

　1の資質・能力を育成するため，主として第4学年以上の同好の児童をもって組織するクラブにおいて，次の各活動を通して，それぞれの活動の意義及び活動を行う上で必要となることについて理解し，主体的に考えて実践できるよう指導する。

(1) クラブの組織づくりとクラブ活動の計画や運営児童が活動計画を立て，役割を分担し，協力して運営に当たること。

(2) クラブを楽しむ活動

異なる学年の児童と協力し、創意工夫を生かしながら共通の興味・関心を追求すること。

(3) クラブの成果の発表

活動の成果について、クラブの成員の発意・発想を生かし、協力して全校の児童や地域の人々に発表すること。

〔学校行事〕

1 目標

全校又は学年の児童で協力し、よりよい学校生活を築くための体験的な活動を通して、集団への所属感や連帯感を深め、公共の精神を養いながら、第1の目標に掲げる資質・能力を育成することを目指す。

2 内容

1の資質・能力を育成するため、全ての学年において、全校又は学年を単位として、次の各行事において、学校生活に秩序と変化を与え、学校生活の充実と発展に資する体験的な活動を行うことを通して、それぞれの学校行事の意義及び活動を行う上で必要となることについて理解し、主体的に考えて実践できるよう指導する。

(1) 儀式的行事

学校生活に有意義な変化や折り目を付け、厳粛で清新な気分を味わい、新しい生活の展開への動機付けとなるようにすること。

(2) 文化的行事

平素の学習活動の成果を発表し、自己の向上の意欲を一層高めたり、文化や芸術に親しんだりするようにすること。

(3) 健康安全・体育的行事

心身の健全な発達や健康の保持増進、事件や事故、災害等から身を守る安全な行動や規律ある集団行動の体得、運動に親しむ態度の育成、責任感や連帯感の涵（かん）養、体力の向上などに資するようにすること。

(4) 遠足・集団宿泊的行事

自然の中での集団宿泊活動などの平素と異なる生活環境にあって、見聞を広め、自然や文化などに親しむとともに、よりよい人間関係を築くなどの集団生活の在り方や公衆道徳などについての体験を積むことができるようにすること。

(5) 勤労生産・奉仕的行事

勤労の尊さや生産の喜びを体得するとともに、ボランティア活動などの社会奉仕の精神を養う体験が得られるようにすること。

3 内容の取扱い

(1) 児童や学校、地域の実態に応じて、2に示す行事の種類ごとに、行事及びその内容を重点化するとともに、各行事の趣旨を生かした上で、行事間の関連や統合を図るなど精選して実施すること。また、実施に当たっては、自然体験や社会体験などの体験活動を充実するとともに、体験活動を通して気付いたことなどを振り返り、まとめたり、発表し合ったりするなどの事後の活動を充実すること。

第3 指導計画の作成と内容の取扱い

1 指導計画の作成に当たっては、次の事項に配慮するものとする。

(1) 特別活動の各活動及び学校行事を見通して、その中で育む資質・能力の育成に向けて、児童の主体的・対話的で深い学びの実現を図るようにすること。その際、よりよい人間関係の形成、よりよい集団生活の構築や社会への参画及び自己実現に資するよう、児童が集団や社会の形成者としての見方・考え方を働かせ、様々な集団活動に自主的、実践的に取り組む中で、互いのよさや個性、多様な考えを認め合い、等しく合意形成に関わり役割を担うようにすることを重視すること。

(2) 各学校においては特別活動の全体計画や各活動及び学校行事の年間指導計画を作成すること。その際、学校の創意工夫を生かし、学級や学校、地域の実態、児童の発達の段階などを考慮するとともに、第2に示す内容相互及び各教科、道徳科、外国語活動、総合的な学習の時間などの指導との関連を図り、児童による自主的、実践的な活動が助長されるようにすること。また、家庭や地域の人々との連携、社会教育施設等の活用などを工夫すること。

(3) 学級活動における児童の自発的、自治的な活動を中心として、各活動と学校行事を相互に関連付けながら、個々の児童についての理解を深め、教師と児童、児童相互の信頼関係を育み、

学級経営の充実を図ること。その際，特に，い
じめの未然防止等を含めた生徒指導との関連を
図るようにすること。

(4) 低学年においては，第1章総則の第2の4
の(1)を踏まえ，他教科等との関連を積極的に
図り，指導の効果を高めるようにするとともに，
幼稚園教育要領等に示す幼児期の終わりまでに
育ってほしい姿との関連を考慮すること。特に，
小学校入学当初においては，生活科を中心とし
た関連的な指導や，弾力的な時間割の設定を行
うなどの工夫をすること。

(5) 障害のある児童などについては，学習活動
を行う場合に生じる困難さに応じた指導内容や
指導方法の工夫を計画的，組織的に行うこと。

(6) 第1章総則の第1の2の(2)に示す道徳教
育の目標に基づき，道徳科などとの関連を考慮
しながら，第3章特別の教科道徳の第2に示す
内容について，特別活動の特質に応じて適切な
指導をすること。

2　第2の内容の取扱いについては，次の事項
に配慮するものとする。

(1) 学級活動，児童会活動及びクラブ活動の指
導については，指導内容の特質に応じて，教師
の適切な指導の下に，児童の自発的，自治的な
活動が効果的に展開されるようにすること。そ
の際，よりよい生活を築くために自分たちでき
まりをつくって守る活動などを充実するよう工
夫すること。

(2) 児童及び学校の実態並びに第1章総則の第
6の2に示す道徳教育の重点などを踏まえ，各
学年において取り上げる指導内容の重点化を図
るとともに，必要に応じて，内容間の関連や統
合を図ったり，他の内容を加えたりすることが
できること。

(3) 学校生活への適応や人間関係の形成などに
ついては，主に集団の場面で必要な指導や援助
を行うガイダンスと，個々の児童の多様な実態
を踏まえ，一人一人が抱える課題に個別に対応
した指導を行うカウンセリング（教育相談を含
む。）の双方の趣旨を踏まえて指導を行うこと。
特に入学当初や各学年のはじめにおいては，
個々の児童が学校生活に適応するとともに，希
望や目標をもって生活できるよう工夫すること。

あわせて，児童の家庭との連絡を密にすること。

(4) 異年齢集団による交流を重視するとともに，
幼児，高齢者，障害のある

人々などとの交流や対話，障害のある幼児児童
生徒との交流及び共同学習の機会を通して，協
働することや，他者の役に立ったり社会に貢献
したりすることの喜びを得られる活動を充実す
ること。

3　入学式や卒業式などにおいては，その意義
を踏まえ，国旗を掲揚するとともに，国歌を斉
唱するよう指導するものとする。

```
中学校学習指導要領（平成29年3月）
　　　　　第5章　特別活動
```

第1　目　標

　集団や社会の形成者としての見方・考え方を
働かせ，様々な集団活動に自主的，実践的に取
り組み，互いのよさや可能性を発揮しながら集
団や自己の生活上の課題を解決することを通し
て，次のとおり資質・能力を育成することを目
指す。

(1) 多様な他者と協働する様々な集団活動の意
義や活動を行う上で必要となることについて理
解し，行動の仕方を身に付けるようにする。

(2) 集団や自己の生活，人間関係の課題を見い
だし，解決するために話し合い，合意形成を
図ったり，意思決定したりすることができるよ
うにする。

(3) 自主的，実践的な集団活動を通して身に付
けたことを生かして，集団や社会における生活
及び人間関係をよりよく形成するとともに，人
間としての生き方についての考えを深め，自己
実現を図ろうとする態度を養う。

第2　各活動・学校行事の目標及び内容
〔学級活動〕
1　目　標

　学級や学校での生活をよりよくするための課
題を見いだし，解決するために話し合い，合意
形成し，役割を分担して協力して実践したり，
学級での話合いを生かして自己の課題の解決及
び将来の生き方を描くために意思決定して実践
したりすることに，自主的，実践的に取り組む

ことを通して，第1の目標に掲げる資質・能力を育成することを目指す。

2　内　容

1の資質・能力を育成するため，全ての学年において，次の各活動を通して，それぞれの活動の意義及び活動を行う上で必要となることについて理解し，主体的に考えて実践できるよう指導する。

(1) 学級や学校における生活づくりへの参画

ア　学級や学校における生活上の諸問題の解決

学級や学校における生活をよりよくするための課題を見いだし，解決するために話し合い，合意形成を図り，実践すること。

イ　学級内の組織づくりや役割の自覚

学級生活の充実や向上のため，生徒が主体的に組織をつくり，役割を自覚しながら仕事を分担して，協力し合い実践すること。

ウ　学校における多様な集団の生活の向上

生徒会など学級の枠を超えた多様な集団における活動や学校行事を通して学校生活の向上を図るため，学級としての提案や取組を話し合って決めること。

(2) 日常の生活や学習への適応と自己の成長及び健康安全

ア　自他の個性の理解と尊重，よりよい人間関係の形成自他の個性を理解して尊重し，互いのよさや可能性を発揮しながらよりよい集団生活をつくること。

イ　男女相互の理解と協力

男女相互について理解するとともに，共に協力し尊重し合い，充実した生活づくりに参画すること。

ウ　思春期の不安や悩みの解決，性的な発達への対応

心や体に関する正しい理解を基に，適切な行動をとり，悩みや不安に向き合い乗り越えようとすること。

エ　心身ともに健康で安全な生活態度や習慣の形成節度ある生活を送るなど現在及び生涯にわたって心身の健康を保持増進することや，事件や事故，災害等から身を守り安全に行動すること。

オ　食育の観点を踏まえた学校給食と望ましい食習慣の形成給食の時間を中心としながら，成長や健康管理を意識するなど，望ましい食習慣の形成を図るとともに，食事を通して人間関係をよりよくすること。

(3) 一人一人のキャリア形成と自己実現

ア　社会生活，職業生活との接続を踏まえた主体的な学習態度の形成と学校図書館等の活用現在及び将来の学習と自己実現とのつながりを考えたり，自主的に学習する場としての学校図書館等を活用したりしながら，学ぶことと働くことの意義を意識して学習の見通しを立て，振り返ること。

イ　社会参画意識の醸成や勤労観・職業観の形成社会の一員としての自覚や責任を持ち，社会生活を営む上で必要なマナーやルール，働くことや社会に貢献することについて考えて行動すること。

ウ　主体的な進路の選択と将来設計

目標をもって，生き方や進路に関する適切な情報を収集・整理し，自己の個性や興味・関心と照らして考えること。

3　内容の取扱い

(1) 2の(1)の指導に当たっては，集団としての意見をまとめる話合い活動など小学校からの積み重ねや経験を生かし，それらを発展させることができるよう工夫すること。

(2) 2の(3)の指導に当たっては，学校，家庭及び地域における学習や生活の見通しを立て，学んだことを振り返りながら，新たな学習や生活への意欲につなげたり，将来の生き方を考えたりする活動を行うこと。その際，生徒が活動を記録し蓄積する教材等を活用すること。

〔生徒会活動〕

1　目　標

異年齢の生徒同士で協力し，学校生活の充実と向上を図るための諸問題の解決に向けて，計画を立て役割を分担し，協力して運営することに自主的，実践的に取り組むことを通して，第1の目標に掲げる資質・能力を育成することを目指す。

2　内　容

1の資質・能力を育成するため，学校の全生

徒をもって組織する生徒会において，次の各活動を通して，それぞれの活動の意義及び活動を行う上で必要となることについて理解し，主体的に考えて実践できるよう指導する。

(1) 生徒会の組織づくりと生徒会活動の計画や運営生徒が主体的に組織をつくり，役割を分担し，計画を立て，学校生活の課題を見いだし解決するために話し合い，合意形成を図り実践すること。

(2) 学校行事への協力

学校行事の特質に応じて，生徒会の組織を活用して，計画の一部を担当したり，運営に主体的に協力したりすること。

(3) ボランティア活動などの社会参画地域や社会の課題を見いだし，具体的な対策を考え，実践し，地域や社会に参画できるようにすること。

〔学校行事〕

1　目　標

全校又は学年の生徒で協力し，よりよい学校生活を築くための体験的な活動を通して，集団への所属感や連帯感を深め，公共の精神を養いながら，第1の目標に掲げる資質・能力を育成することを目指す。

2　内　容

1の資質・能力を育成するため，全ての学年において，全校又は学年を単位として，次の各行事において，学校生活に秩序と変化を与え，学校生活の充実と発展に資する体験的な活動を行うことを通して，それぞれの学校行事の意義及び活動を行う上で必要となることについて理解し，主体的に考えて実践できるよう指導する。

(1) 儀式的行事

学校生活に有意義な変化や折り目を付け，厳粛で清新な気分を味わい，新しい生活の展開への動機付けとなるようにすること。

(2) 文化的行事

平素の学習活動の成果を発表し，自己の向上の意欲を一層高めたり，文化や芸術に親しんだりするようにすること。

(3) 健康安全・体育的行事

心身の健全な発達や健康の保持増進，事件や事故，災害等から身を守る安全な行動や規律あ

る集団行動の体得，運動に親しむ態度の育成，責任感や連帯感の涵（かん）養，体力の向上などに資するようにすること。

(4) 旅行・集団宿泊的行事平素と異なる生活環境にあって，見聞を広め，自然や文化などに親しむとともに，よりよい人間関係を築くなどの集団生活の在り方や公衆道徳などについての体験を積むことができるようにすること。

(5) 勤労生産・奉仕的行事勤労の尊さや生産の喜びを体得し，職場体験活動などの勤労観・職業観に関わる啓発的な体験が得られるようにするとともに，共に助け合って生きることの喜びを体得し，ボランティア活動などの社会奉仕の精神を養う体験が得られるようにすること。

3　内容の取扱い

(1) 生徒や学校，生徒の実態に応じて，2に示す行事の種類ごとに，行事及びその内容を重点化するとともに，各行事の趣旨を生かした上で，行事間の関連や統合を図るなど精選して実施すること。また，実施に当たっては，自然体験や社会体験などの体験活動を充実するとともに，体験活動を通して気付いたことなどを振り返り，まとめたり，発表し合ったりするなどの事後の活動を充実すること。

第3　指導計画の作成と内容の取扱い

1　指導計画の作成に当たっては，次の事項に配慮するものとする。

(1) 特別活動の各活動及び学校行事を見通して，その中で育む資質・能力の育成に向けて，生徒の主体的・対話的で深い学びの実現を図るようにすること。その際，よりよい人間関係の形成，よりよい集団生活の構築や社会への参画及び自己実現に資するよう，生徒が集団や社会の形成者としての見方・考え方を働かせ，様々な集団活動に自主的，実践的に取り組む中で，互いのよさや個性，多様な考えを認め合い，等しく合意形成に関わり役割を担うようにすることを重視すること。

(2) 各学校においては特別活動の全体計画や各活動及び学校行事の年間指導計画を作成すること。その際，学校の創意工夫を生かし，学級や学校，地域の実態，生徒の発達の段階などを考

慮するとともに，第2に示す内容相互及び各教科，道徳科，総合的な学習の時間などの指導との関連を図り，生徒による自主的，実践的な活動が助長されるようにすること。また，家庭や地域の人々との連携，社会教育施設等の活用などを工夫すること。

(3) 学級活動における生徒の自発的，自治的な活動を中心として，各活動と学校行事を相互に関連付けながら，個々の生徒についての理解を深め，教師と生徒，生徒相互の信頼関係を育み，学級経営の充実を図ること。その際，特に，いじめの未然防止等を含めた生徒指導との関連を図るようにすること。

(4) 障害のある生徒などについては，学習活動を行う場合に生じる困難さに応じた指導内容や指導方法の工夫を計画的，組織的に行うこと。

(5) 第1章総則の第1の2の(2)に示す道徳教育の目標に基づき，道徳科などとの関連を考慮しながら，第3章特別の教科道徳の第2に示す内容について，特別活動の特質に応じて適切な指導をすること。

2 　第2の内容の取扱いについては，次の事項に配慮するものとする。

(1) 学級活動及び生徒会活動の指導については，指導内容の特質に応じて，教師の適切な指導の下に，生徒の自発的，自治的な活動が効果的に展開されるようにすること。その際，よりよい

生活を築くために自分たちできまりをつくって守る活動などを充実するよう工夫すること。

(2) 生徒及び学校の実態並びに第1章総則の第6の2に示す道徳教育の重点などを踏まえ，各学年において取り上げる指導内容の重点化を図るとともに，必要に応じて，内容間の関連や統合を図ったり，他の内容を加えたりすることができること。

(3) 学校生活への適応や人間関係の形成，進路の選択などについては，主に集団の場面で必要な指導や援助を行うガイダンスと，個々の生徒の多様な実態を踏まえ，一人一人が抱える課題に個別に対応した指導を行うカウンセリング（教育相談を含む。）の双方の趣旨を踏まえて指導を行うこと。特に入学当初においては，個々の生徒が学校生活に適応するとともに，希望や目標をもって生活をできるよう工夫すること。あわせて，生徒の家庭との連絡を密にすること。

(4) 異年齢集団による交流を重視するとともに，幼児，高齢者，障害のある人々などとの交流や対話，障害のある幼児児童生徒との交流及び共同学習の機会を通して，協働することや，他者の役に立ったり社会に貢献したりすることの喜びを得られる活動を充実すること。

3 　入学式や卒業式などにおいては，その意義を踏まえ，国旗を掲揚するとともに，国歌を斉唱するよう指導するものとする。

索引 (*は人名)

A-Z

education 51
OECD (経済協力開発機構) 74
PAR サイクル 84
PDCA サイクル 85
PISA 調査 74
scope 88
sequence 88

ア行

アクティブ・ラーニング 22,216
あるがまま 51
委員会 142
委員会活動 108,112,169
生きる力 26,80,210,211
意思決定 161-162
異質な集団で交流する 74,75
いじめ 132
異年齢 124
　　——集団 109
　　——の交流 63
＊井上靖 19
居場所づくり 123
遠足・集団宿泊的行事 174
思いや願い 23,26
折り合い 57

カ行

ガイダンス機能 44
開発的な生徒指導 64
外部講師 126
課外クラブ 128
学習過程 122
学習時間の確保 77
学習指導要領一般編 (試案) 34
学年縦割り活動 110
学力向上 20,21,24
課題解決 124
学級活動 22,27,161,165,166

学級指導 27
学級通信 104,105
学級目標 164,165
学校行事 15,109,135,139,173,175
学校行事の精選 149
合唱祭 140
活動計画 168,169,170,172
活動の意欲 202
葛藤場面 52
カリキュラム・マネジメント 67,83,92,154,
　　218,219,221
観察による評価 197
観点別学習状況 202
感動体験 16
キー・コンピテンシー 74
儀式的行事 135,174
議題 164
機能論 52
規範意識 23,52
キャリア・ガイダンス 87
キャリア教育 68,127,206,216,220
キャリアパス 87
教育課程 66
教育相談 214
教育勅語 30
教育のパラダイム革新 15
教育の論理 18,28
教科以外の活動 31
　　——の記録 199-200
教科の論理 17,18,20,28
共感性 24
共感的理解 22,24,25
教師の負担過剰 132
競争 64
協同的な集団づくり 192
勤務負担軽減 129
勤労生産・奉仕的行事 25,146,174
組体操 142
クラブ活動 171,172,173

クラブ発表会　172,173
グループエンカウンター　23
グローバル化　7,27,74
計画委員会　165
経験　60
形成的評価　191
健康安全・体育的行事　141,174
言語能力　86
コア・カリキュラム　219
合意形成　66,73,76,161,162,166
合意形成プロセス　90
公共性　157
向上心　16-19
肯定的自己概念　58
個が生きる集団活動　28,29
個人内評価　201,204,206
個性　15,51
個性重視　213
個と集団の関係性　28
子どもから出発する　26
子どもの社会化　63
子どもの論理　121
この指止まれ方式　127
コミュニケーション能力　27,28,43

サ行
司会グループ　163-164,165
始業式　136,138
ジグソー法　217
自己肯定感　2,13,18,99
自己実現　66,73,188
自己実現力　80
自己実現力形成プロセス　89
自己指導能力　55,98
自己指導の力　56
自己統御・セルフコントロール　62
自己評価　197
自己有用感　18,192
資質・能力　23,66,67,81,122,188,209,211,218,219
支持的風土　6,12,22,29,103,107
自主性　157

持続可能な開発のための教育　212,220
自尊感情　2,13,18,19,99,191,192
自尊心　62
実施時数　126
質問紙による評価　197
児童会活動　22,26,109,167
児童指導要録　199
児童集会　113
児童集会活動　169,170
指導の論理　121
自発性　23,26,157
自発的，自治的　130
自分への自信　19
社会　51
社会化　53
社会参画　66,73,97,188
　　──意識の醸成　76
　　──意欲　80
社会性　83
社会的自己指導能力　55
社会的スキル　23,24,54
社会に開かれた教育課程　27,67,208,209
集会活動　108,164,166
修学旅行　144,145
終業式　136,138
自由研究　31,34,128
集団活動や生活についての知識・理解　195,196,204
集団活動や生活への関心・意欲・態度　195,196,204
集団社会の一員としての思考・判断・実践　196
集団的合意　58
集団の一員としての思考・判断・実践　195
集団の発達や変容についての評価　192
集団への寄与　202
集団や社会の一員としての思考・判断・実践　204
周年儀式　136
修了式　136
授業改善　67
主権者教育　67

主体的・対話的で深い学び　22,67,216,218
主体的な学び　216,217
受容　16,17
準拠集団　54
生涯学習　213
障害に応じた指導　68
小学校指導要録
　　――（2001年参考様式）　194
　　――（2010年参考様式）　195
情報活用能力　86
職場体験　146
自立　64
自立性　23
自立への基礎　16
自律的に活動する　75
人格　50
診断的評価　191
スタートカリキュラム　67
生産活動　147
生産年齢人口の減少　74
生徒会　139,141
生徒指導　50,214,215
生徒指導提要　100
生徒指導要録　199
絶対評価　204
絶対評価を加味した相対評価　200,204
セルフモニタリング　80
潜在的カリキュラム　57
全人的な成長　53
選択システム　58
選別機能　58
専門外の指導　132
専門家との協働　5
総括的評価　191
総合的な学習の時間　10,25,78,139,146,150,
　　218-220
相互作用的に道具を用いる　74
相互評価　197
相対評価　199
卒業式　135,137

タ行
体育祭　141
大学入学共通テスト　208
体験　15,25,59
体験活動　21,23,24,25,135,147,148
体罰　131
代表委員会　110,168,169
対話的な学び　217
他者意識　52,58
他者評価　197
他者理解　21,25
多数納得　166
縦割り班　169,170
楽しむ活動　120
単元型ユニット　93
チーム学校　5
知識基盤社会　74
着任式　136
中学校指導要録
　　――（2001年参考様式）　194
　　――（2010年参考様式）　196
ツーリストづくり　23
出会い　16,17
適応　54
デジタルポートフォリオ　206
＊デューイ，J.　15
同好の児童　124
道徳科　92,218-220
道徳性　83
当番活動　24
豆腐づくりよりも納豆づくり　28
特別活動の記録　201,202,203,204
特別教育活動　31,37
特別教育活動の記録　200
特別の教科道徳　146
トラベラーづくり　23

ナ行
なすことによって学ぶ　15,23,47,61,81
入学式　136
人間関係　61
人間関係形成　188

人間関係形成能力　3,12,80
人間関係構築力　23
人間関係づくり　123
人間力　7,11,18
年間活動計画づくり　124
望ましい学習観の形成　184
望ましい集団活動　21,24,101
望ましい人間関係　97

ハ行
＊ハイデガー，M.　155
働き方　131
話合い　123,163,165,166
話合い活動　12,217
パフォーマンスによる評価　197,198
場を得て子どもは光る　17
必修クラブ　128
評価規準　112,194,196
評価の観点及び趣旨　194
　　——（2010年）　195
ひらく・ひろげる　27,28
評価の内容及びその趣旨　194
　　——（2001年）　193
部活休養日　133
部活代替え措置　128
部活動　173
部活動指導員　133
部活動の意義　129
ブラック部活　131
振り返り　60
文化祭　138
文化的行事　138,174
防衛的風土　12

防災・安全教育　68
ポートフォリオによる評価　197,198
ボランティア　24,27,126
ボランティア活動　21-26,43,147,148

マ行
無給性　157
無償性　157
もうひとつの教育　15,28
問題解決　124
問題発見・解決能力　86

ヤ行
やさしさや思いやり　20,21,24,26
唯一者　157
友情　16,63
豊かな人間性　83
ゆとり教育　208,210
４つの構成論理　16
予防・開発のためのアプローチ　214
予防・発達的アプローチ　215
よりどころ（仲間）づくり　23

ラ行
離任式　136,149
領域論　52
旅行・集団宿泊的行事　143,144
臨時教育審議会　210
ルール　52
＊レヴィナス，E.　157
連帯感　64
連帯性　157
労働市場の変化　74

執筆者紹介 （執筆順・執筆担当）

赤坂 雅裕 （あかさか・まさひろ，編著者，文教大学国際学部）第1章・第7章・
第13章

新富 康央 （しんとみ・やすひさ，佐賀大学名誉教授）第2章

有村 久春 （ありむら・ひさはる，東京聖栄大学健康栄養学部）第3章

松田 素行 （まつだ・もとゆき，文教大学健康栄養学部）第4章

下田 好行 （しもだ・よしゆき，東洋大学文学部）第5章

田沼 茂紀 （たぬま・しげき，國學院大學人間開発学部）第6章

島田 和幸 （しまだ・かずゆき，埼玉学園大学人間学部）第8章

杉中 康平 （すぎなか・こうへい，四天王寺大学教育学部）第8章

橋本 定男 （はしもと・さだお，新潟薬科大学ほか［非］）第9章

天野 義美 （あまの・よしみ，関西学院大学ほか［非］）第10章・第12章

佐藤 光友 （さとう・みつとも，編著者，同志社女子大学教職課程センター）
第11章

奥野 浩之 （おくの・ひろゆき，同志社大学免許資格課程センター）第14章

蒲生 諒太 （がもう・りょうた，立命館大学教育開発推進機構）第15章

やさしく学ぶ特別活動

| 2018年3月30日 | 初版第1刷発行 | 〈検印省略〉 |
| 2022年12月25日 | 初版第3刷発行 | |

定価はカバーに
表示しています

編著者	赤坂雅裕
	佐藤光友
発行者	杉田啓三
印刷者	坂本喜杏

発行所　株式会社　ミネルヴァ書房

607-8494　京都市山科区日ノ岡堤谷町1
電話代表　(075)581-5191
振替口座　01020-0-8076

ISBN 978-4-623-08282-7

Printed in Japan

小学校教育用語辞典

――――――細尾萌子・柏木智子編集代表　四六判 **408** 頁　本体 **2400** 円

●小学校教育に関わる人名・事項1179項目を19の分野に分けて収録。初学者にもわかりやすく解説した「読む」辞典。小学校教員として知っておくべき幼稚園教育や校種間の連携・接続に関する事項もカバーした。教師を目指す学生，現役の教師の座右の書となる一冊。

すぐ実践できる情報スキル50　　学校図書館を活用して育む基礎力

――――――塩谷京子編著　**B 5 判 212 頁**　本体 **2,200** 円

●小・中学校 9 年間を見通した各教科等に埋め込まれている情報スキル50を考案。学校図書館を活用することを通して育成したいスキルの内容を，読んで理解し，授業のすすめ方もイメージできる。子どもが主体的に学ぶための現場ですぐに役立つ一冊。

教育実践研究の方法――SPSS と Amos を用いた統計分析入門

――――――篠原正典著　**A 5 判　220** 頁　本体 **2400** 円

●分析したい内容項目と分析手法のマッチングについて，知りたい内容や結果から，それを導き出すための分統計析方法がわかるように構成した。統計に関する基礎知識がない人，SPSS や Amos を使ったことがない人でも理解できるよう，その考え方と手順を平易に解説した。

事例で学ぶ学校の安全と事故防止

――――――添田久美子・石井拓児編著　**B 5 判　156** 頁　本体 **2400** 円

●「事故は起こるもの」と考えるべき。授業中，登下校時，部活の最中，給食で…，児童・生徒が巻き込まれる事故が起こったとき，あなたは――。学校の内外での多様な事故について，何をどのように考えるのか，防止のためのポイントは何か，指導者が配慮すべき点は何か，を具体的にわかりやすく，裁判例も用いながら解説する。学校関係者必携の一冊。

――――――ミネルヴァ書房――――――

https://www.minervashobo.co.jp/